JN025705

ハーバードの人の心をつかむ力

EDGE

TURNING ADVERSITY INTO ADVANTAGE

ハーバードビジネススクール教授
ローラ・ファン 著
栗木さつき 訳

ダイヤモンド社

Edge
by
Laura Huang

This edition published by arrangement with Portfolio, an imprint of Penguin Publishing Group,
a division of Penguin Random House LLC through Tuttle-Mori Agency, Inc., Tokyo

A と *L* へ

はじめに——「エッジ」が人生を変える

先日、同僚からこんな話を聞いた。

ある人物が、スペースXとテスラの創業者、かのイーロン・マスクと直接会うチャンスをものにしたという。面談の約束をとりつけるだけでも至難の業(わざ)だというのに。なにしろ彼は母校ペンシルバニア大学ウォートン・スクールに対してさえ、電話をよこすのは1年に1度にしてくれと言い、その電話にさえ、大抵応じないというのだから。本書を執筆している時点で、イーロンの純資産は約2０2億ドル。控えめに計算したとしても、彼の1分間には数千ドルもの価値がある。

だが、この話のいちばんおもしろいところは、どこの馬の骨ともわからない無名の人間がイーロンとの面談にこぎつけた点ではない。なんと、その面談が30秒も続かなかったことだ。イーロンは相手の顔を見るなり、「ノー。出ていってくれ」と言い放ったという。

この話からは、イーロンほどの地位の人物には、会ってもらうツテをたどるだけでも大変なことがよくわかる(そのうえ、なんとか面談にこぎつけたとしても、話を聞いてもらえるとはかぎらない)。権力をもつ富豪は横柄(おうへい)な態度をとってでも、自分のキャリアに集中し、脇目もふらずに邁進しなければならないのだ。イーロンのような傑物の時間と才能は、外部から邪魔が入らないよう堅く守られている。見知らぬ人物と会ったおかげで、すばらしい成果が得られる可能性があるとしても、話を聞く時間などないに等しいのだ。

さて、この逸話を私に教えてくれた同僚は、最後にこう付け加えた。

「ま、この話が実話かどうかは、定かじゃないけどね」

そこで、私はこう応じた。

「それ、実話よ」と。

だって、イーロン・マスクのオフィスから追いだされかけたのは、この私なのだから。

――「悲惨な30秒」になるはずだったイーロンとの面談

イーロンと会えるようになったのは、偶然の産物だった。

イーロンがある大学の学位授与式でスピーチをしたとき、たまたま聴衆のなかにバイロンという私の友人がいた。そして、バイロンは幸運にも、この億万長者の連絡先を入手したのである。その後、バイロンは首尾よくイーロンと面談する約束をとりつけ、親切なことに、私を同行させてくれた。

こうして私はスペースＸのオフィスに出向き、イーロンが会ってくれるのを待つ幸運に恵まれたのだ。

バイロンは、私が民間の宇宙ビジネスに関するリサーチに取り組んでいるのを知っていた[1]。宇宙ビジネスで起業したスタートアップは、事業を展開するうちに、大手企業の壁にぶちあたる。アメリカ政府やＮＡＳＡに行く手を阻まれることさえある。

そこで私たちは、民間宇宙旅行事業の将来について彼の考えを聞きたいと考えたのだ。

イーロンと直接会える機会などめったにない。だからバイロンと私は抜かりなく準備を整えていた。ところが、そうした私たちの努力が水の泡になろうとしていた。

前述したように、彼のオフィスから出ていけと言われたのだ。

でも、私たちは出ていかなかった。友人が聞いた噂話は、この点だけ、実際とは異なっていた。たしかに、イーロンは私たちをオフィスから追い出そうとした。

けれど、私たちはそこで落ち着きを失わずに、なんとか踏ん張った。そして、たった30秒で悲惨な結末を迎えそうになった面談を、1時間にもわたる活気ある話し合いに変えることができたのである。

──イーロンの「ノー」を覆した一つの行動

イーロンが私たちに向かって最初に放った言葉は、たしかに「ノー」だった。デスクの前で腰をおろした私たちを見るなり、開口一番、「ノー」と言ったのである。

私は呆気にとられて彼の顔を見た。「ノー?」そう尋ねると、彼はまた「ノー」と応じた。そして、出ていってくれと言ったのだ。

まさか、ウソでしょ。予想もしていなかったこの展開に面食らいはしたものの、そのとき、ハッと気づいた。彼が実際には、私たちのほうを見ていなかったことに。

イーロンの視線は、バイロンの手元に向けられていたのだ。私たちが持参したプレゼントのほうに。

私たちが学者であることが、おそらくイーロンにはわかっていない。また起業家が試作品を持って売り込みにやってきたと、勘違いしたのだろう。立ちあげたばかりのビジネスへの支援か、カネの無心、それがダメならせめて推薦の言葉だけでもいただけないかと、たかりにきたと思われたのだ。

彼がそう考えたのであれば、「ノー」と言うのも当然だ。私たちの目の前にいるのは、ひっきりなしになにかをせがまれ、懇願の集中砲火を浴びている人物だ。だから彼は基本的に「ノー」と返答することにしているのだろう。

よって、この面談は惨憺たる結末を迎えかけた――が、土壇場で私が機転をきかせたおかげで、彼に思いのほか、おもしろがってもらえたのである。

なにも、私は特別変わったことをしたわけではない。事前に綿密に計画を立てていたわけでもない。ただ、くすくすと笑いはじめたのだ。本来であれば、ただ礼儀正しくうなずき、立ち去るべきだったのかもしれない。でも、私が忍び笑いを始めたとたんに、イーロンが困惑したような表情を浮かべた。そこで私はいっそう声をあげて笑い、その合間にせき込むようにしてこう言った。

「私たちが……売り込みにきたと……思われたんですね？〔ここで我慢できずにまた笑い声をあげる〕私たちはおカネを無心にきたんじゃありません……そりゃ、あなたはお金持ちかなにかなんでしょうけれど」

この台詞がツボにはまったらしい。今度はイ、ー、ロ、ン、が、腹、の、底、か、ら、笑、い、は、じ、め、た。そして、なにかをせびりにきたわけではないことがわかると、もう私たちを追っ払おうとはしなくなった。

というより、その後、私たちは夢中になって話しあった。[2] 談笑し、真剣に論じあい、気のきいた言葉の応酬をして、最後には旧友のようになっていた（まあ、〝旧友〟はちょっと言いすぎかもしれないけど、帰り際にイーロンは私をハグしてくれましたよ）。

そのうえイーロンは、スペースXの事業部門トップの男性の連絡先が記してあるカードを渡してくれた。そして「きみたちの研究のためにもっと情報が欲しければ、彼に相談するといい」とまで助言してくれた。結果として、イーロンはこちらが望んでいたことを正確に把握し、願いを叶えてくれたのだ。

いったいなぜ、私たちは土壇場で形勢を逆転させ、イーロンに気に入ってもらえたのだろう？

それは、私たちが**「エッジ」（EDGE）**を獲得したからだ。だからこそ、わが国有数の富豪かつ権力者の優位（エッジ）に立つことができたのである。

――人の「認識」にはとてつもない影響力（パワー）がある

そもそも「エッジ」とはなにを指すのだろう？　それは単に「優位に立つ」「有利になる」などという程度のものではない。

人はだれしもその人独自の観点で、他人を判断している。それが正しかろうが間違っていようが、その人なりの思い込みがあり、そうしたフィルターを通して他人を評価し、認識しているのだ。

そうした「認識」にはとてつもない影響力（パワー）があることを、まず、理解してほしい。そうすれば、そのパワーを逆手（さかて）にとり、「エッジ」をつくりだせる。

世間には、生まれつき「順風満帆の人生を送る」才能に恵まれているような人がいる。

なんでもスピーディーにこなし、どんどん成果をあげ、望みのものを手に入れる人が。

なぜなら、そういう人は他人から力を貸してもらえるように仕向けるのがうまいからだ。そのおかげで成功へと続く流れにうまく乗り、次から次へと目標を達成していく。前途洋々という名の水流に乗り、ボートを漕いでいくようなものだ。

ときにはあなたも、こんな流れに乗ることがあるかもしれない。でも十中八九、物事はそううまくは運ばない。ここ一番という重要な場面で、行き詰まってしまうのだ。

一方「エッジ」を獲得するとは、天賦（てんぷ）の才に恵まれてはいなくても、自力で優位に立てると自覚すること。とりわけ、勝負どころで難局を乗り切ろうとするときに優位に立てることだ。

もう少し、わかりやすく説明しよう。

次の2点について、大抵の人は過小評価している。

1．よそ者や部外者が話を聞いてもらうのが、どれほど難しいか（「よそ者」がなにを意味するにせよ）。

2．だが、いったん相手の懐に入り、心をひらいてもらえれば、どれほど可能性が広がるか。

本書はこの2点について述べていく。独自の「エッジ」をつくりだせば、あなたは相手の心の扉を開けることができる――それも大きくひらいて、チャンスをものにできるのだ。

エッジの獲得は、どんな状況においても局面を左右する。ときにそれはミーティングでの売り込み、就活の面接、大勢の聴衆を相手にしたプレゼンといった大一番で本領を発揮することを意味する。

だが、それはまた、長期にわたるキャリアの戦略を練ることでもある。

社会には、不平等なところがあるし、偏見もはびこっている。

だからこそ、そうした不平等や偏見が、1人の人間が成功するか否かを大きく左右することをよく自覚しなければならないのだ。

「エッジ」を活用してジェンダー、人種、民族、年齢、貧富の差といったものを超えていけば、どれほど不平等な状況に置かれていようと、どれほど偏見をもたれていようと、本領を発揮できるようになる。

「エッジをつくりだす」とは、不利な形勢を逆転し、独自の強みに変えることを指す。だからこそ、エッジをつくりだす能力を身につけなければならないのだ。

——人は「データ」よりも「認識」で意思決定する

これまでのキャリアで私はずっと、「過小評価」される人や「不利な立場」に置かれている人たちのことを研究してきた。[3]

起業したベンチャーに資金調達ができない人、組織で昇進できない人、[4] 平等な治療を受けられなかったばかりに救急救命室で命を落とす患者[5]などについて研究してきたのだ。

その結果、人の性格や能力をどう認識し、レッテルを貼り、決めつけていくかというテーマにも関心をもつようになった。[6] **すると、この人に信頼を置けるのか、熱意はあるのか、責任感があるのか、人とうまくコミュニケーションをはかれるのかといった判断が、客観的なデータよりも意思決定を左右する**ことがわかってきた。

1人の人間に対する他人からの印象が、個人や企業の成果に大きく影響を及ぼしているのだ。

冒頭のエピソードでは、イーロンをごく自然に楽しませたからこそ、私たちは彼の心の扉を開け、どうせカネの無心にきた起業家だろうという誤解を解くことができた。そして、パっと見で判断した固定観念を捨てさせ、私たちが「こう見てもらいたい」と思っていた姿を見てもらえるようになった。その結果、私たちと有意義な話し合いができること、私たちの話を聞けば彼が新たな視点を得られることを証明できたのである。

EDGEを獲得できる人は、相手を豊かにし（Enrich）、楽しませ（Delight）、こちらが望む方向に誘導する（Guide）ことができるうえ、このサイクルを繰り返して、いっそうの努力を続ける（Effort）。よって、本書の核をなすのは、この4つのキーワードだ。

他人が自分をどう認識しているのか、そうした認識がどう作用しているのか、自分の性格や能力を他人がどう決めつけているのかがわかれば、あなたは毅然として困難に立ち向かい、成功に続く道を切り拓くことができる。

相手を楽しませ、チャンスをつかみ、人との交流を自分の思う方向に進めていく能力を身につける。それこそが、「エッジ」をつくりだすことなのだ。

PART 1

豊かにする

Enrich

第4章 直感力を磨く ―― 本質を見抜く目を養う

PART 2 楽しませる

Delight

第7章 ありのままの自分を見せる
——真摯に人と向きあう

PART 3

誘導する

Guide

PART 4

努力する

Effort

第12章 エッジを強化する——不利を力に変える

序章

がんばり「プラス」

——努力は必ずしも報われない

成功はときに勤勉のふりをする。

——サミュエル・トルエット・キャシー（アメリカの経営者、投資家）

２０１８年、フィギュアスケート選手の長洲未来はアメリカ人女性として初めて、オリンピックでトリプルアクセルを決めた。いったい、どうやってそんな偉業をなし遂げたのだろう？　もちろんそれは、彼女が厳しい練習を重ね、根気よくがんばったからだ。

スケートを始める前、長洲はロサンゼルス郊外で両親が営む寿司店の食料品貯蔵室で、子ども時代を過ごした。両親にはベビーシッターを雇うだけの経済的余裕がなかったため、親が働いている間、長洲はもっぱら１人で宿題をし、閉店時刻までヨガマットの上で眠った。

まさにあの場所で、私は勤勉と忍耐力の大切さを学んだのですと、長洲はのちに語っている。「両親ががんばって働いているようすを目の当たりにしていたので、勤労勤勉というすばらしい倫理観を学べたのです」と。

とりわけ、父親の清人（きよと）がけっして休暇をとろうとせず、ほとんど仕事を休もうとしなかった話を、彼女は繰り返し語っている。何日か店を閉めてしまうと、その間、従業員が賃金を得られなくなるというのが、その理由だった。彼女の話を裏づけるように、娘がオリンピックで歴史的なトリプルアクセルを決めたその夜でさえ、両親は夕食どきの寿司店で忙しく働いていた。

仕事に対してこれほど真摯な姿勢と並々ならぬ熱意をもっていれば、オリンピックのチームメイトが彼女のがんばりを絶賛するのもうなずける。[1]

たとえば、オリンピック史上初の4回転ルッツを成功させたヴィンセント・ジョウは「僕の知るかぎり、いちばんの努力家」と長洲を評している。

こうした長洲の話を聞いていると、世間で信じられている1つの通念が浮かびあがってくる。「努力を重ね、がんばった人は報われる」という考え方だ。だから私たちは、まだ物心つかないうちから、わが子にこの考え方を叩き込む。そして、わが子が困難に直面したり挫折したりすると、口を酸っぱくして言い聞かせる。諦めずにがんばっていれば、いつか必ず成功できるのよ、と。

まさにそのとおり。どんな困難にぶつかろうと、どんな失敗をしでかそうと、諦めずに努力を続けて忍耐強くがんばれば、必ず立ちなおれる。そんなことを、みなさんも繰り返し聞かされてきたはずだ。この教訓は万人の胸に深く刻まれていて、文化の垣根を越えて人々の間に浸透している。

「がんばれば報われる」の危うさ

うちの家族の場合、私が繰り返し聞かされたのは、ポケットにたった22ドル入れただけで、台湾からアメリカに移住してきた母の話だ。母は移住してから、とにかく粘り強くがんばって、さらにまたがんばって、兄と私が必要とするものをすべて揃えてくれた――夫に先立たれ、シングルマザーとなってからも。

そんな家族の歴史を聞かされてきた方も多いだろう。数々の困難を努力で乗り越えていくストーリーは、映画や本のなかでも繰り返し描かれてきた。

たとえば、映画「ベスト・キッド」では、いじめを受けていたダニエル少年が、アパートの管理人で空手の達人でもある高齢のミスター・ミヤギから空手を教えてもらう。そして辛抱強く練習を重ねたダニエル少年は、ついに空手のトーナメント大会の決勝戦で強敵を倒し、意中の女の子まで獲得するのだ。

それに「ブレイブハート」も、そんなストーリーだ。ひっそりと結婚した花嫁や身内を殺された男が、復讐を決意し、強大な権力をもつ侵略者たちに立ち向かい、祖国の自由の象徴にまでなるあらすじだ。この映画が世界で2億1040万ドルもの興行収入をあげたうえ、アカデミー賞で作品賞、監督賞、撮影賞など5部門受賞の快挙をなし遂げたのは、それだけの理由があるからだ――観る者に希望を与え、それぞれの闘いに挑み続けろと背中を押すストーリーには、人の心を動かす大きなパワーがあったのだ。

こうしたストーリーには大抵、少々お涙頂戴的な要素も含まれていて、この傾向もまた文化の垣根を越えている。

例を挙げよう。旧ユーゴスラビアから難民として逃れてきたガッツ・フィリーパイは約20年間、学校の用務員として働き続け、床にモップをかけ、ゴミ箱を空にしてきた[2]。こうして低賃金で重労働をこなすかたわら、彼は大学で毎学期、講義を2つほど受けるための授業料をひねりだしただけではなく、体力もひねりだした。そしてなんと52歳にして学位を取得し、優秀な成績をおさめて卒業したのである。

また韓国には、小さな村の小さな農場で育った少年の話がある。サンフン少年は教室が1つしかない学校まで6キロほどの道を歩いて通い、強い意志をもってひたすら勉強を続け、ついにソウルの一流大学、成均館（せいきんかん）大学校に合格し、原子物理学者になった。[3]

格差社会が課題となっている現代において、こうしたストーリーは1つのメッセージをあらためて伝えている。たしかに社会階級は存在するが（実際、国によっては、上流階級、中流階級、労働者階級といった典型的な社会階級のほかにも階級が区分されており、たとえばイギリスには7つの階級がある）、その階級という障壁を飛び越えることは可能なのだ、と。あなたの生い立ちは、あなたが人生でどれほどのことをなし遂げられるかという可能性の枠を狭めるものではない。がんばれば、その枠を大きく広げることができるのだ。

――がんばっても立ちはだかる壁

だが現実社会では、そんなことはめったに起こらない。

たとえば、先述の長洲未来の場合、実際はどんな経過をたどったのだろう？　長洲は2018年のオリンピックで見事にトリプルアクセルを決めたが、[4] 前回の2014年のオリンピックでは、フィギュアスケートのアメリカ代表チームからあっさりと外されていた。彼女は全米選手権では3位だったため、本来はオリンピック代表の3枠に入ってしかるべきだった。

ところがアメリカフィギュアスケート連盟は、全米選手権で4位だったアシュリー・ワグナーをオリンピック代表に選出した。「長洲よりワグナーのほうが期待できる」と見なし、連盟が裁量権を行使したのだ。

だが、全米選手権の結果を無視した代表選手選出は前例がなかった。その理由として連盟は、長洲がまだ20歳と若く未熟である一方、22歳のワグナーは経験豊富で成熟していると述べた。ところが、全米選手権で驚異の2位に輝いたポリーナ・エドモンズは当時たったの15歳で、長洲より経験が浅かったにもかかわらず、オリンピック選手に選出されたのである。

もしかすると連盟が長洲を外したのは、本当に未熟だと考えていたからかもしれない。でも、そこにはもっと気分が悪くなる理由があったのかもしれない。選出された3人の選手は、いかにもアメリカ人のフィギュアスケート選手らしい容姿の持ち主だった。3人とも金髪と白い肌の持ち主だったが、長洲はそうではなかった。人種差別が選手選出の要因ではないと連盟は否定したが、いくら否定したところで、その決定こそが事実を雄弁に物語っていた。[5]

では、いくらがんばったところで報われないとしたら、いったいなにが起こるのだろう？

がんばって働いてキャリアを積もう、目標に向かって前進していこう、立身出世という大望を実現すべく努力を重ねよう。私たちはそんなふうに考えて自分を鼓舞している。オリンピック出場という目標を掲げている人もいれば、世の中に大きな影響を及ぼしたい、変革を起こしたいと願っている人もいる。とにかく昇進したい、起業資金を調達したいと必死の人もいるだろう。そうした目標がなんであれ、成功したいのなら、とにかく精一杯努力しろと、私たちは言われてきた。努力は必ず報われる、と。

でも頭の片隅では、「報われるとはかぎらない」と思っている方も多いだろう。たとえば、2人の人間がこれ以上は無理というほど懸命に努力したとしよう。がんばった時間の長さまでぴったり同じだったとしても、1人が成功し、1人はあまり成果をあげられないということはあるものだ。長洲の例からもわかるように、ライバルよりすばらしいパフォーマンスを見せたというのに、締め出しを食らうこともある。

私たちはだれもが挫折を経験している。懸命に働いて、最高の製品を発売したにもかかわらず、ちっとも売れず、赤字に終わるような経験をしているのだ。だから実力があれば成功できるわけではないことを、口にはださなくても、頭のなかでは理解している。アイディアがどれほどすばらしくても、血のにじむような努力をしても、傑出したスキルをもっていても、報われないことがあるのだ。

同様に、起業の成功に欠かせない潤沢な資金や資源、時間、有益な助言といったものを得られるのは、立派な資格や最高のアイディアの持ち主であるとはかぎらない。

「努力が報われる」環境は自分でつくる

数年前、私はハイスクールの新入生を対象にしたあるプログラムにボランティアとして参加した。新しい環境になじめるかどうか心配な新1年生に、社会で活躍している先輩がメンターとなってマンツーマンで助言するプログラムで、そのメンター役を務めることになったのだ。

メンター役はまず、入学直後の1週間、担当する生徒と一緒に学校で過ごす。新入生がハイスクールの新たな環境に慣れ、順調にスタートを切れるよう支援するのだ。

私が担当することになったのはセレリナという13歳の元気いっぱいの女の子で、私はこのいわば「妹」のことがすぐに大好きになった。彼女が出席する最初の授業は歴史だったので、私は彼女と一緒に教室に入り、がんばってねとガッツポーズを見せたあとは、うしろの席で静かに座っていた。

その日は授業初日だったので、歴史の教師がクラスのルールを1つずつ説明し、年間のスケジュールにもざっと触れた。そして授業が後半に入ると生徒たちにインデックスカードを配り、「卒業までに達成したい目標を書きなさい」と言った。そして数分後、そのカードを集めて全体に目を通すと、1枚ずつ、カードの内容を読みあげた。カードには記入した生徒の名前が書いてあったが、教師は氏名を伏せ、内容だけを音読した（ありがたいことに）。

カードにはこんな目標が書かれていた。「フットボールのチームでレギュラー選手に選ばれる」「マリオカートでお兄ちゃんに勝つ」「おカネをためて〈ステフィン・カリー〉を買う」（そういうスニーカーがあるらしい）……。クラスには1人、気のきいたことを言う生徒がいて、すぐに人気者になった。そして、あるカードを教師が読みあげると、自信たっぷりに手を挙げて、「それ、おれのでーす」と言った。その内容は「ぼくの目標は、クラス全員にジンバブエのスペルを教えることです」だった。

そんなふうにしてカードを読みあげるたびに、歴史の教師は感想を述べていった。「うん、きみの腕はフットボール向きで太いから、きっとレギュラーになれるよ」「〈ステフィン・カリー〉っていう靴があるんだね？　もう〈エアジョーダン〉の時代じゃないんだなあ」などと機転のきいたコメントを続け、例の人気者の目標にさえこう言った。「ジンバブエか……よし、先生がきみたち全員にこの国のスペルを教え込むぞ……国の場所もね！」

そして、教師は1枚のカードを読みあげた。「私のもくひょうは、いっしょけんめい勉強して、ローズしょうがくせいに選ばれて、オックスフォード大学で勉強することです」

だれが書いたカードなのか、すぐにわかった。セレリナから、ローズ奨学金を獲得してオックスフォードに進学した女の子の本を読み終えたところなの、と聞いていたからだ。そして、オックスフォードってどこにあるの、とも尋ねられていた。だから彼女の目標を知った私はとても誇らしい気持ちになり、胸がいっぱいになった。

だが、セレリナのカードを読み終えた教師はにやにやと笑いはじめた。そして忍び笑いを漏らすと、「たいそうな野心だな」と言い、小声で付け加えた。「高望みはやめておこう」と。

私は思わずセレリナのほうを見やった。その顔は恥ずかしさのあまり、真っ赤になっていた。授業のあと、私はセレリナを教室の隅に連れていき、オックスフォードを目指すのはすばらしいことよと言い聞かせた──あなたならできる、がんばって諦めずに勉強を続ければ不可能なことなんてない、と。

その後の数年間、彼女は努力を続けた。努力は裏切らないと、私もずっと励まし続けたが、彼女はとうとう勉強についていけなくなり、妊娠し、ハイスクールを中退した。

私には、いまだに悔しくてならないことがある。セレリナは中退した日、失望させてごめんねと謝ったあとで（私は失望なんかしていなかったのに）、ハイスクールに入学した日に書いたあのインデックスカードをとりだして、こう言ったのだ。

「チアリーダーになりたいって、書いておけばよかった。あたしみたいな人間は、どんなにがんばったって、オックスフォードには入れない。いくら努力したって、あたしの頭はよくならないんだもん」


勤勉や努力が大切だという話を、私たちは耳にタコができるほど聞かされている。そんなことは重々わかっているのだ。ところが人生では、不利な立場に置かれることがままある。そんなとき、不利な立場の陰に隠れている複雑な意味合いをどう把握し、どうコントロールしていくかという問題については、あまり考えない。

だが本当は、こちらが主導権を握るためのスキルを身につけ、方策を練る能力を高めるからこそ、そこからまた新たなスタートを切れるのだ。**努力が報われ、大きな成果をあげ、成功をおさめる状況をみずからつくりだすしかない**のだ。

作家のロバート・ルイス・スティーヴンソンはこう述べている。

「人生では、強いカードを揃えればいいわけではない。弱い手札でどう勝負するかだ」

と。

行く手をはばむのは「偏見」だけではない

セレリナと長洲はどちらも、自分に対する偏見のせいで、つらい思いを味わった――そんな表現ではとても足りないが。

セレリナの教師は、彼女の夢など叶うはずがないと思い込んだ。なぜなら、彼女が低所得の家庭の娘だったからだ。そしてアメリカフィギュアスケート連盟の判断からは、高齢の評議員たちが人種差別主義に基づいて決断を下した事実が透けてみえる。

しかし、こうした他人の有害な認識を逆手にとり、苦境を乗り越える力に変えることができる。というのも、「エッジ」をつくりだせば、あなたは解毒剤を入手できるからだ。

つまり、**あなたに対する他人の認識が毒物になったとしても、「エッジ」をつくりだせば、その毒を排除できる**のだ。

人間の認知力には限界があるが、私たちはその認知力に頼って集団をつくり、世の中の出来事や出会った人たちのことを把握しなければならない[6]。

そこで古代の祖先たちは周囲の危険を把握するために、進化の過程で「闘争・逃走反応」を示すようになった。つまり危険を察したときに、「闘うか、逃げるか」を瞬時に判断しようとするわけだが、そのせいで、いまだに人々の間には偏見が生じ、だれかが不利な立場に追い込まれている。**自分と同じ世界に属する人間をあからさまにえこひいきをして、同じ世界に属さない人間には偏見をあらわにする**からだ。

たとえば、企業の採用担当者が「年寄りはテクノロジーに疎い」と考え、高齢者を不採用にすることもあるだろう[7]。

ときには偏見をもっていることに、自分でも気がつかない場合がある。たとえば、就職活動の面接では、長身の応募者のほうが採用されやすい。研究によれば、背の高い人のほうが賢く、よきリーダーになり、最終的には人生で大きな成功をおさめると考えている人が多いからだという[8]。

実際、アメリカで182センチ以上の身長がある人は人口の約15%にすぎないが、CEOのなかでそれだけの身長がある人は58%にも及ぶ。また身長が187センチ以上ある人は人口の約4%しかいないのに、CEOの場合は33%に及ぶ[9]。

私は同僚と調査した結果、外見が魅力的な人は、男女を問わず、とくに男性に対して好印象を与える確率が高くなることを突きとめた[10]。

また私が調査したところ、患者と医療従事者のやりとりと、治療における決定は、その患者がどのくらい痛みに強いと見なすかによって変わってくることが判明した（女性のほうが痛みに強いと思われるのだ）。実際のところ、私が聡明かつ有能なブラッド・グリーンウッドとセス・カーナハンとともに研究したところ、医療従事者の患者に対する思い込みは看過できないほど強く、心臓発作を起こしたあと、男性医師に救急治療を受けた女性患者のほうが生存率が低いという憂慮すべき事実もあきらかになった。この例からもわかるように、**人間の認識には文字どおり生死を左右するほどの影響力がある。**

認識と偏見が及ぼす影響には大小あるが、きわめて深刻な悪影響を及ぼすこともある。たとえば、黒人女性は白人女性より、妊娠中に命を落とす例が3倍から4倍も多い。なぜなら、黒人女性のほうが痛みに強いという思い込みがあるため、白人女性と同じように痛みを訴えても、鎮痛剤をあまり処方してもらえず、高度な治療も勧めてもらえないからだ。

──偏見や不利とは「認識のゆがみ」

そうした誤った認識は性差にまつわるものだけではない。「偏見」と聞けば、人種や民族に対する偏見を思い浮かべる方が多いだろうが、ここではっきりさせておきたい。

世の中に、偏見をいっさいもたれない人などいない。競争社会のヒエラルキーのように、偏見をもたれる人間が下層にいるわけではない。状況によって、だれもが不利な立場に追い込まれかねないのだ。[11] たとえば私自身、はなはだしい偏見にさらされた男性の例を数多く見てきた。[12]

先日、フィラデルフィアのある校区では、男性教師より女性教師の賃金水準がはるかに高いうえ、女性の教歴をより高く評価していることが発覚した。さらにひどいことに、面接の場では、男性にだけ次のような質問が浴びせられていたという。

「どうして子ども相手の仕事をしたいと思ったんです？　健康な男が子ども相手の仕事をしたがるとは、不思議ですね」「あなたが変態じゃないってことを確認したいだけですよ」などと、男性だけが非難されたのだ。

ここで注意すべきなのは「偏見を受けるのは不利な少数派だけではない」ということ。偏見はいたるところにはびこっていて、その形もさまざまだ。

たとえば、だれかに「特権を享受している金持ちの息子」のレッテルを貼るのは簡単だ。**だれもが例外なく**、なにかしら問題を抱えていることなど、つい忘れてしまうからだ。

それに、ある特定のタイプの人が偏見を示すわけでもない。たとえば私が調査したところ、男女を問わず、だれもが男性の起業家に好感をもちやすいことがわかった。

私たちが「偏見」とか「不利」とか呼ぶものは、実際のところ、認識がゆがんでしまった結果なのだ――社会における「善」と「悪」のイメージと、相手に対する認識とを勝手に結びつけた結果なのだ。たとえば、黒人は「男らしさ」と結びつけられがちだが、「犯罪行為」とも結びつけられがちだ。[13] 高齢者は「信頼できる」と思われがちだが、「やる気がない」「学習能力が低い」とも思われがちだ。[14] 女性は「思いやりがある」と見なされがちだが、「無能」だとも見なされがちだ。[15]

――人はたった「15秒未満」でレッテルを貼る

人がそうした認識をもつのに、それほど時間はかからない。そしてあっさりと、そうした認識に基づいて人にレッテルを貼るようになる。心理学者のナリニ・アンバディとロバート・ローゼンタールは、**たとえ15秒未満の「薄切り」の出会いであろうと、人は相手の性格について強い認識をもつ**ことをあきらかにした。[16] 相手がどのくらいやさしく、正直で、信頼の置ける人かを、あっという間に推測するのだ。

相手に対して特定の認識をもち、レッテルを貼る行為は、すばやくおこなわれる。**さらに重要なことに、その正反対の証拠を目の当たりにしても、いったん決めつけた認識を変えようとはしない。**だから、いったんあなたになんらかのレッテルを貼った人間は、その

職場で重要性を増すソーシャルスキル

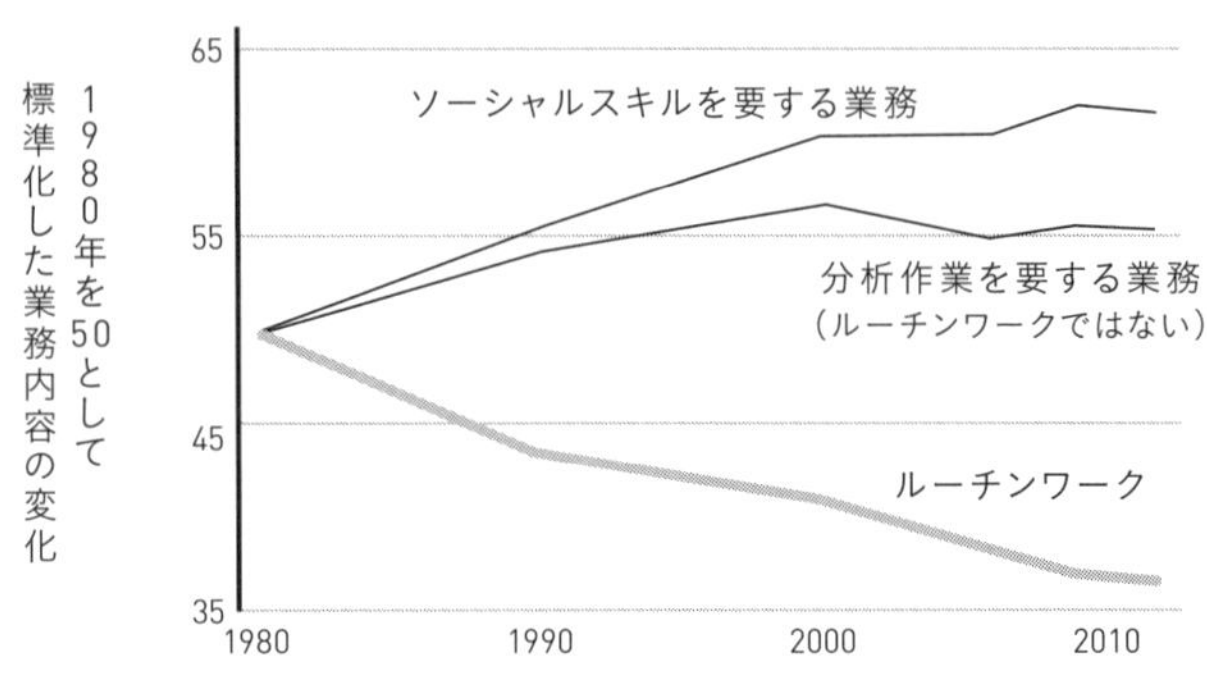

“ソーシャルスキル”として ①協調力 ②交渉力 ③説得力 ④社会的洞察力 (相手の立場に立って心情を察する能力) が含まれている

出典：1980〜2000年アメリカ国勢調査、2005〜2013年アメリカン・コミュニティー・サーベイ

レッテルに基づいてあなたとの交流の仕方も、あなたという人間の評価をも変えてしまう。その結果、あなたにふさわしい報酬の金額まで変えてしまうのだ。

上のグラフを見てもらいたい。ハーバード大学の経済学者、デヴィッド・J・デミングが発表した報告書に掲載された「職場で重要性を増すソーシャルスキル」のグラフを見ても、他人からどう認識され、どんなレッテルを貼られるかという影響力から逃れられないことがよくわかる。

現代ではソーシャルスキル、すなわち「人と交流する能力」がいまだかつてなく求められていて、その能力なしでは成功できない。協調力、交渉力、説得力があり、相手の心情を思いやる洞察力にすぐれている人間ほど高い評価を受けるのだ。[17]

ところが、こうしたタイプの能力ほど、偏見に基づいて評価されやすい。だが同時に、こうした能力を発揮すれば、エッジをつくり、本来は不利である形勢を逆転させる絶好の機会が生まれる。自分のことを「こう見てもらいたい」と思っている方向に、相手の認識を誘導するチャンスができるからだ。

逆風を追い風に変える

あなたに対する他人の認識を、あなたのほうから誘導しよう。そして、独自の特権をつくりだそう。あなたのがんばりを最大限に活かすにはそれしかない。投資のアドバイスをする人が「おカネにおカネを稼いでもらいましょう」と言うように、あなたのがんばりを最大限に有効活用するのだ。

心理学者のシャイ・ダヴィダイとトーマス・ギロヴィッチは、これを「逆風」と「追い風」と表現している。[18] まず、あなたはがんばって努力しなければならない。それは必須だ。そのうえでエッジをつくりだせば、あなたは追い風を起こし、これまでの努力を実らせ、もっと前進できるようになる。

その反対に、逆風が吹けば偏見にさらされ、不利な立場に後退させられる。そうなれば、前進するのは難しくなる。なんとか目的地にはたどり着けるかもしれないが、おそろしく時間がかかるだろうし、多大な苦労も伴うだろう。たどり着いたときにはもうクタクタで、不満が爆発しそうになっているかもしれない。

だから、自分で追い風を起こそう。あなたのがんばりを最大限に有効活用しよう。逆風を追い風に変えよう。みずから行動を起こす力を身につけるのだ――自分ではなにもせず、ただ人任せにして、「おまえには努力が足りない」などと、他人に決めさせてはならない。

これまで言われてきたアドバイスとは違うし、そもそも誠実さに欠けると思う方もいるかもしれない。とくに努力こそが大切で、それが唯一無二だと思い込んでいる場合は。

でもそれは実のところ、あなたが用心しなければならないことの裏返しなのだ。

つまり、なんとしても避けるべきなのは、他人に自分の運命を決めさせること。乏しい情報に基づいて、あなたという人間についていい加減な判断をさせてはならない。

そのためには、**「私はこういう人間です」**と、**自分から告げなければならない。**すべてを人任せにしたあげく、「自分のことをちゃんとわかってくれるはず」と期待するのは、運を天に任せるようなものだ。相手があなたのことをどう認識し、あなたにどんなレッテルを貼るかもわからないのに、自分の成功を他人にゆだねるのだから。

たしかに、あなたは努力しなければならない。でも、その努力にどれほどの価値があるのかを世間に示すのは、あなたの仕事だ。

手元に配られたカードを変えることはできない。でも、その手持ちのカードで勝負するのはあなただ。カードを配られたあと、「おまえのカードは弱いな」などと、他人にけっして言わせてはならない。自分にはどこにもやましいところなどない。そう覚悟を決め、他人の決めつけは捨てて、新しい信条をとりいれよう。

成功をおさめた人は、どんな境遇から這いあがったにせよ、どれほど不利な状況に追い込まれたにせよ、だれもが必ずこう信じていた。

「未来はいまよりよくできるし、私にはそうするだけの力がある」、と。

──逆境を乗り越えた長洲未来の行動

2014年のオリンピックチームからあっさりと外されてほどなく、長洲は思いや悩みを綴ったメッセージを自分に宛てて書いた。[19] そして2018年2月、その内容をツイッターに投稿した。

私がおそれていること

私の発した言葉をねじまげて爆弾に変え、私に向かって放つ記事。私には理解できない基準のリスト。好き勝手を並べる権利をもつファン。尊敬していたのに、いまでは私を非難する人たち。私が着るもの。私が食べるもの。私の身体。競争。いったい、なんのため？

私は毎日、自問する。

「かつての輝きを少しでも取り戻そうと努力する長洲の姿は、痛々しいことこのうえない」

こうした言葉は矢となって、私の心に突き刺さる。

そんなこと気にしちゃダメだって、みんな言うけれど、気にせずにはいられない。だって、非難の言葉が頭のなかでずっと鳴り響いているから。そんな記事を読むと、私がいちばんおそれていることが事実なんだと言われているような気がする。

私の全盛期はもう終わった。

もうこれ以上、上達しない……。

その後、2018年の冬季オリンピックで、彼女がトリプルアクセルを決めたことを、私たちは知っている。だからこそ、歯を食いしばって努力を重ね、逆境を乗り越えた彼女に惹かれるのだ。どん底に陥っていたとき、どれほどつらい思いに苦しんでいたかは、当時の彼女の言葉によくあらわれている。

2014年の選考で、彼女はオリンピック代表選手から外されるという冷遇を受けたわけだが、その選考方法はいまだに物議をかもしている。

そう、間違いなく、彼女は努力に努力を重ねていた。

だが、努力だけでは足りなかったのだ。努力が認められていたら、彼女は2014年、オリンピックに出場していただろう。では、ほかになにが足りなかったのだろう？　闘志をもっていた？　イエス。忍耐力はあった？　間違いなく、イエス。

でもその後の4年間で彼女が学んだのは、オリンピックに出場するには**努力と技術以上のものが求められる**ということだった。彼女のパフォーマンスと技術について、アメリカフィギュアスケート連盟がどんな認識をもち、どんなレッテルを貼るかもまた重要だったのである。

そのなかには「成熟している」という認識も含まれるのかもしれない。アメリカチームに注目と関心が集まるほどの「独自のプログラム」を組んでいるかという認識も含まれるだろう。アメリカチームでは古臭いプログラムではなく、最高のプログラムで観る者を魅了するという印象を与えなければならないからだ。さらにそこには、アジア系アメリカ女性とブロンドのアメリカ女性の「対決」が体現するものも含まれると思われた。

そこで長洲は、他人が自分にもつ今後の認識を、すべて自分の思う方向に誘導してみせると意を決した。

――ただのブランディングを超えた長洲の「エッジ」

彼女のストーリーの核にあるのは、2014年のオリンピック代表選考にまつわる騒動ではなく、1つのスポーツの枠を広げようとしたアスリートの物語だ。

技術を高めようと愚直に努力を重ね、完璧なトリプルアクセルを目指してプログラムに組み込み、みずから道を切り拓き、アメリカチームに栄光をもたらすアスリートとしての自分をアピールすることにしたのである。こうして、彼女は自分のイメージをみずからつくりあげた。そして自分が望むやり方でメディアを利用し、アメリカフィギュアスケート連盟がもう彼女をチームから外せないように仕向けたのだ。

先に引用した長洲の独白を見ても、彼女が創造性に富んでいて、実に思慮深いことがよくわかる。彼女の言葉からは「未熟で若い長洲」ではなく、「芸術的で思いやりがある、成熟した長洲」というイメージが浮かびあがってくる。すると私たちは、血のにじむような練習を重ねてトリプルアクセルを完成させた彼女のがんばりを、まじめで忍耐力のあるオリンピックメダリストの印象と結びつけて考える――そうなれば「勝利をおさめる長洲」というイメージができあがるのだ。

今回、オリンピック出場を目指す彼女の計画において、トリプルアクセルは大きな役割を果たした。こうして、自分に対する世間の認識とイメージを自分でコントロールできるようになると、長洲はメディアまでをも利用して、自分に対する認識とイメージをいっそう強化させていった――そうして、彼女はみずからエッジをつくりだしたのである。

それはただのパーソナルブランディング、すなわち個人のブランド化ではないかと言う人もいるだろう。だが、彼女がつくりだしたエッジは、単なるマーケティングの枠を超えている。

長洲がとりわけ力をいれたことはなんだろう？　彼女には自分がもたらす価値がよくわかっていた。トリプルアクセルの価値も、それがチームの価値を高めることも自覚していた。でも彼女はまた、人々に受けいれてもらい、独自の価値を認めてもらうには、まず自分のストーリーと個性で人々を楽しませる必要があることもわかっていた。

そこで彼女は、自分のストーリーと個性を見せることにした。自分のキャリアに対してあれこれ言いたい人がいることも認めたうえで、「だれだってミスを犯します。言うまでもなく、私にはいいときも悪いときもありました」と語った。[20]

しかし長洲は、自分にはなにも恥ずべきところはないと断言し、これまでの紆余曲折を振り返り、こう言った。「ありのままの自分の姿をみなさんに見ていただくのは、ちっともこわくありません」と。

そのうえで、誠実で、ウソ偽りがなく、思慮深いアスリートであるという認識をもってもらうべく努力を続け、「いつも完璧じゃなくたっていい。また立ちあがり、前進を続ければ、それでいいのよ」といったツイートを投稿した。そうやって彼女は前進を続け、逆風を追い風に変えたのだ。

他人の認識を変える「あなただけの価値」

他人があなたに対してもつ認識が、あなたに対するイメージをいっそう強化し、その結果、あなたに対する判断に影響を及ぼす。その事実がわかっていれば、あなたのがんばりと絶えざる努力は、いっそう報われる。それは大抵の場合、自分に対する固定観念に対して、自分が解毒剤になることを意味する。自分に対する認識を別の方向に誘導し、相手を楽しませ、最後にはあなた独自の価値に気づいてもらうのだ。

本書でこれから詳しく説明していくように、自分の立ち位置と独自の背景を把握するからこそ、あなただけのエッジを生みだすことができるのだ。

あなたにエッジができれば、努力してがんばった結果、もっと効率よくエンジンを動かし、前進できるようになる。**エッジとは、いつ、どこで努力し、がんばるべきかというタイミングを知ること**でもあるのだ。

認識は諸刃（もろは）の剣（つるぎ）だ。それをしっかりと理解したときに、なにが起こるのか。そして、その事実を前提として戦略を練る場合、どうすれば自分に有利になるように物事を進められるのかという問題を、私は研究してきた。すると、**実際に不公平な状況に置かれるほど優**

位に立てる方法、すなわちエッジをつくりだす方法があることがわかってきた。すでに優位に立っているように見える相手や、まだエッジのつくり方を知らない相手より、優位に立てる方法がわかってきたのである。

その方法をしっかりと理解しよう。自分のものにしよう。存分に活用して人の心をつかみ、形勢を逆転させよう。念入りにつくりあげよう。磨きをかけよう。世間にそれを気づかせよう。常識を覆すような存在になろう。

私は幼い頃、ほかの子より運動神経が鈍くてスポーツが苦手だったので、よくめそめそ泣いていた。すると、父がこう声をかけてくれた。

「やる気があるなら、靴ひもを結びなさい。靴ひもを結んで、また挑戦する用意をしなさい」と。

だから、さあ、勝負する準備を整えよう。

EDGEの基本

がんばっていれば、報われる(こともあるが、そうとはかぎらない)。

PART 1

豊かにする

Enrich

D

G

E

第1章

あなただけの才能をみつける

――強みと弱みを明確にする

物事がシンプルになるのは、長きにわたって勤勉勤労を続けた結果であり、当初は混沌としている。

――フレドリク・メイトランド（イギリスの法制史家）

あなた自身、あなたのチーム、あなたの組織がエッジを獲得する。これは、いたってシンプルな目標だ。そのためには、次の2点を実現させればいい。

1. **あなたが相手を豊かにし、価値をもたらす。その価値は、あなたがいなければもたらされないものだ。**
2. **ほかの人も、そう考える。**

これだけ。シンプルこのうえない。でも、本章の冒頭で紹介した法制史家フレドリク・

メイトランドの言葉が示すように、懸命に努力して、ようやく先述のシンプルな目標を達成するには、さまざまな経験を通じて、そのためのコツや秘策を身につけなければならない。

そうしたちょっとしたコツのなかで、もっとも重要なものはなんだろう？　その答えは、さきほど挙げた2点をつなぐ「さらに」があるかどうかだ。

あなたが価値をもたらす。相手が豊かになる。
さらに
ほかの人も、あなたが価値をもたらし、そのおかげで自分も豊かになると思う。

カギを握るのは、この「さらに」があるかどうかだ。世間には、2点目だけを実現させて、エッジを獲得しているように見える人がいる。自分は価値をもたらしていると、相手に思わせるのがうまいのだ——本当は、価値などもたらしていないのに。ただ、そう思わせるのがうまいだけ。腹立たしいこと、このうえない。

そういう人が職場で昇進できるのは、いつも上司の機嫌をとっているからだ。上司に週末の予定を尋ねて、一緒にスカッシュまでしているのだから——本人の手柄にしている仕事はすべて、こっちが汗水たらして働いた成果だというのに。

同じような例は、職場内だけではなく、企業間でも起こりうる。この商品を売りだしたのはうちのほうが先なのに、なんだって、売上ではあの会社に完敗しているんだ？　完全にオリジナルなアイディアをだして製品化にこぎつけたのはうちなのに、そしらぬ顔でパクり商品で儲けているうえに、本家はこっちだと言い張るとは、まったく図々しい。

——ノーベル賞でさえ不公平

あるいは、自分がアンリ・ポアンカレになったところを想像してもらいたい。ポアンカレは1904年から1912年の8年間、ノーベル物理学賞の候補者として51回も推薦され（ノーベル賞は、同じ年に、別の推薦者が同じ人物を推薦することができるし、1人の推薦者が複数の人物を推薦することもできる）、とくに1910年には34件の推薦を受けた（この年は合計58件の推薦があった。つまり総推薦件数のうち59％をポアンカレが占めていたのだ）。

それもこれも、理論物理学と天体力学におけるポアンカレの革新的な研究が認められてのことだった。ところがその年のノーベル物理学賞はヨハネス・ディーデリク・ファン・デル・ワールスに渡った——たった1件の推薦しか受けていなかった人物のところに。

なぜ、ポアンカレは受賞できなかったのだろう？[1]　ノルウェーのオスロ大学で科学史を教えるロバート・マーク・フリードマン教授は、次のように説明している。

ポアンカレは、委員会でもっとも影響力をもつメンバー、スヴァンテ・アレニウス委員長の支持を固めることができなかった。アレニウスはアカデミー内の自分のライバルがポアンカレを支持する運動を始めたため、これに対抗すべく、同郷のクヌート・オングストレームを候補者に推したのである。

受賞者の発表を聞く前にオングストレームは亡くなったが（ノーベル賞は死後には与えられない）、それでもポアンカレはアレニウスの支持を得られなかった。フリードマンはこう続ける。「アレニウスはヨハネス・ファン・デル・ワールスをどうにかして推薦しようと、資料をあさりはじめた。というのも、彼の主要な研究は１８７０年代におこなわれていたため、とうの昔に候補者リストから外れていたからだ（そもそもアルフレッド・ノーベルは遺言で、〝前年度〟の業績を基盤に評価するよう求めていたのだが）」

ポアンカレは１９１２年に亡くなるまで推薦を受け続け、質量とエネルギーの関係、相対論、重力波に関する研究の功績を賞賛された。だが、結局、ノーベル賞を受賞することはなかった。

実に不公平だ。だって、先に挙げた2点のうち、1点目さえ実現すれば、エッジを獲得できたように思うのが当然だからだ。ポアンカレのように価値をもたらしたのであれば、自然と優位に立てなければおかしい。すばらしい仕事をして、独自の価値を世の中にもたらしたことを示せれば、もうそれで十分に認められるはず――こちらがとくにアピールしなくても、世間がそうと察してくれるはずだ、と。だが、そんなふうに事は運ばない。

すると「向こうがそうくるのなら、こっちも」という気分になる。「あいつが上司にゴマをすっているんなら、こっちもゴマをすってやる」という気になるのだ。ところが、そんなふうに対抗していると、私たちはますます自分を追い込んで、つらい思いに苦しむことになる。そして、ますますエッジを獲得できなくなってしまう。


自分がもたらす価値をどのくらい認識してもらえるかだけに固執すると、自分が実際にもたらす価値のことを軽視するようになり、ときにはすっかり忘れてしまう。自分の才能を伸ばす努力さえやめてしまったり、なおざりにしたりする。その結果、世界に価値をもたらす能力を鈍らせてしまうのだ。

それに、自分には価値など提供できないのに、「できるふり」をしてやりすごせるとはかぎらない。もちろん、このハリボテ戦略をうまくやりおおせている人が、あなたの知り合いにもいるかもしれない。見せかけだけで世を渡っている人は多いものだ。でも、私にはそんな芸当はできない。だから、実力があるようなふりをしようとは思わない。

――「さらに」の重要性

優位に立つには、自分には価値をもたらせる、周囲の人たちを豊かにできると、相手を説得する力を身につける（が、実際には見せかけだけ）か、実際に価値をもたらし、さ、ら、に、それを周囲の人たちに納得してもらう力を身につけるかの、どちらかが必要となる。

どちらの手法をとるにせよ、他人から同意を得るのが得意にならなければならない。そして当然のことながら、**あなたが実際に価値をもたらしている場合のほうが、簡単に認めてもらえるし、その信用は長く続き、相手の心に強い印象を残せる**（それに良心の呵責を覚えずにすむ）。

だから、まず、1点目の「どうすれば自分が価値をもたらせるか」について考えていこう。もちろん、相手を説得したり、相手の同意を得たりする手法については、あとで詳しく説明していくのでご安心を。

あなたの「基本材料」を活用して、価値をもたらす

そもそも、「価値をもたらし、相手を豊かにする（エンリッチ）」とはなにを意味するのだろう？　辞書で引くと、次のように説明がある。

enrich（エンリッチ）
〜の質や価値を高める

質を高めるとか価値を高めるとか言われると、私たちはつい無意識のうちに、「全力で取り組まなければ」と思う。つまり、価値を高めたり、相手を豊かにしたりするのは、「がんばって最善を尽くす」ことと同じ意味だと考えてしまうのだ。

だから大勢の人が「全力を尽くす」ことにとりつかれている。**「全力を尽くす」こと自体が目標になってしまう**のだ。そしてスキルを身につけ、上達すれば、空が割れ、天使が歌うほどの成果をあげられるはずだと期待する。なんにせよ、「そこそこ」ではダメだと思い込んでいるのだ。

――「飛び抜けた能力」だけ磨けばいい

でも、まじめな話、1つか2つ飛び抜けた能力があるのなら、そのほかのことに関しては「そこそこ」で十分ではないだろうか（この問題について考えると、友人が車に貼っているステッカーの文句をいつも思いだす。いわく、「世界一、そこそこな母親」）。

たとえば、バットマンについて考えてみよう。バットマンは天才的な知性の持ち主で、身体能力も秀でてはいるが、ほかのスーパーヒーローたちのような「スーパーパワー」に恵まれているわけではない。スパイダーマンだってそうだ。スパイダーマンは壁に張りつけるし、動くスピードも速いし、反射神経も見事だが、超人的な力をもっているスーパーマンにはかなわない。このように、たとえスーパーヒーローであろうと、普通は1つか2つの能力に秀でているだけだ。

同じことは、スーパーヒーローではない人にも当てはまる。

2年前、私と夫は子どもたちを連れて、車でテキサス州を横断する旅にでた。夫の故郷で、いまも夫の両親が暮らしているヒューストンを出発し、オースティンとサンアントニオを経由するという、もっぱら荒野を走り続ける旅だ。

すると出発直前に、夫の母から大声でこう言われた。「〈バッキーズ〉に寄るのを忘れないでね！」

ぽかんとしている私に向かって、夫が小声で言った。「〈バッキーズ〉っていうガソリンスタンドがあるんだよ」

そう言われても、なんのことやらわからなかった。

けれどまあ、驚いたのなんの。ドライブを始めて300キロほど走ったところで、〈バッキーズ〉の看板が見えてくると、あそこで給油していこうと、夫が言った。そして店内に入った私は、度肝を抜かれた。

そのガソリンスタンドは絶対に訪れるべき名所であり、ひれふすべき王国だった。トイレはぴかぴかに磨きあげられ、一点の汚れもない。ずらりと果てしなく並ぶドリンクの自販機、クーラーボックス補充用に置かれた山のような氷。店内にはテキサス土産の品々があふれていたが、どれも工夫されていて、1つ残らず写真におさめてインスタグラムにアップしたいと思ったほどだ。

服にプリントされた洒落た語呂合わせは自分でも使いたくなったし、ビーフジャーキーやキャラメルポップコーンといったオリジナルブランドのスナック菓子もすごく美味しかった。このまま、何時間でも店内にいられそうな気がした。さらに当然のことながら、とんでもない数の給油機がずらりと並んでいるので、まず、待たされることはない。

すっかり夢中になった私は車に戻ると、あの燦然たるガソリンスタンドのことを検索し、あれこれ記事を読みはじめた。[2]

すると〈バッキーズ〉1号店は、1982年にテキサス州のレイクジャクソンにオープンしたことがわかった。2人の創業者、アーチ・〝ビーバー〟・アプリン3世とドン・ウォセックは、店のアピールポイントをたった2点に絞ることにした──「安い氷」と「清潔なトイレ」だ。そして、2人はこの2点を「**基本材料**」と呼んだ。

すなわち、人々がガソリンスタンドへ行く理由は、給油とトイレのためであると考えたのだ。そしてもう1つ。テキサスっ子たちは、テキサス生まれの〈ドクターペッパー〉を冷やす氷を買いたいはずだと、結論をだした。

そこでアプリンとウォセックは、〈バッキーズ〉には必ずガソリンがあるようにした──それは必須だった。それから「清潔できれいなトイレ」と「安価な氷」の提供を最優先事項にした。

その結果、2人は〈バッキーズ〉をドライブの途中に立ち寄るガソリンスタンドではなく、ドライブの「目的地」へと変えたのである。そのおかげで、ただ「給油に寄る」だけの私の行為も、心躍る楽しい時間になった。

テキサスシティの〈バッキーズ〉には、男性用の小便器だけでも33台、備えられている。だからまず、待たずにすむ。こうした工夫が奏功し、〈バッキーズ〉はガソリンスタンドでありながらドライブインの機能も果たし、アメリカでもっともきれいなトイレを備えている施設として受賞までしている。

なにしろ午前4時であろうと、トイレはぴかぴかに清掃されているのだ。テキサス州ニューブラウンフェルズの〈バッキーズ〉には120台の給油機が並び、店舗の面積は6163平米もある。一方、同州ケイティの店舗には、世界最長の洗車用ベルトコンベアが備えられている。このほかにもテキサス州各地に30以上の店舗があり、フロリダ州とアラバマ州にも進出中で、現在もさらなる店舗増加を計画している。

たしかに〈バッキーズ〉の出発点はガソリンスタンドだったが、近年、社の収益でガソリン販売が占める割合は60%にすぎず、残りの40%は利益率の高い自社ブランド製品を含む併設のコンビニエンスストアの売上によるものだ。

〈バッキーズ〉はこうして新たな価値をもたらした結果、「トイレ休憩」という言葉で客が思い浮かべるイメージを一変させた。

ガソリンに加えてぴかぴかのトイレと安い氷を提供したからこそ、ドライブインとして抜きん出た存在となり、いわば「スーパーパワー」を手に入れたのだ。

そして、これまでの努力を認められ、「全米一のトイレ」を備えていると賞賛を浴びるようになり、店の客はこう自慢するようになった。「〈バッキーズ〉はおとな向けの遊園地みたいなものさ！」、「〈バッキーズ〉で最高じゃないところ？　１つもないね！」と。[3]

自分の強み・弱みを知る

こうした特徴を、本書では「スーパーパワー」と呼んできたが、そう聞くと、そんな能力を身につけるのはとても無理だと思うかもしれない。だが実際のところ、相手を豊かにするには、ほんの少し、抜きん出た能力があればそれでいい。そうすれば、あなたはユニークな存在になれるのだ。

〈バッキーズ〉も同様で、広々としたトイレ、ずらりと並んだ給油機、大量の氷には、別に複雑なところなどいっさいない。だから私はこんなふうに考えることにしている。

自分の「基本材料」とはなんだろう、と。

私の母は台湾出身で、料理をするとき、必ずキッチンに基本となる材料を揃えている。

母の料理になくてはならない食材や調味料は、ショウガ、ネギ、ゴマ油、しょうゆ。かたや、イタリア系の私の夫の場合は？　ニンニク、タマネギ、オリーブオイル、チーズが欠かせない（それに料理のインスピレーションのために、グラス1杯の赤ワインとパルマ産生ハムも）。

あなた自身の基本材料、あるいは、あなたが率いる組織の基本材料を知ろう。というのも、これからあなたは折に触れ、そこに立ち返ることになるからだ。あなたがこの世界でなんとか生き延び、存在感を示し、世界を豊かにする能力を伸ばすために必須となる要素だからだ。

だからまず、自分の胸にこう問いかけてもらいたい。

自分や自分の組織に対して、相手がいちばん期待することはなんだろう？　あなたなら、これこれこういうことをしてくれる。そう期待した結果、**あなたの功績を実際に認めて、あなたが昇進したり影響力をもったりできるようにする基本材料はなんだろう？**

〈バッキーズ〉の創業者たちの基本材料は、「ガソリン」「清潔なトイレ」「氷」だった。そして、この確固とした基盤があったからこそ、〈バッキーズ〉は食品や土産品や衣料品へと、展開する事業の幅を広げることができた。だが、いまでも集客の基盤となっているのは、やはり3つの基本材料だ。

自分の基本材料を見極めるには、強みだけでなく弱みにも目を向けなければならない。

自分の短所を直視して、それを受けいれたとき、あなたが戦っている競技場全体の形が初めて見えてくる。自分の弱みと基本材料がわかれば、エッジをつくりだせる場所もわかってくるのだ。

――弱みから目を背けてはいけない

私はハーバードビジネススクールで起業家精神（アントレプレナーシップ）について教えているため、学生がよくスタートアップのアイディアを思いついては相談にやってくる。

彼らのアイディアにはかなりいいものもあって、たとえばある学生は、緊急通報の電話がかかってきてから現場に救急隊員が到着するまでの時間を有効活用するために、救急救命士や救急車の運転手が患者とビデオ通話をするアプリを思いついた。ビデオ通話ができれば、救急車を待つ間、患者のほうは励まされるし、救急救命士は傷病の程度を確認できるうえ、既往歴などについて事前に尋ねることもできる。

ほかの学生たちのアイディアはもっとありふれたものだったが、それでもよく考えられていた。たとえば、複数の航空会社のクレジットカードの特典や年会費を比較して、利用者のタイプによってどの航空会社のカードを解約して、どのカードを積極的に利用すべきかを助言するアプリのアイディアもあった。

それがどんなアイディアであれ、学生たちは十中八九、「すごくいいアイディアを思いついたんです」という台詞で、私に売り込みを始めた。そして最後には必ず「このアイディアを実現するのを手伝ってくれる技術系の人を紹介してくれませんか?」と、尋ねてくるのだ。

緊急通報用アプリのアイディアを思いついた学生の専門は、金融だった。だから、医療についても、テクノロジーについても、知識はゼロ。クレジットカード比較アプリのアイディアを思いついた学生の専門は、医学だった。だから、金融やテクノロジーに関する知識はないに等しい。自分が思いついたアイディアを実現するうえでの基本的な知識さえないというのに、いったいどうやってエッジを獲得できるというのだろう?

なにも、でたらめな思いつきは実現できないと言っているわけではない――もちろん、ふとしたひらめきがすばらしいアイディアになることもある。だが、あるアイディアを思いついた起業家が、自分にはその分野の専門知識がないため、その事業のカギを握るスキルをもつ人を探しているという話を耳にするたびに、私は呆れてしまう。そんなふうにしていくら人材を探したところで、自分のエッジを見つけることも、育むこともできない。彼らは自分の基本材料を見過ごしているのだ。

こんな場面を想像してもらいたい。だれかが私のところにきて、「ベストセラー間違いなしの小説のアイディアを思いついたんです。あとは、ただ、その小説を書いてくれる人を見つければいいだけなんですが」と言うところを。あるいは、「傑作になりそうな絵画のアイディアがあるんですよ。だれか、絵描きさんを紹介してくれませんか」と言うところを。専門家を探す起業家がしているのは、それと同じことだ。

100年に1つのアイディアを思いついた。あなたがそう信じているとしよう。そのアイディアを実現するにはプログラミングが必要なのに、あなたにはプログラミングができないとしたら、自分の弱みを自覚しよう。そして実際にプログラミングの勉強を始めて、いわばプログラマーとしての筋肉を鍛えていく覚悟を決めよう。**強みだけでなく、弱みも明確にする**のだ。

私が学生に与える助言でいちばん不人気なのが、これだ。あなたのアイディアに、どんな形であれテクノロジーが関わっているのなら、あなたはテクノロジーのエキスパートにならなければいけない。

だからといって、なにも大学に戻ってコンピュータサイエンスを専攻しなさいと言っているわけではない。そうではなく、たとえばプログラミングの4時間入門コースを受けるといったところから始めてほしいのだ。それは絵画でも同じこと。どんな「傑作」をひらめいても、その「傑作」を描くだけの技術がないのなら、そして絵画の4時間入門コースでさえ最後までやり遂げる気概がないのなら、そのアイディアはまず実現できない。そして結局のところ、エッジを獲得できずに終わるだろう。

――弱みを知れば、自分のエッジがわかる

自分の強みとともに弱みも自覚し、正確に把握できたのであれば、あなたのエッジがどこにあるのかが、だんだんわかってくる。自分のどんなところに価値があって、どんなところに価値がないかが、把握できるようになるのだ。

アメリカの投資家ウォーレン・バフェットは持株会社バークシャー・ハサウェイの会長兼CEOで、世界3位の大富豪だ。その彼が、これと同様のことを述べていて、「自分の能力が及ぶ範囲を把握する」ことが肝心だと表現している。[4]

自分にできることがわかっていれば、トラブルを避けられるし、改善や向上の機会をとらえ、他者から学べるようになる――その結果、豊かになれるのだ。

私たちはだれもが、それぞれの経験を通じて、限られた分野の明確な知識を蓄えていく。当然、より一般的な分野もあれば、より専門的な分野もあるだろう。IBM創業の立

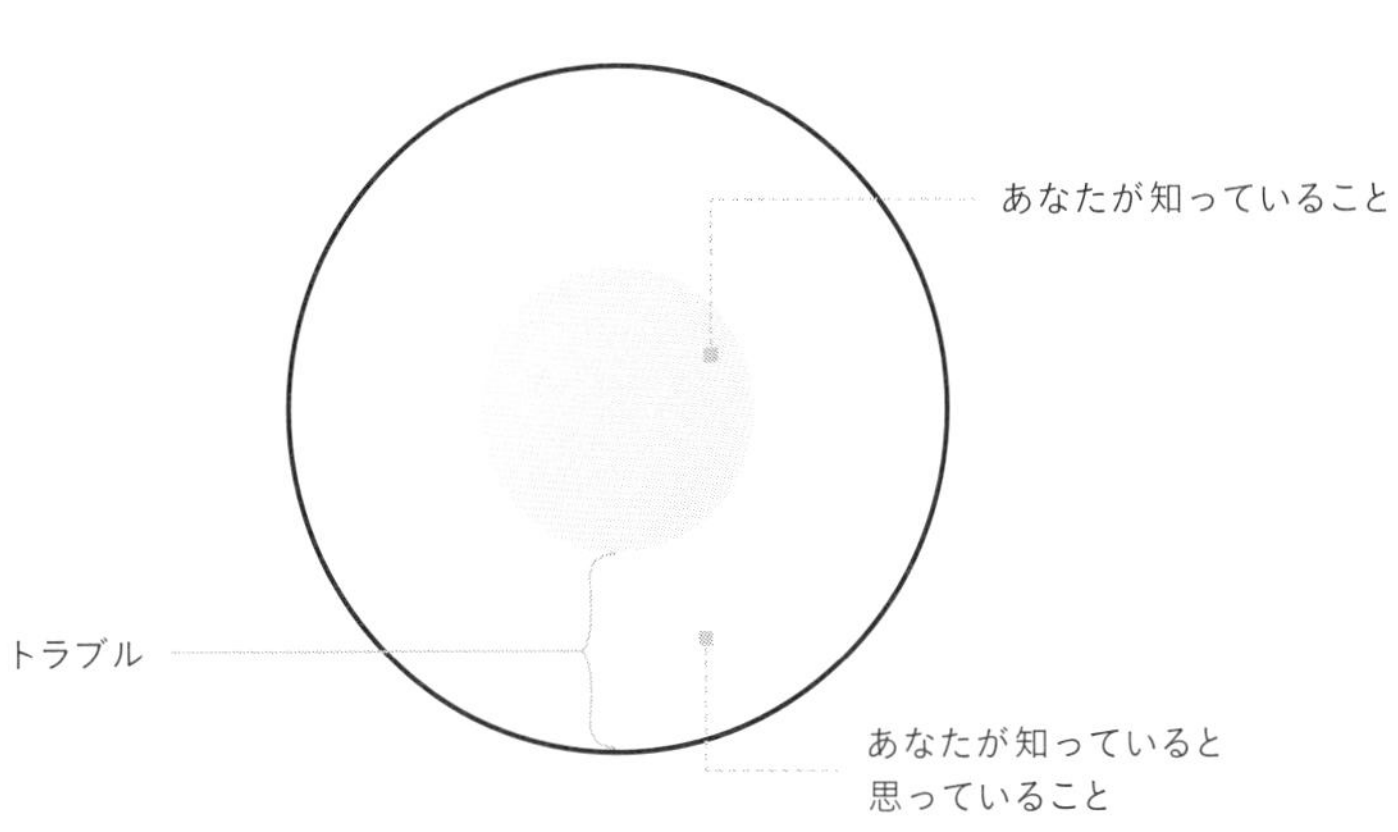

役者であるトーマス・ワトソンはかつてこう言った。「私は天才ではない。ただ、いくつか得意なこともある。そして、できるだけその得意な分野から離れないようにしてきた」と。それこそが、能力の範囲だ。

次に紹介する円のイラストは、ファーナム・ストリートのブログから転載したもので、「能力の範囲」という考え方をよくあらわしている。たしかに、自分の知識には限界があるが、「自分はもっとたくさんのことを知っている」と見栄を張るのは危険だ。自分が「知っていること」と「知らないこと」の隙間からトラブルは生じやすいからだ。ところが、まさにそこから付加価値が生じる可能性もある。

バフェットは自社のあるマネジャーについて、こう表現したことがある。[5] ロシアからの移民で、彼がミセスBと呼んでいた女性だ。

「彼女は株式のことなど、まるで理解していない……でも、家具のことならよく知っている」。そして、こう続けた。「たとえゼネラルモーターズの株価が1株50セントに下落しても、彼女は100株買おうとさえしないだろう」と。

でも、彼女に株式市場の知識がないことなど、問題ではなかった。ミセスBは彼女の基本材料にひたすら集中し、ネブラスカ州最大の家具店を築きあげたのだから。能力の範囲の「広さ」が重要ではないことが、彼女にはよくわかっていたのだ。

大事なのは、自分の能力の「限界」を知っていることだ。弱みをよく把握し、その弱みにはけっして頼らない。そうすれば、自分の強みが最大限の輝きを放つチャンスを得られる。

自分の基本材料がわかれば、1つの重要な疑問の答えがわかってくる。「人生におけるかぎられた時間をどこに集中させれば、最大の成功をおさめられるか?」という疑問の答えが。

ウォーレン・バフェットの右腕として活躍しているチャーリー・マンガーは、次のように助言している。[6]

「自分に適性がある分野を見つけなさい。自分には適性がない分野で、人と勝負しようものなら、あなたの負けは確実だ」と。

「より少ない」からこそ、「より多い」

「より大きく、よりよく、より極端に」という3大原則があるかのように、私たちの社会は「大きくする」ことばかりをひたすら追いかけている。だがビジネスの世界では、成功したカリスマ経営者たちのようになりたいと思おうものなら、大抵トラブルを招く。

グーグルの共同創業者ラリー・ペイジとセルゲイ・ブリン、アップルの共同創業者スティーブ・ジョブズとスティーブ・ウォズニアック、ヴァージン帝国を築いたサー・リチャード・ブランソン、Amazon帝国を築いたジェフ・ベゾス、インド3大財閥の1つを築いたタタ一族、中国のアリババグループの創業者ジャック・マー……巨大企業を築いたレジェンド経営者はほかにもたくさんいる。

でも、**彼らが実は自分の基本材料についてよく語っている**ことに、私たちは気づいていない。ユニコーン企業を築いたジェフ・ベゾスやジャック・マーといった巨星たちは、自社の核をなす製品やサービスこそが重要であることを熟知している。基本となる製品やサービスがあるからこそ、自社が大きくなったことをよく承知しているのだ。

私たちはひたすら「もっと」を求めて彼らを真似ようとするが、大成功をおさめた起業家たちはどれほど事業を拡大して自社を成長させたにせよ、自社が秀でているのはごくわずかな特徴であるという事実をしっかりと認識している。ありとあらゆることに手をだし、やみくもに事業を拡大して凡庸な結果に甘んじるような真似はけっしてしないのだ。


たとえば、リチャード・ブランソンという名前を聞けば、彼が巨大なヴァージン・グループという複合企業でなし遂げてきた偉業を思い浮かべる人が多いだろう。

ヴァージン・アトランティック航空を創業して航空業界に進出し、ついにはヴァージン・ギャラクティックを立ちあげ、宇宙旅行事業に参入を果たしたほかにも、音楽、エンターテインメント、ヘルスケア、金融サービスなど、多種多様な業種にビジネスを拡大してきた傑物である。

だが、ブランソンがヴァージン・アトランティック航空を創業したストーリーを聞けば、彼がまぎれもなく基本から出発したことがわかる。そして、その後も着々と会社を成長させながらも、変わらず基本を守り続けた。

では、彼はどうやって航空会社を立ちあげたのだろう？　たった1機のボーイング74

7を、ロンドン・ガトウィック空港と米ニュージャージー州のニューアーク・リバティ国際空港との間で飛ばしたのが発端だった。

肝心なのは、「たった1機」であったこと。複数の航空機を複数の空路で運用することもできただろうに、彼はそうしなかった。なぜなら、彼はヴァージン・アトランティック航空の「能力の範囲」を試していたからだ――それこそが「空の旅」という経験だった。

――基本材料を1点に絞ったからこその成功

億万長者の起業家リチャード・ブランソンが航空会社を立ちあげたのは、ちょっとした思いつきの産物だった。[7] その日、彼は航空機に乗る予定だった（そしてたまたま、行き先がイギリス領ヴァージン諸島だった）のだが、その便がキャンセルになったのである。彼はなんとしても目的地に行く必要があったため、プライベート機をチャーターした。

電話でプライベート機の手配をしていると、担当者から「搭乗なさるのは何名ですか？」と尋ねられた。そのとき、彼はハタと気づいた。そうだ、ヴァージン諸島に行かなければならない乗客は自分のほかにもいるのだ、と。

「ちょっと待って」と、彼は電話の相手に言うと、「ヴァージン航空」と書いたボードを掲げて（冗談だったんだよ、とは彼の弁）、一緒に乗る人はいますかと、そこにいた人たちに呼びかけた。この逸話の1つのバージョンでは、彼は料金を1人39ドルに設定して、「ヴァージン諸島まで片道＄39」とボードに書いたことになっている。[8]別のバージョンでは、彼は料金を定めなかった。というより、大勢の人たちが同行を希望したため、競売方式で料金を競りあげて、プライベート機をチャーターしたにもかかわらず利益を出したことになっている。

さて、2種類のバージョンはあるにせよ、いずれにしろブランソンはほかの乗客たちと一緒にヴァージン諸島へのフライトを大いに楽しみ、その結果、彼はこう思うようになった。もう、既存の航空会社のフライトにはうんざりだ、と。そこで彼はボーイング社に電話をかけ、ボーイング747を1機購入し、自分が立てた仮説を検証することにした。

つまり、空の旅はもっと楽しいものにできるし、特別な経験にできると考えたのだ。そこでヴァージン航空を立ちあげ、手頃な価格で乗客に空の旅を楽しんでもらい、会社も利益をあげられるかどうか、試してみることにしたのである。

こうして、1つの航空会社が誕生した。たしかに、この新たな航空会社が乗客に提供したのは基本的なものだけではなかった。ムード照明、革張りの快適な座席、パーソナルモニター、多彩な機内エンターテインメントといったサービスを、他社に先駆けて導入したのだ。すなわち、**ヴァージン・アトランティック航空は自社の「基本材料」を「快適なサービス」という１点に絞り込んだ**のである。

――アップルが貫いた「エレガントさ」

まだ納得できない？　では、スティーブ・ジョブズはアップルでなにをしただろうか。アップルの看板商品ｉＰｈｏｎｅは、８９０億ドルから９３０億ドルの売上高を達成している――四半期で、だ。[9]

たしかに、ｉＰｈｏｎｅが「基本的」な製品だと表現されているのは聞いたことがない。革新的な機能を多彩に搭載しているからだ――顔認証システム、バイオニック・プロセッサ、ステレオサウンド、カメラの高速連写機能、理想的な露光で撮影できる機能など。

しかし、ジョブズにはｉＰｈｏｎｅの基本材料がなにかが、よくわかっていた。「電話としてもカメラとしても使える」こと、そして「インターネットにアクセスできる」ことだ。アップルが初代ｉＰｈｏｎｅを発表したときには、顔認証、バイオニック・プロセッサ、ステレオサウンド、いずれの機能も備えていなかった。テキストをコピー・アンド・ペーストする機能や連絡先を検索する機能さえなかったのだ。

実のところアップルは、ｉＰｈｏｎｅが大失敗に終わるかもしれないという可能性さえ考慮していた。複数のことを同時にできるデバイスなど、だれも欲しがらないかもしれないし、使おうとしないかもしれない。デジタルカメラのほうが画像はきれいだし、うまく撮影できると判断して、ユーザーはｉＰｈｏｎｅのカメラ機能など使わずに終わるかもしれない。そもそも、ノートパソコンのほうがネット検索しやすいし、諸機能も充実していると思われるおそれもある。

そこでジョブズらは、自分たちが基本材料と見なすものを試すことにした。それは「提供する機能をすべて1つにまとめたエレガントさ」だった。そして、新しいバージョンを発表するときにも、新機能を追加するときにも、この基本材料を守り続けた。

ｉＰｈｏｎｅ Ｘでも、アップルは「すっきりとしたエレガントな製品」というコンセプトを貫いた。Ａｐｐｌｅ ＴＶ＋もまたシンプルで合理的、そしてエレガントなＴＶ視聴体験を提供している。間違いなく、アップルはこれからも「エレガントでシンプルかつ機能的」という基本材料を忠実に守り、新製品を展開していくだろう。

私たちもまたヴァージンやアップル、さらには〈バッキーズ〉と同様に、基本材料を大切に守ることができる。「より大きく、よりよく、より極端に」をいくら目指したところで、真に豊かになる手段は得られない。

エッジをつくりだすには、まず自分の基本材料がなにかを見定めよう。自分の「能力の範囲」をしっかりと見極め、その範囲のなかで活動しよう。

もちろん〈バッキーズ〉のように、時間をかければ能力の範囲をじわじわと広げていくことはできる。だが、あなたのエッジの基盤をなす基本材料を、けっして見失ってはならない。

法則 1

やみくもにがんばればいいわけではない。
独自の「基本材料」を活用するからこそ、成果をあげられる。

第2章 輝ける場所を探す
――「人と違うところ」に目を向ける

種子のなかに生長したあとの姿を見抜く。それぞ、非凡な才能だ。
――老子(中国、春秋戦国時代の思想家)

だれもが同じ分野で同じやり方をとっていると、そこから得られる報酬はどんどん目減りしていく。そうなれば当然、努力に値する目標は別のところに探すべきだ。掘るべき鉱脈は別の場所にあるのだから、違う手法をとって、その鉱脈を見つけなければならない。これまでとは異なる市場。異なる価値。異なるネットワーク。異なる人生経験から得られた、異なるマインドセット。

私の賢明なる友人は、こう語った。

「違うから〝よりよい〟とはかぎらない。でも、〝よりよい〟ものには必ず、違うところがあるんだよ」と。

植えられた場所か、混みあっていない場所で成長する

ブライアン・スクダモアは、ハイスクールの卒業証書を取得できなかった。卒業式当日も、卒業できると思い込んでいたのだが、登校してみると、渡されたのは卒業証書ではなく、1通の通知だった。そこには、代数の授業の出席数が足りないため、夏の間に再履修しなければ卒業は認めない、と書かれていた。

ところが彼は代数を再履修するのではなく、地元モントリオールにある2年制のドーソン・カレッジに直談判し、ぜひ入学させてほしいと頼み込んだ。彼は願書に手紙を添え、たしかにハイスクールの最終学年では勉強に集中していなかったし、努力も足りませんでしたが、いまは本気で勉強したいと思っていますと嘆願した。願いは聞きいれられた。

その後、今度はモントリオールにある4年制のコンコーディア大学に、またうまいことを並べて入学を認めてもらったものの、2年後に中退した。その次はブリティッシュ・コロンビア大学に同様の手法で入学を認めてもらい、またもや中退した。そしてついに、さすがの彼も自覚した。おれは大学に向いていない、と（大学側を説得して入学を認めてもらうのは得意だったが）。

しかし、その頃すでに、彼はゴミ回収業の会社を立ちあげていた。マクドナルドのドライブスルーで、〝ゴミ・ガラクタなんでも回収します〟という広告を掲げたおんぼろトラックを目にしたとき、ふとひらめいたのだ。

「あれよりは、おれのほうがうまくできそうだな」と。

そこで彼は起業した。当初の社名は〈ラビッシュ・ボーイズ〉〔訳注：「ラビッシュ」は「がらくた」の意〕だったが、いまでは社名も〈1-800-GOT-JUNK?〉〔訳注：この会社の不用品回収受付電話番号が無料通話の1-800で始まる〕に変わり、年商は2億ドルを超えている。

――中退のレッテルを逆手にとる

端（はた）から見ると、順風満帆に成功への道を歩んできているし、ハイスクールの卒業証書をもらえなかったことなど、遠い昔の記憶となっているように思える。

でも当人は、ハイスクールをきちんと卒業できていない過去にいまでも行く手をはばまれるように思うことがある。それどころか、1998年に〈ラビッシュ・ボーイズ〉を起業してからというもの、「ハイスクール中退」「大学中退」というフレーズを相手から口にされなかった日はないという。

〈ラビッシュ・ボーイズ〉創業当時、彼は出資してもらえないかと相手かまわず打診したが、銀行マンから友人まで、１人残らず断られた。

「なに考えてるんだ？　うまくいくとでも思ってるのか？　大学さえまともに卒業できないやつに、どうして経営ができるんだよ？」と言われるのがオチだったのだ。

そこでスクダモアは、相手がこちらの話の腰を折って「中退」というレッテルを貼ってすませないよう、会話の主導権を握ることにした。「中退した事実を堂々と受けいれ、こちらの有利になるよう活用することにしたんだよ」と、彼は言う。「みんな、おれが中退してるっていう過去にどうしてもこだわる。だから、その事実をいさぎよく認め、自分の資産、つまり強みにすることにしたんだ。分析力やコミュニケーション能力を強みにする人がいるようにね」

そこで彼は自分の学歴の話題をみずからもちだし、誇らしげに語ることにした。「おれは実際に行動して学ぶタイプの人間ですと、最初に明言することにしたんだ。中退したのは、学校を中途半端に辞めるためではなく、自分が進むべき道を開拓するためだったんです、とね。行動を続けるために、前向きに中退したんです、と」

それでも、中退者というレッテルはなかなか消えなかった。５年後、会社が50万ドルの収益を達成したときでさえ、彼は周囲から非難された。「おまえはハイスクールを中退したあげく、いまじゃ、ゴミで稼いでる。だが、本気で一生、ゴミの商売を続けるつもりか？」と。

だが、スクダモアはそうしたレッテルを無理にはがそうとはせず、いっそう強調することにした。**どんなに偏見を向けられようが、だれにでも独自のスキルや才能がある。だから彼は、中退という学歴を「勲章」と呼ぶことにした。**

「本来の個性を伸ばすのがいちばんいい。植えられたところで成長すれば、それでいいんだよ」と、彼は言う。「だからいまは、中退経験のある人間として見てほしいと、わざと仕向けている。変に隠すんじゃなくてね。中退した過去を明かすと、相手はおれのことを過小評価する。だから、それを逆手にとればいい。ほかの人間が〝クズ〟や〝がらくた〟と思うものから、美しいものを育てているんですよ、と」

あなたの経歴、独自のストーリーは、あなたの基本材料の一部だ。自分が植えられた場所を過小評価してはならない——そこで成長すればいい。あるいは、ほかの植物で混みあっていない土壌を選び、別の場所で成長するのもいい。そうすれば、はじきだされずにすむ。

いちばん行列の長いアトラクションが最高とはかぎらない

子どもの頃、両親とよくチャイナタウンにでかけた。当時はまだグルメサイトがなかったので、200件以上のレビューがあって、評価が星4つ半以上あるレストランを数分のうちにネットで調べることなどできなかった。

だからわが家では、チャイナタウンで店を選ぶとき、店の前にできている行列の長さで判断していた。たとえば両親が、きっとこの店は美味しいに違いないと思う（すなわち、いちばん長い）行列を2つ、見つけたとしよう。すると家族は二手に分かれて、2軒の行列それぞれに並んだ。私が父と片方の列に、兄と母がもう片方の列に並んで、兄と私が2軒の間の「伝令」役になって、列の進み具合を伝えた。

店の入口付近までくると、ようやく店の案内係にこちらの名前と人数を告げることができたので（それが1980年代のニューヨーク市のチャイナタウンの方式だった）、その時点で、どちらの店で食事をするかを決めたものだ。

「最高のレストランにはいちばん長い行列ができるものよ」と、母はいまでも言う。だから私にとっても、この数十年、それが経験則だった。

私は毎年、台湾に帰っている。いまの台北中心部の飲食店街のようすは、80年代のニューヨークのチャイナタウンとそれほど変わらない。そして店の前にいちばん長い行列ができているのは、いつだって鼎泰豊（ディンタイフォン）だ。狭い店内では、あふれるスープが魅力の看板メニュー小籠包（しょうろんぽう）をはじめとする点心料理が提供されている。

本書を執筆している時点で鼎泰豊は、オーストラリア、中国、インドネシア、日本、マレーシア、フィリピン、シンガポール、韓国、タイ、アメリカ、イギリス、アラブ首長国連邦に支店を展開している。だが、なんといっても台北市大安区信義路にある1号店がいまでもいちばんの人気を誇っており、いつも混雑している。営業時間帯なら何時であろうと、店の外には行列ができているのだ。だからいまでも年に何回か、私自身、行列に並んでいる。

ところが、その習慣が変わる日が訪れた。ある日、夫からこう言われたのだ。

ごく小さな、無名の点心の店をみつけたんだけど、すごく美味しかったよ、と。けれど、私は耳を貸さなかった。点心の店は台北のいたるところにあり、私たちはほかの店も数十軒、試したことがある。どの店も美味しかった。ごく普通に美味しかったけれど、とびきり美味しいわけではなかった。だから、今日は本当に美味しい点心が食べたいと思ったときには、勇んで鼎泰豊に繰りだしていたのだ。

鼎泰豐にはかなわないでしょ。そう私が言うと、夫は引かずに言い張った。「いや、あそこは別格なんだよ、間違いない！　あそこの小籠包は……鼎泰豐よりうまいと思うね」

言ってくれるじゃないの、と私は思った。あの鼎泰豐より美味しいだなんて、鼎泰豐への冒涜よ！　そこで私はすぐさま、その謎に包まれた店に乗り込むことにした。

店内は狭いなんてものじゃなかった。満席ではなかったが、客を詰め込んだとしても、10席から12席といったところだろう。そしていざ「メニュー」なるものに目をやると、品数は10から12くらいしかないというありさまだ。それでも、私が鼎泰豐で必ず注文するような料理は揃っていた。

そして、実際に食べてみたところ……本当に美味しかった。鼎泰豐よりはるかに美味しくて、頬っぺたが落ちそうになった。私がそれまでに食べた小籠包のなかで、まさに最高峰だった。とんでもなく美味しいだけではなく、それまで見たことがないほど美しい小籠包でもあったのだ。

夫婦で切り盛りしている、この行列もない無名の店が、世界に名だたる鼎泰豐より美味しいとは。あとでわかったのだが、ご主人はかつて鼎泰豐で見習いをしていたそうだ。[1]ある日、カニ入り小籠包にひと工夫加えようとしたので解雇されたという。仕方なく、ほかの店をあたったものの、どこも雇ってくれなかった。そこで、自宅のせいろで小籠包を6

つ蒸して、家の前に折りたたみ式の椅子を置いて、販売を始めた。それが、いまの店の出発点となったそうだ。

――「人がたくさんいるところ」に目を向ける危険

この経験から、私は3つのことを学んだ。第一に、食べものに関しては夫の話を信じること（正直なところ、夫の舌をなかなか信用できなかったので）。第二に、遊園地の順番待ちでも同じことがいえるが――いちばんおもしろいアトラクションに、いちばん長い行列ができるとはかぎらないこと（ディズニーランドで〈空飛ぶダンボ〉に乗るために何時間も待ったことがある親御さんなら、深くうなずいてくれるだろう）。そして第三に、大衆の意見は大抵賢明だが、その賢明さには限界があること。

私たちはつい、「人がたくさんいるところ」に目を向けてしまう。[2] 混雑しているところ、人が集まっているところは輝いて見えるからだ。こうした群衆心理は、どの機種の携帯電話を買うべきか迷っているときなどには、功を奏する。[3] だが同時に、1つの業界全体が道を誤る原因にもなりうる。

アメリカがITバブルに沸いたあと、2000年春に株価が暴落したときや、その数年後にサブプライム住宅ローン危機に見舞われたときのように、大船に乗ったつもりだったのに、その船が大勢の客を乗せたまま沈んでしまうことがあるのだ。

大勢の人が集まっているなかをかきわけて進むのは実に大変だし、苦労も伴う。だから、**あなたが自分の基本材料を伸ばし、それを最大限に活用するためには、群衆の前の空間に躍りでて、独自の個性を発揮するほうがいい場合もある**──あなたが抜きん出た存在となり、本当に特別なことができるのは、群衆から離れた場所にいるときなのだから。

エンジェル投資家たちも、この原則に従っている。私は研究の一環として、投資家たちにインタビューを実施してきた。[4] すると彼らは、こう認めた。

たしかに、ほかの大勢の投資家たちが着目し、「あそこなら成功間違いなしだ」とだれもが太鼓判を押すスタートアップに投資すれば、そこそこの成功をおさめられるだろう。だが、いわゆるダイヤの原石、すなわち莫大な利益をもたらす傑出したスタートアップを発見したければ、ほかの投資家たちが列をなしていない場所で探さなければならない。ほかの人が目もくれないところ、見過ごしているところを開拓して、チャンスをみつけなければならないのだ。

「流行に乗り遅れる層」を甘く見るな

1981年、まさに革新的な新製品〈オズボーン1(ワン)〉が登場した。これは世界初といえるポータブル・コンピュータで、画面の大きさは名刺をひとまわり大きくしたくらいで、重さは約11キロ、さらにバッテリーパックが必要だった。ふたを奥に押しあけると、キーボードがあらわれる構造だ。価格は1795ドル。画面が小さく、本体はかさばりとんでもなく重かったにもかかわらず、この製品が革新的だったのは、当時、どのコンピュータにもない性能があったからで、それこそ、持ち運び可能(ポータブル)という特長だ。民間航空機の機内持ち込み手荷物となるサイズだったので、旅や出張にも携行できたのである。

発売当初こそ成功をおさめたものの、ほどなく〈オズボーン1〉は競合他社の厳しい攻勢にさらされた。市場の需要が増え、製品の機能に対する要望が高まるにつれ、デジタル電圧計を発明したアンドリュー・ケイ、アップルの共同創業者スティーブ・ジョブズ、スティーブ・ウォズニアック、ロナルド・ウェインといった面々が、こぞって持ち運び可能なパソコンの開発に着手した。

こうした企業の新たなテクノロジーを追求する開拓者精神が開発に拍車をかけ、ポータブル・コンピュータの製造技術はあっという間に進化した。やがて、パソコンの小型化と軽量化が進み、メモリの量も処理能力も飛躍的に増大した。その結果、あまたの企業がこのチャンスを逃すまいと、パソコン市場に参入したのである。

次々と新機能を追加していった企業は、マーケティング業界でいうところの前期追随層（アーリーマジョリティ）、後期追随層（レイトマジョリティ）が購買してくれることを期待していた。つまり、新しいテクノロジーが大好きで新製品をすぐに購入したがる最先端の消費者層ではなく、もう少し慎重な大勢の消費者に狙いを定めていたのだ。そして、それは理にかなっていた。ラップトップ・パソコンがパソコン市場で主流となるにつれ、いっそう稼げる可能性があったからだ。

ところが2000年代に入ると、大半のテクノロジー企業は次の市場へと移っていった。まだラップトップ・パソコンを買っていない層、流行を追いかけない層には関心がなかったからだ。高性能のパソコンを求める層に対して製品の提供を続けてはいたものの、もうラップトップを求めて長い行列をつくる客はいなくなっていた——その列は、次のヒット商品と目されるタブレットへと移っていたのである。

――「もっと」の追求には限界がある

たしかにiPadやサムスンのタブレットはヒット商品となり、群衆はタブレットを求めはじめた。ところがその一方で、アップルやサムスンと比べれば無名の企業が、いわば混雑が緩和されたラップトップ・パソコン市場への参入に関心をもちはじめた。たとえばASUS(エイスース)は、もともとパソコンの製造さえしていなかった。IBMといった大手パソコンメーカーに部品を供給していたのである。

だが、ASUSのエンジニアたちは、大手企業が見逃している点に着目した。この業界に特有の「もっと」という考え方はもう奏功しないことに気づいたのだ。

もっと性能を向上させ、もっと機能を増やし、もっと改良する――そのような「もっと」の追求には限界がある。それなのに大手はどこも、使いやすさ、バッテリー性能、省エネ、ディスプレイ、ストレージ技術、接続性の向上や改善に汲々とし、内蔵ビデオカメラや指紋センサーといった補助機能の充実まではかっている。

そこでASUSのチームは、「より少ない」を目指すことにした。なぜなら、いまだにラップトップ・パソコンの市場で行列に並んでいる人たちは、「より大きい」「より性能のいい」パソコンを求めているわけではないと見抜いたからだ。それでも、そうした消費者は重要な市場機会を提供している。時流に乗り遅れた層が、いま、ようやくラップトップ・パソコンの購入を検討しているのだ。

そうした層をなしているのは高齢者、すなわち祖父母の年代の人たちで、多彩な機能など必要としていない。ただEメールをチェックできて、ネットサーフィンができて、ソリティアやマインスイーパー、フリーセルといったシンプルなゲームを楽しめれば十分なのだ。

そこで2007年10月、ASUSは自社ブランドのミニノートパソコンの販売を開始した。そして、小型かつ軽量という2点の基本材料を前面に打ちだした。価格は約300ドルで、市場のほかのラップトップ・パソコン（平均2300ドルほど）と比べれば格段に安かった。[5]その結果、この製品は市場でめざましい成功をおさめた。いまでもASUSは低価格で、CPUの性能がそれほど高くはないノートパソコンの製造を続けている。[6]

――ライバルがいない場所でじっくり能力を磨く

あまり混雑していないところでチャンスをみつける第二の利点は、人気がある市場でライバルとしのぎを削る前に、あまり競争相手のいないところで自分の基本材料を活用する練習ができることだ。**あまり混雑していない場所であれば、自分の核となる能力にじっくく**

りと磨きをかけ、能力の範囲を広げていける。それに、「人気があること」と「すぐれていること」をつい同じものだと考えてしまう傾向に歯止めをかけることもできる。

ハーバードビジネススクールの私の同僚で、経営学に造詣（ぞうけい）の深いライアン・ラファエリ准教授は、この点についてスイスの腕時計産業を例に挙げ、わかりやすく説明している。[7]スイスの腕時計業界は、低価格戦略を展開するアジア勢や、時刻を告げる機能をもつスマートフォンなどのデバイスの攻勢によって大打撃を受けたあと、復活をとげた。ラファエリによれば、腕時計はもともと、スイスのエンジニアリングの卓越した技術と洗練されたデザインが生みだした複雑な機械として高く評価されていた。そこで、多くの腕時計メーカーが同じ腕時計市場でスマートフォンや低価格の腕時計とパイを奪いあうなか、スイス勢は自分たちの基本材料を見直し、そこに力を注ぐことにした。

スイス製の腕時計のスタイル、その深い意義、先進的なエンジニアリングの伝統をふたたび前面に押しだし、その他の「腕につけるモノ」との差別化をはかったのだ。

その結果、世界におけるスイス製腕時計の売上は右肩上がりを続けている。[8]主流の製品は1000ドルから5000ドルといった価格帯だが、実のところ、売上にもっとも貢献しているのは、価格ピラミッドの頂点に君臨する製品だ。なんと5000ドル以上の腕時計が、腕時計市場全体の半分近い売上を占めているのだ。

自分の基本材料をよく把握できれば、群衆には見えないチャンスを見つけられる。その結果、大勢の競争相手がいる市場とは離れた場所で自分を差別化し、抜きん出た存在にすることができる。それに、見かけだおしのアイディアに群衆がだまされている場合、その問題点を看破できるようにもなるだろう。

おかしなところを批判的に見る目を養う

セラノス社というスタートアップを起業したエリザベス・ホームズは、シリコンバレーの寵児だった。容姿が魅力的で、幅広いコネをもつ彼女は起業したとき、まだスタンフォード大学で化学工学を学ぶ学生だった。2003年に彼女が創業したセラノス社の躍進については、見聞きした方も多いだろう。2018年にベストセラーになったノンフィクション『BAD　BLOOD　シリコンバレー最大の捏造スキャンダル全真相』（ジョン・キャリールー著、関美和、櫻井祐子訳、集英社）でも、セラノス社の栄枯盛衰が語られている。

ホームズは、これまでなかなか解決できなかった問題を見事な手法で解決してみせると豪語し、一躍、起業家界のアイドルとなった。なんと、指先からたった1滴の血液を採取するだけで、通常おこなわれる数十もの検査を正確に実施できるテクノロジーを開発したというのだ。この発明が画期的だった理由は、従来の検査では針を刺して静脈から数本の採血管に採血するという、ある程度の痛みを伴う方法しかなかったからだ。

よって、ひらたくいえば、ホームズが開発したテクノロジーは巨大な投資のチャンスを生みだした。そして彼女は実際、錚々（そうそう）たる投資家の面々から投資してもらう機会を得た。アメリカの有力ベンチャー・キャピタルのドレイパー・フィッシャー・ジャーベットソン、オラクルの創業者ラリー・エリソンを筆頭に、名だたる投資家たちから4億ドルを超える資金を調達したのである。

こうして、セラノス社の時価総額は一時、90億ドルに達した。社外取締役には、元国務長官ヘンリー・キッシンジャー、ＡＴＡベンチャーズのベンチャー投資家ピート・トーマス、製薬のファルマシア元会長のロバート・シャピロといった著名人を迎えた。投資家、メディア、さらに高名な医療機関クリーブランド・クリニックや薬局チェーンを展開するウォルグリーンといった医薬品業界のプロでさえ、ホームズ自身と、血液検査の将来に対する彼女のビジョンにすっかり魅了されてしまったのだ。

ここまでは、メディアが繰り返し報道したため、よく知られた話である。しかし、セラノス社の快進撃を当初から疑問視していた科学者の一団が存在していたことは、あまり知られていない。

実はホームズがこの画期的な血液検査を開発したという主張を始めた頃、その謳い文句を聞き、「そんなことはありえない」と感じていた医療関係の専門家たちがいた。指先から採取したたった1滴の血液で、それほど幅広い検査を実施できるとは、とても信じられなかったのだ。とにかく、話のつじつまがあわない。さらに、そうした多様な検査が、食品医薬品局（ＦＤＡ）が認めた医学検査の範疇に入るのかも定かではなかった。

こうした科学者たちにわかっていたこと、つまり、彼らの「能力の範囲」の内側にあったのは、人間の基本的な生理学だった。指先の毛細血管から採取した血液は、静脈から採取した血液とは同じではない、と彼らは考えた。毛細血管は、心臓から全身に血液を送る動脈と全身から心臓に血液を戻す静脈とをつないでいる、きわめて薄い壁でできた細い血管だ。

この毛細血管の薄い壁を通して、血液中の酸素とブドウ糖などの栄養分が組織内に移動し、組織内の老廃物が血液中に移動し、静脈を通って戻っていく。よって、毛細血管から採取した血液と、静脈から採取した血液は同じではないのだ〔訳注：血糖値を指先からの採取で測定する場合、空腹時の血糖値は指先も静脈もほとんど同じだが、食後の血糖値は指先のほうが高くなる」。

セラノス社の主張を疑問視した科学者たちは、その後の数年間、この件のことを忘れていた。だが、やがて新聞がセラノス社に関する報道を始めた。ついに、セラノス社のテクノロジーに関する疑惑が浮上してきたのである。

こうした記事を読んだ科学者たちは、当時の記憶をよみがえらせた。というのも、ウォール・ストリート・ジャーナル紙が一連の特集記事を組み、セラノス社がデータを捏造し、自社の血液分析装置ではなく、他社の従来の機器によって血液検査を実施していたと報じたのである。

連邦政府の医療規制当局は、ホームズに対し、血液検査事業を最低2年間、禁止した。そしてセラノス社は投資家を欺いた罪で刑事訴訟を起こされたのである。

――あやしい技術に資金が集まった理由

それにしても、いったいなぜホームズはこれほどの資金を集められたのだろう？　いったいどうやって、世間から尊敬される著名人をだまして、セラノス社には投資の価値ありと信じ込ませたのだろう？　当初から科学者の一団には眉唾物（まゆつばもの）だとわかっていたのに？

第一に、ホームズはカリスマ的な魅力にあふれた若い創業者で、人を夢中にさせる能力の持ち主だった。彼女はまた女性起業家のシンボルでもあり、成功した女性創業者として投資家たちから一目置かれていた。さらに彼女は、自社のテクノロジーに関して徹底して秘密主義を貫き、自社の知的財産を守るためにいわば「ステルスモード」で世間に対応していた。

だが、なんといっても最大の理由は、彼女がもたらした投資のチャンスだった。数百万ドルもの投資家の資金、開発にかけた何年もの歳月、そのすべてが一攫千金のチャンスという夢を生みだしていたのである。その結果、つじつまのあわない点や不都合な事実はすべて包み隠されてしまったのだ。

イノベーションに潜む危険を鋭く見抜ける人たちには、誤ったチャンスを見抜く能力がある。だから、イノベーターとしてもてはやされている人よりも強力なエッジをもっていることがある。つじつまのあわないところ、妙なところを看破する目の持ち主は、ほかの人には見えない欠陥に気づけるのだ。

このように、**一見したところチャンスではあるものの、実際には落とし穴であるという真実を見抜ける人たちは、パターン認識の能力に秀でている。**テクノロジー、人口統計、社会的圧力、市場、政策など、私たちの生活に関するありとあらゆる変化を敏感に察し、

「点と点とを結びつけて事態を把握する」ことができるからだ。このようにパターンを認識する方法、すなわちパターンマッチングの方法がわかっていれば、情報の重要なピースを組みあわせて、そこから推論することができる。

――画期的な傘がまったく売れないわけ

パターンマッチングには、必ずしも特定の分野の専門知識や特殊な知識が必要とはかぎらない。たとえば先日、私のところにある発明家がやってきた。ごく一般的な傘にまつわる問題をきわめてエレガントに解決する方法を編みだしたと意気込んで。

たしかに、傘とは本来、面倒くさいものだ。もちろん、戸外で雨が降ったときには、濡れないように身体を保護してくれるから役には立つ。でも、うんざりさせられることもある。3秒も考えれば、傘のイヤなところをいくつか思いつくだろう。傘を閉じて建物のなかに歩いていけば、このびしょ濡れのかさばる物体は足元に水滴を落としていく。例のビニール袋に傘を入れればいいのだが、あんな物はできれば使いたくないと、だれもが考えている（なかには、他人から見られているときだけ仕方なくビニール袋に入れる人もいる）。

傘をひらいたり閉じたりするのも面倒だ。雨の日に車に乗るときには、できるだけ濡れずにすむよう、ドアを開けたまま傘を閉じようとするが、うまくいったためしがない。それに、風が強い日も厄介だ。強風にあおられて逆さになってしまった傘をもっていると、どう格好をつけたところでまぬけにしか見えない。

だから、サムというその若い発明家が、傘にまつわるすべての問題の解決策があるんですと売り込みにきたとき、私は話を聞くことにした。

すると彼は、すっきりとしたデザインの試作品を私に渡した。映画「スター・ウォーズ」のライトセーバーの持ち手のところを思い浮かべてもらいたい。そのグリップについているボタンを押すと、強力な気流が噴出して、頭上に傘のような形の空気の丸屋根(ドーム)をつくる。雨はこの空気のカバーにあたって、ゆっくりと脇から滴り落ちていく。

「すごくクールでしょう」と、彼は自慢げに言った。そのうえ彼は、空気が直接人の目に向けて噴出しないようにする安全装置まで考えていた。用がすんだら、グリップのボタンをもう一度押す。すると空気の噴出がストップするという仕組みだ。これがあれば、ずぶ濡れの邪魔物とはおさらばできる。手元にあれば便利だよねと、だれもが同意するだろう。事実、サムは数十ものグループに対してすでに事前調査を実施していて、毎回、参加者はみんな、この新時代の傘が欲しいと口を揃えたという。

僕の会社に投資していただけませんかと、サムに頼まれた。だが、私はこの件を見送った。たしかに、その発明品はスマートだったたし、事前調査でも好評を得ていたし、その後、スタートアップに投資している私の友人が何人も、彼の企業に投資することになった。そして数カ月後、ついに工場で製造された製品が初めて出荷され、市場で売りにだされた。だが、この新製品はまったく売れなかった。

なぜ、だれもこの傘を買おうとしなかったのだろう？　その理由を説明する前に、まず、私が投資しなかった理由を説明させてもらおう。私は彼の話を聞いたとたんに、点と点とを結びつけ、今回のような結果を推測することができた。

ではなぜ、私の友人のエンジェル投資家たちは、この製品が売れないという結果を予測できなかったのだろう？

なぜなら、いわゆる「安物」は、明確な目的があって敢えて安くつくられている場合があるからだ。私たちは、すべてに対してエレガントな解決法を必要としているわけではない。それがわかっていたから、私は普通の傘のわずらわしさ以外の長所にも目を向けることができた。その結果、サムからもちかけられた話に乗らなかったのだ。

傘にはもう1つ、逃れられないジレンマがある。雨が降りはじめたとき、10回のうち9回は、手元にないことだ。だから仕方なく近くのコンビニに駆け込んで、5・99ドルのビニール傘を買うはめになる。とはいえ、私はしょっちゅう傘をなくす。というより、いつもなくしてしまう。だから私にとっては、199ドルのライトセーバーをなくすよりも、5・99ドルのビニール傘をなくすほうがずっといい。

そう、それが例の新時代の傘につけられた価格だった。199ドル。だから、だれも買おうとしなかったのだ。

事前調査の参加者たちが「この商品に、あなたならいくら払いますか？　あなたなら200ドル払う気になりますか？」と尋ねられたとき、この点について考慮していたわけではなかった。

参加者たちは、この新製品がもたらすチャンスのことだけを考えていた。気流が勢いよく噴出するスマートさ、これまでの問題を解決するイノベーション。それに、わずらわしい問題から解放されることも考慮した。だが、「200ドルで購入した傘を紛失する場合」のことまでは考えていなかったのである。

――おかしなところを見抜く力をもつ人は価値を提供できる

他人とは違う視点をもち、おかしなところや基本的な欠陥を見いだせる人は、エッジをもたらすことができる。当人だけではなく、企画そのもの、組織全体をたびたび救うこともできる。そうなれば大金を失わずにすむだけではなく、恥をかかずにすむ。

　自分の視点とはまったく異なる視点を教えてもらえることは、めったにない。なぜなら、私たちには自分と似ている人、似たような考え方をして、同じような価値観をもち、同じような習慣を身につけている人たちと一緒にいる傾向があるからだ。だから、自分が属する世界の人だけと交流する。だからそのなかで、ほかの人たちとは違う声、型にはまらない考え方を提示できれば、あなたは周囲の人たちを豊かにすることができる。

　製品を市場に売りだしたあと、敗北を喫したサムは、また私のところに連絡を寄こした。製品デザインを一新したいので、相談に乗ってくれませんか、と。だから私は、なぜ自分が投資しなかったのか、その理由を説明した。その理由に、傘のデザインは関係ないことも明確にした。

　こうして私のアドバイスを得ると、サムは持ち前の才能をふたたび発揮し、今度は別の市場で起業した。いまではライフスタイル関連の事業で成功し、年２００万ドル以上の収益をあげている。販売しているのは、機能的でよく考えられたデザインの抱っこひも、ベビーカー、自転車などのベビー用品で、どの製品にもフードがついているため、紫外線と風から赤ちゃんを守ることができる。そのうえ、ご想像のとおり、赤ちゃんを雨からも守れるのだ。

では、自分の基本材料をどのように活用すれば、価値をもたらせるのだろう？
まずは、**あまり混雑していない場所でも始められることはないか、よく考えてみよう。それがわかったら時間をかけて、経験不足の状態からその道のプロデューサーへと進化していこう。**あせらずに、自分の基本材料となるスキルを習得するのだ――ただし、それはあくまでもあなた独自の基本材料でなければならない。周囲の人たちの基本材料とは違うことを忘れてはならない。

それがなんであれ、なにかを習得し、上達するには時間がかかることも肝に銘じよう。毎日毎日、少しずつ上達し、前進していく過程を楽しもう。そうすれば、必ず成果をあげられる。混雑している場所で、その他大勢と一緒に潰されずにすむのだ。

そして最後に、自分の基本材料と独自の視点にこそ重い意味があると、わが身に言い聞かせて自信をもとう。

あなた独自の基本材料を活用すれば、必ずエッジをつくりだせるのだから。

法則
2
自分の基本材料を明確に打ちだしたければ、ほかの人が行かない場所を狙う。

第3章 チャンスは「制約」から生まれる
——視点を変える

人生からレモンを手渡されたら、それでチョコレートケーキをつくって、あっと言わせてみせるぜ。

——見かけたTシャツにプリントされていた言葉

ラスベガスの「クーラー」、フーバーダムの冷却器(クーラー)

年に一度、大学時代の仲間と長い週末に集まることにしている。というのも、それぞれ違う場所で暮らしているからだ。アメリカ国内でもサンディエゴ、ウィスコンシン、コロラドと居住地はばらばらだし、アイルランドに住んでいる友人もいる（彼女はアイリッシュ・フィドルの演奏家で、世界各地を巡っているので、いまどこに滞在しているのか特定はできないが）。そのため、毎年、同じ場所に集まるのではなく、集合場所を変えようという話になった。

2年前は、ラスベガスに集合した。といっても、仲間にプロのギャンブラーはいない。だからスロットマシーンで散財した程度だったし、ブラックジャックにほんの数回挑戦したものの、お粗末なカードしか回ってこなかった。だから、私たちは負け惜しみを言った。きっと私たちのテーブルにいたあの紳士は「クーラー」だったのよ、と。

「クーラー」とは、カジノに雇われ、その場を「冷やす」役割を担っている人を指す。つまり、その人物がテーブルにやってくると、場の運が悪くなり、ツイていた人までツキを失ってしまうのだ。

ギャンブルはほどほどにして、私たちはカジノをあとにすると、ラスベガス近郊の観光スポット、フーバーダムにでかけた。

もとはボールダーダムと名づけられていたフーバーダムは、いまや建築、工学、建設の叡智が集結した偉業という評価を獲得している。アメリカ合衆国国定歴史建造物にも指定され、1999年には米国土木学会によって「20世紀の10大プロジェクト」の1つに選ばれた。高さ221メートル、堤頂長379メートルで、340万立方メートルのコンクリートでできている。ダム本体は基底部の幅が約200メートルもあり（アメリカンフットボールの競技場2面分以上）、コロラド川の流れに耐え、ダム湖の水を灌漑用水や水道水として供給し、直下の発電所からアメリカ南西部に電力を供給している。

このダムの姿に畏敬の念を抱いた私は、ダムの歴史も調べてみた。まず、ダム本体の建設に着手する前に、作業員が峡谷の底まで降りて、基礎を建設できるようにコロラド川を迂回・転流させる必要があった。この前段階のプロジェクトに1年以上を要し、川の水を迂回させるために4本のトンネルを掘り進めなければならなかった。

そして、ついに1933年6月6日、最初の生コンクリートが流し込まれた。コンクリートの材料は鉄道車両で運ばれたあと、現場で混ぜられ、上部に吊るした桶状のバケットから流し込まれた。78秒ごとにバケット1個分の生コンクリートを流し込めたという。

そして、私がなにより感心したのは、ここからだ。どれほど速く流し込もうと、コンクリートをしっかりと硬化させ、安定させるためには、冷却して養生しなければならない。ところが、このダムの莫大な量のコンクリートを従来の方法で安定させるには100年以上かかるおそれがあったという（コンクリートの話がこれほどおもしろいとは想像もしなかった！）。

この養生のプロセスを省略するわけにはいかなかった。セメントがほかの材料と水和反応を起こし、時間をかけて固まり、強くなるからだ。ところが、この水和反応の過程では大量の熱が放出される。そのため技師たちは、100年分の養生の工程を短縮しなければならず、水和反応を起こしているコンクリート全体を均等に冷却しなければならなかった。均等に冷却しなければ引張応力が作用して、ひび割れが発生し、強度が弱くなってしまう。つまり、均等に冷却しなければコンクリートにひびが入り、ダムは使い物にならなくなる。

そこで、技師たちは工夫した。ブロックごとに枠を設けて、その枠ごとに生コンクリートを流し込む手法を思いついたのだ。さらに、それぞれの枠を均等に冷やすための仕組みを工夫した。なんと、冷却水を循環させるパイプ網を巡らせたのである。

1つの型枠内のコンクリートが十分に冷えてからでないと、その上に次の型枠のコンクリートを打設することはできない。よって、循環させる水の温度を慎重に計測してからようやく、次の打設をする指示がだされた。

こうした工事の流れにすっかり魅了された私は、フーバーダムのコンクリートのなかにまだ埋め込まれているパイプを眺めた。ダムから飛びだしているパイプが見えたのだ。大半のパイプはのちにモルタルで埋められたものの、全長で1000キロ近くあるスチールパイプが、いくつものコンクリートのブロックを縫うようにして張り巡らされていた。

そのうえ、建設時にはさまざまな困難に直面したにもかかわらず、ダムは当初の予定より2年も早く完成を迎えたのである。

「レッテル」を利用する

前章では、自分の基本材料をみつける方法がわかれば、そうした基本材料を活用して価値を高められることを説明してきた。本章では、制約や抑圧があるからこそ、周囲の人をも豊かにする独自の強みを見いだし、利用できることを説明していく。

制約があると、ほかに選択肢はない、ほかの道には進めないという気持ちになりがちだ。だが、そうした制約を逆手にとれば、進むべき新たな道を見いだすことができる。

小学校4年生の頃、私自身、そうした制約にがんじがらめになっていることを、はっきりと自覚した。

当時、小学生は毎年、算数、読解力、英語の標準学力テストを受けなければならなかった。そのテストで、私はきわめていい成績をおさめた。その得点からすれば、私にはずばぬけて高い能力をもつ生徒が選抜されるGATEプログラム（Gifted and Talented Education）

に選ばれる資格が十分にあった。だが当時は、プログラムに選ばれるには教師の推薦が必須だった。すなわち、テストの得点だけを基盤に選抜がおこなわれているわけではなかったのだ。

そして担任の教師は、私には追加のテストを受けさせるべきだと、校長に進言した。追加のテストで得点を確認しなければ、GATEプログラムに推薦することはできない、と。そこで私は追加のテストを受け、文句のつけようのない得点を叩き出した。算数の得点がきわめて高く、読解力と英語に関していえば、もっと得点が高かったのだ。

担任の教師は、私をGATEプログラムに推薦することには同意した――ただし、算数の授業にかぎる、読解力と英語の授業には推薦できない、と。その結果、私はGATEプログラムに「半分」だけ受講を認められた唯一の生徒となった。つまり、算数の授業だけはGATEプログラムに参加して、読解力と英語に関してはこれまでどおりの授業を受け続けたのである。

担任の教師は、その理由を私にこう説明した。英語はきみの母語ではないから、読解力と英語の授業に参加させることはできない、と。そこで私は、9歳児にできる範囲で、懸命に説明した。英語は**私の**母語なんです、たとえ、別の言語を話せたとしても、それで英語を話す力が劣るわけではありません、と。だが、教師は耳を貸さなかった。こうして私は9歳にして、世の中にはわけのわからない制約や抑圧があることを学んだのだ。

だが、世間はこの教訓をまた私に叩き込もうとした。大学1年生のときにも、まったく同じ状況に追い込まれたのだ。1年生が全員受講しなければならないライティングの授業で初めてレポートを提出したところ、F（不合格）という評価をつけられたのだ。私はショックを受け、指導教員のところに出向き、どこが悪かったのか教えてほしいと尋ねた。すると教員からは、驚くほど聞き覚えのある答えが返ってきた。

「心配するな。英語はきみの母語じゃないんだから。時間をかけて勉強すれば、文章を書くコツがわかってくる。そのうち、できるようになるよ」

思うに、教員が私の能力を公平に認めようとしなかったのは、私のラストネームが西洋的ではなかったからだろう[1]。実際、その数日後、私はクラスでアジア系の学生と目をあわせ、おずおずと会釈したあと、会話を始めた。すると、やはりその学生もライティングのレポートで私と同じ評価を下されていたことが判明したのである。

――制約の存在を「認める」と未来が変わる

それから何年もたってから、驚くべき論文が発表され、私たちは必要としていたエビデンスを入手することができた。ソニア・カン、キャサリン・ディセルズ、アンドラーシュ・ティルチック、ソーラ・ジュンの研究によれば、就職活動中の白人ではないマイノリティの40％もの人々が、英語化した名前を使い、自分の人種がわからないようにすることで、履歴書を「白人化」しているという。そうすれば偏見を回避でき、門前払いをされずにすむからだ。

そこで私たちは、そうした制約の存在を「認める」計画を立てはじめた。そして、自分にとって「英語が母語ではない」ことを、みずから積極的に説明してみようという結論を出した。私は次回のレポートで、母語が英語ではない環境で育った苦労について触れ、そうした困難を克服しようと奮闘してきたことを説明した。そのうえで、このライティングの授業は自分にとってまさに救済であり、人生で成功をおさめるための天の恵みですと、謝意を綴った。

指導教員は私の皮肉に気づいたようすもなく、Bマイナスという評価をつけた。

さまざまな制約の存在を認めると、あなたの未来は大きく変わる。障壁を逆手にとって利用すれば、成功に向かって大きく飛躍するジャンプ台として利用できる。すると、自分のエッジをつくりだせる。他人が押しつけてきた制約を、そのまま放っておいてはならないのだ。

かぎられた資金で利益をあげよ

以前、ビジネススクールの授業で学生にこんな課題をだしたことがある。学生たちをいくつかのチームに分け、各チームに5ドルを入れた封筒を渡す。そして、この5ドルがチームの「開業資金」になると伝えるのだ。

どんなベンチャー企業を立ちあげるかは各チームで相談して決める、ただし、必ず利益をあげること、そしてその開業資金としてこの5ドルを使うというのが、この課題の設定だった。そして次回の授業で、どんなベンチャーを立ちあげ、どのくらいの収益をあげたのかを、各チームに報告してもらうことにした。

この課題の目的は「5ドル」というかぎられた資金を元手に起業家精神をフルに発揮して、チャンスを見いだすことだった。そして実際、学生たちは見事な起業家精神を見せてくれた。この課題を毎年、学生たちに与えるようになってからもう何年にもなる。そのなかには、こんなアイディアもあった。

「スポンジ」「洗剤」「カーワックス」に5ドルを費やして洗車サービスを始めた例、5ドルを「広告」に使ってフリーマーケットやガレージセールを開催して、出品者から「出品料」を徴収した例、5ドルで買えるだけの「材料」を使ってお菓子を焼いて販売した例……。こうしたチームは資金の5ドルを有効活用してそれなりの利益をあげ、大抵400ドルから500ドルを手にして戻ってきた。

たった1つ、例外があった。数年前、とくにおもしろいチームがあり、学生たちは利益ゼロで戻ってきた。では、彼らは授業の発表でこれをどう説明したのだろう？

5ドルという制約のある金額に縛られた結果、チームは利益をあげられそうなアイディアを1つに絞ることができなかった。そこで、「利益の量」ではなく「生活の質」を高めることに目的を変え、大切な人とのデートに5ドルを使うことにした。

ところが、どんなデートをするかという計画は立てたものの、やはり5ドルという制約に行く手をはばまれた。5ドルをなにに使うかで、折り合いがつかなかったのだ。「彼女のために花屋で2本ほど花を買うか、〈コストコ〉でロティサリーチキンを買うかで意見が割れたんです」（そのとおり、〈コストコ〉のローストチキンはたしかに5ドルだった。そして結局、チーム全員で、チキンを分けあって食べたという）。

——もっとも多くの利益をあげたのは？

さて、もっとも多くの利益をあげたのは、どんなチームだったのだろう？　それは**5ドルをまったく使わなかったチーム**だ。この事実を知ると、学生たちはみな仰天し、貴重な教訓を学ぶ。なんと、もっとも大きい利益をあげるのは（ある年など、4000ドル以上を手にして戻ってきたチームもあった）、大抵5ドルを使っていないチームなのだ。**もっとも大きな収益を生みだすチームは、手元にある資金をまったく異なる視点で見ていた**のである。

どんな「チャンス」を生みだせるだろうと考えているときにさえ、制約があると、私たちはつい「制約」のほうに意識を向けてしまう。[2] 価値を提供する方法はないかと周囲に目を走らせ、「5ドルの範囲」でつかめるチャンスを探してしまうのだ。

その結果、多大なチャンスに気づかないまま終わってしまう——4ドルの範囲で、あるいは3ドルの範囲でできることや、いっさい費用をかけずにできることに目を向けられなくなるからだ。

もちろん、数千ドルもの費用がかかるアイディアは、最初から除外する。5ドルという金額が実際に足かせになってしまうのだ。すると、アイディアの幅が狭くなる。5ドルを基盤に考える場合、そこから生まれるチャンスはたかが知れている――洗車サービス、手づくりレモネードの売店、手づくりの焼き菓子の販売といった程度のことしか、大半の人は思い浮かべることができないからだ。

――「制約は存在しない」と考えると見えてくるもの

ベンチャー投資家のアーラン・ハミルトンは、車中生活を送っていた状況から抜けだして、いまや1つのファンドに1000万ドルもの資金を集められるまでに事業を拡大した女性だ。[3]「ゼロの状態に押しやられたら、そこから達成できることに限界はないのよ」と、彼女は言う。

では、あえてゼロの状態に自分たちを追い込み、「視点を変えれば制約は存在しない」と考えたチームは、いったいどんな事業を思いついたのだろう？

あるチームは、自分たちの手元にある最大の「資産」は、実際のところ「5ドル」ではなく、クラスで課題の結果を発表する「時間」だと考えた。そして、その時間を、季節労働者のアルバイトを募集している企業に売ることにした。その企業がアルバイトを募集する短いコマーシャルの制作を手伝ったうえで、自分たちに割りあてられていた発表の時間に、そのコマーシャル動画を上映したのである。

別のチームは、自分たちには「5ドル以外」にどんな資産があるのだろうという問題について、まず考えた。そして、チームの各メンバーの特技や能力をリストにまとめた。それぞれの才能を互いに報告するうちに、それぞれの才能が集結すれば、多様性と個性にあふれた集団ができあがることに気づいた。そこで、各メンバーが自分の特技を教えるワークショップを開催することにして、iPhoneでそのコマーシャルを撮影し、その動画を知人に送り、「あなたの知り合い全員にシェアして」と頼んだ。どのワークショップも参加料を1人20ドルと設定した結果、20人以上の参加者を集めることができたのである。

また別のチームは、キャンパスのメインの中庭にブースを設けて、自転車のタイヤの空気圧を無料で測定するサービスを提供した。タイヤの空気が抜けていた場合、1ドル払えば空気を入れてもらえるという仕組みだ。近くのガソリンスタンドまで出向けば無料で空気を入れられるにもかかわらず、キャンパスですませるほうが便利なので、学生たちは1ドルを支払った。

ところが、チームは少々、良心の呵責を覚えるようになった。そこで翌日は1ドルの請求をやめ、ただ寄付用のバケツを置いた。すると、前日よりもはるかに多くのお金が投じられたのである。

私がいちばん気に入ったアイディアは「移動ディナー」だ。学生たちはコース料理を用意したが、そこに工夫を加えた。前菜、メイン料理、デザートをそれぞれ、「別の店」で「別の人たち」と食べられるように手配したのである。

午後5時半、参加者は前菜をだす店の場所が記されたテキストメッセージを受けとる。そして、その店に到着すると、だれだか知らされていない4、5人と一緒に食事をする。次は6時半にまたメッセージが届いて、メイン料理をだす店の場所が知らされる。参加者はそこに移動し、また新たな面々と食事をする。そして午後8時、今度はデザートをだす店の場所を知らされる。そして、その夜の最後には、50人の参加者全員が集まるバーの場所を知らされるという仕組みだ。

この愉快な夜のために、参加者は事前に一律の料金を支払った。この料金さえ支払えば、学生がそれぞれの飲食店との事前の打ち合わせで決めたメニューを心置きなく食べられる。こうして、学生たちは利益をあげた。というのも、彼らは問題を見つけだし、それを解決しようとしたからだ。

その問題とは、人脈を広げるのは必ずしも楽しいとはかぎらない、ということ。それに、見知らぬ人たちと知りあうのは、それほど簡単ではないことだ。

この授業が終わり、しばらくすると、そのチームのメンバーから招待状が届いた。移動ディナーが大成功したので、毎月、開催するイベントにすることにしたという。いま、次回の開催に向けて調整中なんですが、よければ先生も参加なさいませんかと、招待状には記されていた。もちろん、私は参加した。

カネを追うな、価値を追え

制約があるからといって、それに行く手をはばませる必要はない。さきほどの例でもわかるように、開業資金は「ゼロ」と仮定してアイディアを練った学生のほうが、成果をあげることができたのだから。彼らは5ドルを「全面的に頼るべき元手」とは見なさなかった。そして、**自分たちに課された制約ではなく、チャンスに目を向けることに専念した。**

このおかげで、彼らは束縛から解放され、自分たちがもっているほかの資産について思案し、5ドルという制約など軽々と飛び越え、もっと価値のあるチャンスを見つけることができたのだ。

だから、**他人に私たちの制約を決めさせてはならない。**「5ドルを必ず使わなければならない」という制約に従順に従えば、自由な発想でチャンスをみつけることなどできないのだ。

ある学生が、この点をうまく表現した。いわく、「**カネを追うな、価値を追え**」(この2つは違う)。

この考え方は、私たち個人にも当てはまる。他人から制約を押しつけられると、私たちはついそのままにしてしまう。すると、そうした制約を乗り越えて、のびのびと考えられなくなってしまう。弱点ばかりに目がいき、自分にはどうせスキルもないしと、悪いほうばかりに考えてしまうのだ。

これは数々の研究によって事実であることが裏づけられている[4]。たとえばなんらかの求人を目にしても、自分はあの職にふさわしくないと勝手に決めつける。だから、その仕事をしたいと心から願っていたとしても、応募もせずに諦めてしまうのだ。

とくに女性はこの罠に陥りやすいが、男性も実に40%以上が、自分には応募資格がないと勝手に判断し、理想と思える職があっても応募さえしないということがわかっている。

たとえばあなたが、信じられないほどすばらしい求人情報を見つけたとしよう。でも、そこには「6年から8年間の経験」が必要だという条件が記されている。そして、あなたにはまだ4年の経験しかない。そのうえ、その企業はあなたがいま身を置いている業界とは異なる業種だ。それに、仕事内容として挙げられているもののなかには、あなたが経験したことがない作業も含まれている。

この場合も、「制約」に目を向けるのではなく、就職できる「チャンス」を探そう。求められている条件の少なくとも3点をあなたが満たしているのなら、その3点にどれほど重い意味があるかを強調しよう。**あくまでも、制約を設けるのは他人なのだ――みずからわが身に余計な制約を課すべきではない。**そうではなく、自分が相手を豊かにできるチャンスを貪欲に追い求めるべきなのだ。

――問題のありかを明確にしたアウディのチーム

私たちは、あきらかになった「問題」に目を向けるよう訓練されている。だが人生では、問題が明確に把握できるとはかぎらない。

セントルイス・ワシントン大学の賢明なる研究チーム、マーカス・ベア、カート・ダークス、ジャクソン・ニカーソンは、まさしくこの点を検証した。[5] すなわち、私たちがよく、問題のありかを明確にしないことを論証したのだ。

みずから制約を設ける方法の1つは、問題を明確にしないことだ。問題が実際にはどこにあるのかを正確に突きとめずにいると、問題を解決することも、価値を提供することもできない。真の問題を明確にせず放っておくことで、私たちは自分に制約を課しているのだ。

たとえば私は、あるスタートアップに助言していたのだが、その企業は急成長を遂げたあと、売上が落ちはじめていた。そのため創業者は、社が提供するサービスにもう魅力がなくなったのではないかと懸念していた。

彼の会社は大手メーカーに製造工程を管理するサービスを提供しており、サービスに新たな機能を追加するにあたり、彼は私にアドバイスを求めてきた。私としては当然のことながら、開発チームのところに出向いて、追加する新機能について議論をかわすこともできた。

だが、私はそうはせず、チームメンバーたちと一緒に腰をおろし、販売のプロセス全体を1つずつ見直していった。

すると驚いたことに、売上の落ち込みがプロセスのある部分、すなわち最後のプロセスのせいで生じていたことが判明した。

営業チームは、当初、顧客との交渉の末に決定した価格をこのままでは維持できないと考え、新たな機能を追加して値上げしようと目論んでいたのだ。すなわち、経営側はサービスの質に問題があるはずだと思い込んでいたのだが、実際の問題はそこではなく、価格にあったのだ。

私たちは問題があれば解決しようとするし、大抵、どうにかこうにか問題を解決する。戦略上の問題があれば、その道のプロに依頼して、価値ある解決策を教えてもらうこともある。異なる経歴や専門知識をもつ人材を集めて、部門を横断する学際的な強みをもつトップチームをつくろうとすることもある。

しかし、そんな努力の大半は徒労に終わる。いくら戦略上の問題に有効な解決策を編みだそうとしたところで、そもそも、問題点が明確に把握できていない場合が多いからだ。

たとえば、あなたがカーレース用の車を設計する仕事をしているとしよう。フォーミュラ1やNASCARといったレースで走るための特別な車だ（スポーツカーや市販車を改造したものなど、レースによって使用する車の種類は異なる）。車の設計段階で、モータースポーツのエンジニアはさまざまな問題に直面するものの、彼らの目標はただ1つ。「できるだけ速く走る車を設計する」こと、だ。ほかの車に勝ついちばんの方法は、最速の車をつくるしかないというわけだ。

ところが、この課題を別の視点からとらえなおし、単純な解決策に飛びつくのをやめたアウディのチーフエンジニアは、まったく異なる手法を編みだした。[6]

「うちの車が最速でないとしよう。その車で、ル・マン24時間レースで勝つにはどうすればいい？」と、自問したのだ（ル・マン24時間レースは、世界でもっとも名誉ある自動車レースの

1つとされる)。

この疑問について思案した結果、アウディの設計チームはまったく新たな解決策を打ちだした。それは「燃費のいい車」だ。燃費性能がアップすれば、ピットストップで給油をする回数が減り、最速の車ではないという弱みを埋めあわせることができる。こうしてアウディはル・マン優勝という栄誉に4年連続で輝いたのである。

──問題を明確にする2つのステップ

昔からよく、私たちには「結論に飛びつく」傾向があると言われているが、もっと正確に表現すれば、私たちには「解決策に飛びつく」傾向があるのだ。それは学校で身につけた習性だ。生徒は決められた課題、考えるべき問題を与えられる。

ところが学校の外の世界でなんらかの組織に属すると、今度は自分で課題そのものを決定し、実際の問題のありかを突きとめる責務が生まれてくる。

前述のセントルイス・ワシントン大学の研究者たちが示したのは、解決策に飛びつかないようにするには、「問題そのものを明確にする」作業をもっと慎重におこなうべきであるということだった。そのためには、次の2つのステップを経て検討するといい。

第一に、問題がもたらすさまざまな「悪影響」をすべて明確にすること。それがすんで

から、ようやく第二のステップを踏み、問題そのものを「公式化」するのだ。

これをもう少しわかりやすく説明したいので、私の友人、スタン・ヴァン・ブリーの言葉を借りるとしよう。いわく、「おまえのクソ問題をおれのクソ問題にするな」だ。

あなたが自力で問題を明確にするのを、他人に邪魔させてはならない。だって、あなたは自力で解決策を考えなければならないのだから。制約を逆手にとり、価値を高めよう。自分が有利になれるように利用するのだ。**他人とは違う形で制約を利用すれば、あなたはエッジを獲得できる。**

そうすれば、制約は恩恵にもなりうるし、あなたが飛躍するバネにもなる。**制約がなにもない状況がかえって問題を生みだす**こともあるほどだ。すると、価値を提供し、周囲をも豊かにするチャンスまでなくなりかねない。

——制約を直視し、逆手にとる

たしかに制約があると、できることには限界ができる。だが、人生を生きていくうえで、ある程度の制約は避けられない。だから見て見ぬふりをするのではなく、そこに着目し、しっかりと注意を向けよう。そうした制約の価値を認識できずに、失敗する人は多い。しかし、いろいろな意味で、私たちには制約が**必要な**のだ。制約があることに気づきはしたものの、そうした制約に自分の可能性を狭めさせたくなければ、それを逆手にとろう。そうすれば、私たちは優位に立つことができる。

法則
3
制約があることを認め、利用する。チャンスは制約から生じる。

第4章 直感力を磨く

——本質を見抜く目を養う

木を切り倒すのに8時間与えられたのなら、私はそのうち6時間を割いて斧を研ぐ。

——エイブラハム・リンカーン（アメリカ合衆国第16代大統領）

先日、ヘアサロンで髪をカットしてもらっていたときのこと。いつも担当してもらっている美容師のジェニーが、私の右のこめかみの上、ちょうど生え際のあたりにある痣に目をとめ、それと悟られないように眺めていた。彼女はそれから、無邪気な口調でこう尋ねた。「あら、ここ、どうしたの?」

そこで私は、ジェニーにはいつもそんなふうに話すように、事のなりゆきを詳しく説明しはじめた。「うちで来客用のベッドにシーツをかけようとしたのよ。そのベッドは壁にくっつけて置いてあるから、壁側のシーツがすごくかけにくいの。その日も、シーツをかけるのに手間取ってたら、こめかみをヘッドボードに派手にぶつけちゃって。さすがに、大声で悪態ついたわよ……」

私の説明を聞いたジェニーは、すぐにほっとしたような表情を浮かべた。そして、白髪がちょっと増えたみたいねと言ったあと、シカゴに住む美容師の友人から聞いたという話をしてくれた。

「イリノイ州の美容師は、DVや性的暴行の講座を受講しなくちゃならないんですって」と、ジェニーが言った。私は驚いて、「美容師さんって、DVの被害にあいやすいの？」と尋ねた。

そうじゃない、という返事。そうではなく、ジェニーの説明によれば、DVや性的暴行の被害を受けた人たちは、その話を美容師に打ち明け、詳しく説明する場合があるという。美容師やサロン従業員には、客と親しい間柄になる独特の能力をもっている人が多い。だから、どこかがおかしいと察したら、客に質問できる稀有な立場にあるという。実際、客がそうした被害にあったことを聞きだし、支援の手を差し伸べることもあるそうだ。

DVや性的暴行への意識を高めようと啓発活動を展開しているイリノイ州の支援団体シカゴ・セイズ・ノー・モアの創設者クリスティ・パスクヴァンもこう述べている[1]。

「だれかに毛づくろいしてもらっていると、その相手と信頼関係を築きやすくなる……それは特別な関係で、人は心をひらくのです」

この認識を基盤に、活動家たちの間から、1つのアイディアが生まれた。美容師、それに美容関係の資格をもつプロの人たちに、DVと性的暴行に関する講習を必ず受けてもらうという規則を定めたのだ。そうすれば、虐待の兆候を見つける手法を習得してもらえる。2017年に開始されたこの講習は、美容師たちをカウンセラーやセラピストにすることを目的にしているわけではない。客のなかにDVや性的暴行を受けた兆候を示す人がいたら、相手の気持ちに寄り添うようにして話を聞きだし、必要と判断すれば情報を当局に知らせたり、被害者に支援サービスを紹介してもらったりするのが目的だ。

美容師自身がカウンセリングをおこなう必要はないし、暴行を受けたことを客から打ち明けられても、当局に報告する法的な義務を負っているわけでもない。それでも、今後の防止に向けて大きな一歩を踏みだす手助けになるという。

私はジェニーの話を聞き、なんて独創的なアイディアだろう、なんて臨機応変で有益な手法だろうと、いたく感銘を受けた。なにより、このプログラムによって、被害者は自分が被害を受けていることに気づいてもらえる。そして支援体制に関する重要な情報を得られて、活用することもできる。さらに、今後の被害を防止できるかもしれないし、命を救える可能性もある。そのうえ、この取り組みは、直感を駆使すれば思わぬところからすばらしいアイディアをひらめくことの実例でもあるのだ。

第六感を働かせ、指数関数的(エクスポネンシャル)に飛躍する

こうして講座を受講したイリノイ州の美容師たちは、客に質問を投げかけては話に耳を傾け、心をひらいてもらっている。そうすることで、客の命を救っているのだ。でも、そのコツは？「私たちはね、ただ勘を働かせるの」と、ジェニーはこともなげに言う。「勘を働かせる」と聞けば、実に簡単そうに思える。でも、その言葉が意味するところを突きとめるのは難しい。

たとえば、意思決定の科学を研究している人たちに言わせれば、直感とはまったく不合理きわまるものだ。それに、数百年の歴史をもつ科学によれば、勘に頼って決断を下すのは感情を基盤に決断するのと同じであり、非論理的で、その判断には偏見が伴うという。実際、私はビジネスにおける直感の役割について初めて論文を提出したとき、こんなコメントをもらったことがある（念のためにお伝えするが、このコメントは匿名の査読システムを通じて寄せられたものだ）。

論文のテーマそのものに問題があると見受けられる。そもそも「第六感（ガット・フィール）」という言葉そのものが俗語であり、これはあくまで俗語としての使用に限るべきだ。そんなものを検証するのは時間の無駄にほかならず、この論文を読んだ私の時間も無駄に終わった。われわれ研究者はなんとか新たな理論を打ちたてて学問の世界に足跡を残そうと努めるものだが、私の見るかぎり、この論文にはまったく理論的な根拠がない。

正直なところ、このコメントを読み、私はひどく落ち込んだ。

その数日後、メリーランド大学の2人のすばらしい研究者が「この研究について発表していただきたい」と私を招待してくれなければ、第六感に関する研究を、私はすべて断念していただろう。よって、想像がつくだろうが、私は現地でおそるおそる発表をおこなった。その後の反応を、私は生涯、忘れることはない。発表を終えると、2人の研究者は私の研究がまさに「最先端」であり、なおかつ大胆だと褒めたうえで、こうしたテーマの研究をけっして諦めてはいけないと励ましてくれたのだ。

──「勘」とは「思考」を伴うもの

第六感に関する研究で、私は直感に関するこれまでの概念をとらえなおした。**私たちが**

「勘」と呼ぶものには潜在意識以上の力があるし、「不合理」ではないと考えたのだ。

つまり勘はいっさいの思考を伴わない感覚ではないし、2005年刊行の著書『第1感「最初の2秒」の「なんとなく」が正しい』でマルコム・グラッドウェルが述べたように「意識がない」状態で働かせるものでもなく[2]、実は感情と認知の双方から生まれるものなのだ。そこには「思考を伴う感情」がある。よって「勘に頼る」からといって、必ずしも当てにならないわけではないし、誤った決断を下すわけでもない。

もっとわかりやすく説明しよう。勘が働くのは、ここぞというとき、すなわち極端な場面だ。どの洗濯機や乾燥機を買うべきか、どの人材がどの職務にもっとも適しているかといった、ごく普通の意思決定の場面では、私たちは勘など必要としない。それどころか、勘を頼りに決断を下せば、道を誤ってしまうこともある。

ところが、特異な場面や変則的な出来事に直面した場合、直感はとんでもない力を発揮する。[3]

たとえば、直感を活用するエンジェル投資家には、ホームランを打つ傾向がある。[4] 投資額の30倍以上のリターンをもたらす企業を嗅ぎあてる能力があるのだ。彼らの勘は、手堅く儲けるうえで役に立つわけではない。株式市場に200ドルを投じて、その結果、22

0ドル得ることを目指すうえで有効なわけではないのだ。そうではなく、200ドルを投じて、そのすべてを失うリスクを冒しながらも、ひょっとすると2万ドルの収益を得られるかもしれない可能性に賭けるときに役立つのだ。

こうした例でも、ほかのタイプの偏見が入り込んでくる場合はある——そこが、難しいところだ。というのも、人間の直感には、他人に不利に働くように仕向ける意識が埋め込まれているからだ。この点には常に留意しなければならない。

野球でいえば、いくら打者が勘を働かせたところで、打率を上げることはできない。打率は1割2分5厘に終わるかもしれないが、その打率を1塁打でも2塁打でもなくホームランで達成するのが、いわば直感のなせるわざだ[5]。

第六感を働かせれば、あなたはこれまでの経験と能力を結びつけて、直線状でも段階的にでもなく、予期せぬプロセスで成果をあげることができる。

物理学者のアルバート・バートレットはかつて「人類の最大の欠点は指数関数の仕組みを理解できないことである」と述べた。たしかに、私たちは直線的（リニア）に物事を考えがちであり、よりよい思考ができないことがある。

つまり、指数関数的（エクスポネンシャル）思考が苦手なのだ。直線的に考えれば、1、2、3、4、5、6……と数字は増えていくが、指数関数的に考えて2倍にしていけば、

1、2、4、8、16……と数字は飛躍的に増えていく。

マネジメントの研究者ロバート・コスティガンとカイル・ブリンクによれば、直線的なリニア思考の特徴はルール重視で、表面的で論理的ではあるが、簡単に模倣できる。[6] リニア思考が直線の上を1歩ずつ進んでいくものだとすれば、指数関数的なエクスポネンシャル思考は飛び跳ねたり、ジグザグに進んだりしながら物事を眺めるようなものだ。直線だけで物事を眺めていると、実際には可能性が潜んでいても気づかずに終わってしまう。

一方、指数関数的に考えれば、これまでの自分の経験に可能性をプラスし、思考を大きく広げていける。価値を高め、周囲を豊かにする技術に磨きをかけ、それを習慣にしていくうえで、エクスポネンシャル思考は最強のツールなのだ。

ブリコラージュ――別々のものをつなげて、関連づける

美術や音楽や文学において「ブリコラージュ」とは、手に入る多様なものを結びつけたり寄せ集めたりして作品を構築したり創造したりすることを指す。

たとえば、パンクロックのバンドがクラシック音楽に新たな解釈を加えるといった具合だ。ビジネスの場合、企業は手元にある材料を使って、従来とは異なる手法でそうした材

料を組みあわせ、斬新な新製品やイノベーションを生みだす。たとえばAirbnb（エアビーアンドビー）は、民泊サービス、宿泊施設を探している人、スマートフォンと位置情報テクノロジー、決済プラットフォームというインフラを結びつけ、組みあわせた例だ。

「ブリコラージュ」を理解してもらううえで、私が好んでよく引き合いにだすのは、子どもの頃によく観ていたテレビドラマ「冒険野郎マクガイバー」だ。

このドラマの主人公は華麗で魅力にあふれたマクガイバーという男性で、世界のありとあらゆる問題を解決する任務を帯びている。あるエピソードでは、致死性ウイルスが入った小瓶が科学研究所から盗まれ、マクガイバーはそれを取り戻せと命じられる。また、別のエピソードでは、贋札づくりの巨大一味を一網打尽にしろと命じられる。

いずれのエピソードでも世界を一変させるほどの悪事が企てられていて、ときには世界を爆破しようとする悪事をなんとしても阻止しなければならない。だから1時間のエピソードのなかで、彼はもてる知識を最大限に活用し、知恵をひねり、さまざまなスキルを駆使していく。

「よし、ここにクリップが1個ある……それにこっちにはマッチとガムも……」という具合に、手近にある物を活用するのだ。たまたま近くにあったものをうまく組みあわせて利用し、放映時間の最後の30秒でボタンを押すと、爆弾の起爆装置が解除され、世界は救われるというわけだ。

これぞ、ブリコラージュだ。**手近にあるものをよく把握し、即興でアイディアをひらめかせ、斬新な方法でそれらを組みあわせ、なにか特別なことを実行するのだ。**[7] これができる企業は、資源には限りがあるという現実、すなわち制約をものともせず、組織に付き物の障壁や限界を乗り越えていく。[8] だから一見、なにもない状態から価値あるものをつくりだしているように見えるのだ。

こうした関連づけを生みだし、個人の経験に可能性を「プラス」したものの恩恵を受けるには、正式な訓練が必要になる場合もある。イリノイ州の美容師が受講しているのも、そうした例だろう。とはいえ、ブリコラージュが成功したとしても、それは必ずしも自分たちが経験した苦労、苦しみ、不利な状況から生まれるとはかぎらないが、やはり壁にぶつかったときや災難に直面したときに、そこからパターンを読みとり、「プラス」となるものを掘り起こせる例は多い。そうやって掘り起こしたものは、周囲を豊かにする貴重な手段となる。

では次に、そうしたチャンスを見いだす能力に磨きをかける方法について説明していこう。

あなたがイライラしていることには、ほかの人もイライラしている

1988年、熱心なサイクリング愛好家マイケル・イードソンは、テキサス州ウィチタ・フォールズで開催される自転車レース「ホッターン・ヘル・ハンドレッド」に出場していた。1日で100マイルの距離を走るウルトラレースだ。

ところが彼は、自転車のボトルホルダーとその位置がどうしても気に入らなかった（無理な体勢でかがみ込んで飲み物をとり、ボトルのふたを開けてドリンクを飲んだら、またふたを閉めて不便な場所に戻さなければならない）。そこでイードソンは、手近なものでちょっとした工夫をすることにした。

彼は救急救命士だったので、救急車に備えてある輸液バッグとチューブを手に入れた。そして輸液バッグに水を入れ、それをハイソックスのなかに押し込んでから、ジャージの背中に留めた。それからチューブを肩越しに引っぱってきて洗濯ばさみで固定した。これを原型として、イードソンはのちにハイドレーションパックの販売を開始した。まさに、ブリコラージュの面目躍如だ。

さて、当初イードソンが間に合わせでつくったこのパックは、数カ月もすると注目を浴

びるようになった。そこで彼はこれを改良し、もっとコンパクトかつスリムにして軽量化をはかり、もっと安定するようにして、空気抵抗をできるだけ小さくした。それから、彼はキャメルバック社を立ちあげてこの発明品の販売を開始し、初めてドリンクを背負えるようにした。アスリートが身体を動かしながら水分を補給できる便利で効率のいいツールを提供したのである。

　おかげで、アスリートはもう水分を補給するために立ちどまったり、ボトルのふたを開けたりする必要がなくなった。バックパックに入っているリザーバーとつながったチューブをつかめばそれでいい（この水を入れるリザーバーは、愉快なことに膀胱（ブラダー）とも呼ばれているそうだ）。

　近年、ハイドレーション機能をもつバックパックにはさまざまなタイプがあり、長距離のハイキング、サイクリング、スノーボードなど、目的に応じてデザインされている。バックパックのサイズ（短距離ハイキング用の小さいサイズから夜通し歩きつづけるハイカーのための大きいサイズまで）、容量（水や荷物を入れるスペースに対応）、フィット感（ユーザーの体形、胴の長さ、腰まわりなどにフィットさせる）など多種多様なうえ、噛むだけで開閉するキャップ、ワンタッチで装着できるチューブといった機能も加わっている。

　最初にイードソンが行動を起こしたのは、自分のイライラの種、すなわち「ペイン・ポイント」をなくしたかったからだ。ペイン・ポイントとは、ひらたくいえば、なかなか解決しない問題だ。そして、あなたがなにかにイライラして、これは問題だと思っているのなら、きっと大勢の人も同じようにイライラしている。

イードソンは、救急救命士という仕事とサイクリングという2つの分野を結びつけて、1つの解決策をひらめいた。そして、彼が編みだした製品はまたたく間にサイクリング愛好家の間で人気を博し、やがてほかのアスリートやアウトドア愛好家の間にも広がっていった。彼の製品は「個人用ハイドレーションシステム」として、湾岸戦争、イラク戦争、アフガニスタン紛争において、戦場の兵士たちにも利用された。いま、キャメルバック社の取引の40%以上を占めているのは、アメリカや他国の政府との契約だ。

普通でないことを思いつく、すなわちエクスポネンシャル思考を実践するのは、想像するほど難しくはない。というのも、すでに自分が知っていることを基盤にアイディアを練ればいいからだ。イードソンにはサイクリングに関する知識があったし、救急車の備品に関する知識もあった。問題は、指数関数的に考えることに対して、私たちがつい壁をつくってしまうことにある。

ダイエットを目指している人はよく、まず体重を3キロ落として、次に5キロ落として、それからもっと落とそうと考えがちだ。ところが、自分の心身の健康に対する考え方を根本的に変えようとは思わない。だからビジネスにおいても、会社が徐々に成長を果たすという目標を掲げがちだ。少しずつ改良を重ねる製品、少しずつよくなる価格、少しずつ更新されるプロセス、少しずつ経験を積む人材を通じて、堅実に業績を伸ばしていこうとするのだ。

だが、幸い、エクスポネンシャル思考をする能力を身につけ、その能力に磨きをかけ、その結果、真の豊かさをもたらす方法があるので、紹介していこう。

自己不信に対する解毒剤――「ひっくり返す」

一定の量を増加させることを目的にしないエクスポネンシャル思考は、私たちが固定観念を「ひっくり返す」ところから生まれる。反転させ、ひっくり返し、ときには上下逆さにすると、障害物の正体を把握し、そうした邪魔物をどけて、成功へと続く道を歩みはじめることができるのだ。自分の能力を豊かに開花させるツールとして活用し、普通ならスタート地点から状況を眺めるところを、ゴール地点から俯瞰するのもいい。

さて、私は直感に関する論文を執筆したところ、痛烈なコメントをもらい、ひどく落ち込んだ。そうした場合、私も含めて大抵の人は、目の前の問題について一方通行でしか考えられなくなる。スタート地点から前方を見るのだ。当時、私が直面していた問題は、学術論文の書き方がまったくわかっていないことだった。

というのも、学術論文には、それまでに私が学んだものとはまったく違う、独特の書き方が要求されたからだ。論文に批判的なコメントを寄せられ、すっかり自己不信に陥った私は、同じ研究分野の第一線で活躍する著名な研究者に助言を求め、「自分がここまでこられたのはただ運に恵まれただけで、もういくら論文を提出してもすべて不採択になるのではと心配でなりません」と、正直な気持ちを打ち明けた。

すると、その先生からこう言われた。「私は論文が初めて学術誌（ジャーナル）に掲載されるまで、18回、不採択になりましたよ」と。その後、その先生はこの事実をそれまでほかの人間に明かしたことはないと教えてくれた。先生がなぜそんな過去を私に教えてくれたのか、理由はわからない。それでも、私はその日の夜、先生が打ち明けてくれた事実について、つらつらと考えた。そして、目の前の問題をひっくり返して考えることにした。

やみくもに論文の採択を目指すのではなく、不採択に向けて努力を重ねることにしたのだ——正確には「18回の不採択」に向けて。

第一線で活躍し、論文を何本も発表しているあの先生でさえ、駆け出し時代には18回の不採択を経験しているのなら、私の論文が不採択になるのは当然だと思いなおしたのである。

――失敗することでゴールに近づく

たしかに、このような貴重な教訓を学ぶには時間がかかる。だから、大抵の人は失敗すると、自分が失敗した事実にがんじがらめになり、身動きがとれなくなってしまう。だが、**失敗を体験する（そして失敗と折り合いをつける）からこそ、ゴールに向かう足がかりを得られる場合もある。**私の場合、自分が学び、向上するための時間をとることにした。そして自分には伸びしろがあると信じ、論文を採択されるまでに18回不採択になるという目標を立てたのである。

その結果、私は14回の不採択を経験し、修正したうえでの論文再提出の権利を4回獲得した（再提出を認められれば掲載に近づいたことになり、論文を修正したうえで再提出すれば、採択か不採択かの最終決定を得られる）。何回もの論文提出に疲労困憊したものの、とにかく18回不採択になるまでは（採択になった数とは無関係に）、論文の提出を続けると自分に誓ったのだ。

そして、ついに15回目に提出した論文が採択されたときには、本当に驚いた。でも、もっと驚いたのは、これまでに提出した論文をすべて見直してみたところ、14回の不採択と

5回の採択のなかに、いくつかのパターンがあったことだった。

不採択になった論文を何度も見ているうちに、早い段階で見切りをつけるべきテーマと、腰を落ちつけて取り組み、最後までやり抜くべきテーマのパターンがわかってきたのである。

たとえば、論文に対する助言のなかには、他人の研究の成果を基盤にすべきというものや、「挑発的すぎる」テーマを追求すべきではないというものがあった。でも、私が繰り返していたパターンはその真逆だった——挑発的だからこそ関心をもち、そこから研究の成果をあげることができたのだ。

それに共著者に関してもパターンがわかってきた。この人と組むと必ず不採択になるというパターンもあれば、気持ちよく一緒に研究ができて、私に足りないスキルを補完してくれる人（とそうでない人）のパターンもわかってきたのだ。

繰り返しになるが、こうした傾向やパターンのなかには、これまでまったく気づかなかったものがあった。たとえば、多数の論文を発表している研究者として名を知られ、論文掲載に通じている人と協力したときには、私と同じように初の論文掲載を目指して奮闘中の同僚と協力したときよりも、成果をあげることはできなかった。

状況をひっくり返し、ゴール地点から状況を眺めるようになったおかげで、私は自分なりの戦略を立てられるようになった――この戦略は、いまも変わらず利用している。

まず、私は1本の論文に集中して取り組むことにしている（ジャーナルの採択率が10％を切らないようにするため、なかには6、7本の論文に同時に取り組んでいる人もいるのだ）。そして、それほど魅力的なテーマではないと感じたり、研究結果の信頼度が低いと判断したりすれば、即座にそうしたテーマを削除したり、執筆を打ち切ったりした。そして、この作業を延々と続けたのだ。

思考を反転させるためには、スタート地点からではなくゴール地点から状況を俯瞰するほうがいい場合がある。たとえば大きな契約を獲得する前に、そうした成果を実際にあげられたと仮定して、どのような手法をとったのかを振り返るところを想像するのだ。そうすれば、必要な段階を明確にし、議論を重ねていけるようになる。

企業の場合は、問題があるから解決策を探すのではなく、解決策から問題を探していくといい。

解決策から問題を探す

「問題があるから解決策を探す」ことと、「解決策があるから問題を探す」ことの違いを実証するために、私は学生たちにある思考実験に参加してもらっている。

まず、3Dプリンターとはなにかを説明する。3Dプリンターとは、実に多様なものをつくりだせる機械だ。それから、次のように課題を説明する。

「3Dプリンターを使えば、電子レンジ程度の大きさまでのものなら、なんでもつくることができます。みなさんがどんな製品をつくるにせよ、材料や製造にかかるコストは1ドルまでとします。ですから、1ドルでつくれる製品を考えてください。ただし製品を販売して、必ず利益が出るようにしてください」と。

そのあとは、製品になりそうなもののアイディアをグループごとにだしあい、議論してもらう。読者のみなさんも、ぜひ試してもらいたい。数分でいいから考えて、アイディアのリストを書き出してみよう。

こうしてある程度の時間、グループごとに話しあってもらったあとは、それぞれのアイディアを議論していく。だが、その前に、私は教室の正面の見えやすいところに封をした封筒を置き、このなかに、あなたたちが考えそうなアイディアを書き出してありますと伝える。それから、学生たちが思いついたアイディアをすべて黒板に書き出していく。大抵、こんなアイディアが発表される。

・車の部品
・宝石
・サングラス
・おもちゃ
・楽器
・医療用や歯科用の工具
・交換用の部品
・建築模型や住宅のレイアウト
・カンファレンスで配付する手土産

こうしてリストを書き出したあと、私が封筒をひらき、中身を読みあげると、学生たちはショックを受ける。彼らが懸命にひねりだしたアイディアの8割から9割を、私が事前に予測していたからだ。

どうして、学生が思いつくアイディアの大半を予測できたのだろう？ それは先生がこの講座を何回も繰り返しているからでしょうと言う学生もいる。だが、もう1つの理由は、私たちは大抵明確なチャンスばかりに目を向けるからだ——問題がはじめにあって、そこから解決策を探そうとするのだ。

そこで私は学生たちに、今度は3Dプリンターを「問題を探すための解決策」と見なしてくださいと言う。3Dプリンターが1台あれば、いまの世の中に山とある問題を解決するアイテムをつくりだせるんですよ、と。

こうして、学生たちのものの見方を反転させれば、いま目の前にある解決策、すなわち、この場合は3Dプリンターの力を別の視点から眺め、現存するさまざまな問題の本質を深く把握できるようになる。

古くからある問題を出発点として考えるのではなく、革新的でユニークな解決策を出発点としてとらえ、そこに古くからある問題を当てはめていくのだ。

3Dプリンターがもたらしたのは「持ち運び可能な装置で即座に製造ができる」という画期的な技術だ。こうして、学生たちが3Dプリンターというユニークな解決策を出発点にして考えなおした結果、もっと興味深い問題を解決するアイディアが次々に飛びだした。

・ぶどう園の霜防止用のワイヤーフレーム

ワイン醸造家は大抵、ぶどう園の霜に悩まされている。気温が氷点下となり、霜が降りると、ぶどうのつるや新芽に甚大な被害が及ぶからだ。対策はあるものの、手間がかかる。防霜ファンで温かい空気を地表に送る、ろうそくで温かい空気の流れをつくる、可動ファンで送風する、スプリンクラーで散水する、ぶどうの木の根元を保温材で覆う、さらにはヘリコプターを夜明け前に上空に飛ばして冷気を吹きとばすという手法まである。だが、３Ｄプリンターで金属のワイヤーをつくり、それをぶどう園の地面に張りめぐらせば、むらなく地表の温度を上げることができる。

・ディジパペット（DigiPuppets）

子どもたちはタッチスクリーンが大好き。だから親や教師は、タッチスクリーンを利用して生産的な遊びができればありがたいと考えている。そこで学生たちは、タッチスクリーン用の指人形をつくるアイディアをひらめいた。実際に、この学生たちはDigiPuppets

という会社を立ちあげた。そして、可愛いウサギとシマウマのキャラクターもつくりだし、このキャラクターをうまく活用して子どもたちが学習したり、教訓を学んだりできる4種類の教育アプリを開発したのである。

問題を違う観点から眺め、一定のペースで増やしていく手法をとるのをやめれば、予想もしなかったつながりに気づき、斬新なアイディアがひらめく。指数関数的に考える習慣を身につけたければ、無関係なものの間につながりを見つける能力を磨くといい。だが、これと同じくらい重要なのは、つ、な、が、り、が、存、在、し、な、い、場所を見極める能力を高めることだ。

ナラティブと数字を結びつける

どんな状況、産業、企業、個人においても、そこには必ずナラティブ、すなわち一人称で語れる個人の物語がある。そしてまた、必ず数字がある（たとえ個人同士で交流しているときでも、そこには数字があり、なんらかの測定基準がある）。だが一見して、すぐにそうとわかるとはかぎらない。

まずは、企業におけるナラティブと数字について見ていこう。たとえば格安航空業界では、アイルランドのライアンエア、アメリカのスピリット航空、そしてやはりアメリカのサウスウエスト航空といった企業がしのぎを削っている。

ライアンエアに乗った経験がある読者は、そのときのことを思いだし、いま、うめき声をあげているかもしれない。私もだ。ライアンエアを利用したときには、散々な目にあった。座席は窮屈で、シートは硬かった。膝が実際に前の席にぶつかるのだ。ロンドンからダブリンまでのフライトでは、搭乗券を印刷してくるのを忘れたため、追加で20ポンドも支払うはめになった。そのうえ、搭乗するときには牛の群れを追い立てるような扱いを受けた。

ライアンエアなら、いつか機内トイレの利用料を徴収すると言い出しかねない。というより、数年前に、この会社はトイレ有料化を検討したことがある。トイレという施設は「必要品ではなく贅沢品である」というのが、その理由だった。[9]

また同じ頃、ライアンエアが機内にできるだけ多くの客を詰め込もうと、「立ち乗り専用」のスペースを設けることを検討しているというニュースも耳にした。[10] 自転車のサドルのような装置に寄りかかりはするが、客は直立したままで、遊園地のジェットコースターの安全バーのようなもので身体を固定する。そうすればフライト中、客同士が押しあわずにすむという。

さて、この対極にあるのが、サウスウエスト航空だ。サウスウエストはたしかに格安航空ではあるものの、私はまったく違う印象をもっている。客室乗務員は親切で、見るからに楽しそうに働いていて、底抜けに明るい。ひねりのきいたアナウンスをするし、機内で食べ物も提供するし、空の旅をとにかく楽しい経験にしようと努めている。搭乗手続きは簡単で、荷物を預けるのはいまでも無料だ。

サウスウエストとライアンエアはどちらも格安航空ではあるが、まったく異なるナラティブがある。

ライアンエアの場合は「くそっ、仕方ない」だ。あなたがA地点からB地点まで移動したいと考えていて、できるだけ安くあげたいと思っていれば、ライアンエアで妥協するしかない。つまりライアンエア側は、格安航空であることを承知のうえで利用してもらいたいと考えているのだ。格安航空なのだから、快適なシートなどという余計なものにカネは使わない。立ち乗り席やトイレ有料化の計画を発表して、マスコミで酷評されるのも計算のうちだ——わが社はきわめて安い料金を提供しているのですよと、消費者にアピールしているのだ。

そして、いっさい無駄なサービスがないフライトについて記事を書いてほしいと考えている[11]。だから、とにかく最低価格で空の旅をしたいと思っている人はライアンエアを選び、次回はちゃんと搭乗券を印刷していこうと気を引き締めるのだ。

サウスウエストもまた低価格であることをアピールしている（以前ほど格安ではなくなったが）。そして、余計なサービスはしないが、乗客のためにあらゆることを無料でおこなうと強調している。フライトをできるだけ楽しいものにするし、無料で荷物も預かるし、席に余裕があればフライトの変更にも対応する。それもこれも、そうした努力をしない理由がないからだ――会社側にコストがかからなければ、乗客にも料金は請求しない。サウスウエストは費用削減の努力は続けてはいるが、コストがかからないサービスに関しては、楽しいフライトを目指して全力を尽くしている。

さて、この2社の数字はどうだろう？　サウスウエストとライアンエアの数字はほぼ同じだ。すなわち、決算で発表される業績は同じようなものだが、ナラティブが大きな違いを生みだしているのだ。

こうしたタイプのナラティブの違いはあちこちでよく見られる。だから、**ナラティブと数字を結びつけたり、数字からナラティブを見たりすれば、価値を高める方法を見極められるようになる。**「ここに落とし穴がある」「これは目くらましに違いない」と判断するには、ナラティブと数字の関係に着目しなければならない。つながりが存在しないところ、両者が無関係であるところを探すうえで、きわめて有効なテクニックだ。

たとえば前述のライトセーバー傘なら、「消費者が欲しいと思うかどうか」と「そのためにカネをだすか」という2点をつなげるのだ——すなわち、ナラティブと数字を。

ナラティブと数字の2点に目を向ければ、一見、それらしく見えるものの、実際には矛盾しているものの正体を見やぶる直感を養える。「どこかおかしい」と、第六感で察する感度を高められるのだ。そうすれば、セラノス社の血液検査に対して当初から医療の専門家たちが違和感を訴えたように、製品の欠陥を見抜き、それが機能しないことを予言できるようになる。価値を高めるアイディアやイノベーションを実現するうえで、賢く考えるテクニックなのだ。

すべてが理にかなうようにする

カーシェアリングサービスを提供するジップカー社を立ちあげ、成功させた創業者アンティエ・ダニエルソンとロビン・チェイスが打ちだしたナラティブは、「大都市の住人は車を所有する必要がない」というものだった。都市の住人は毎日車に乗るわけではない。

ただ、ときどき必要とするだけだ。IKEAに家具を買いにいく、食料品のまとめ買いをする、空港に友人を迎えにいくときにだけ、使えればいい。そこで〈ジップカー〉は、利用者が必要な時間だけ、車を使えるようにした。

これは実に説得力のあるナラティブで、2000年1月、ダニエルソンとチェイスが自社について初めて投資家にプレゼンをおこなったときから明確に確立されていた。だが、彼らが今日、大成功をおさめることができたのは、このナラティブだけの力ではない。彼らが示した数字とナラティブがしっかり噛みあっていたからだ（実際のところ、初回のプレゼンでは噛みあっていなかったのだが）。

彼らが初めて作成した事業計画書を見た投資家たちが注目したのは数字であり、なかでも抜け目のないごく一部の投資家はたった1つの数字に着目した。

その数字とは「稼働率」だ。〈ジップカー〉は当初、稼働率を約85％と想定していた。この数字は理にかなっているように思えた——というのも、レンタカーの稼働率を参考にしたところ、同程度の稼働率であったからだ。だが、ちょっと考えてみれば、この数字はまったく理にかなっていないことがわかる。この数字は、〈ジップカー〉のナラティブと噛みあわないのだ。

いったい、85％という数字はなにを示していたのだろう？　これを1日あたりの時間に置き換えて考えてみよう。1日は24時間だが、たとえば午前2時から6時までの時間帯に、カーシェアリングを希望する人がはたしてどのくらいいるだろう?

この深夜から明け方までの時間帯に、〈ジップカー〉の車を利用して食料品の買い出しに行きたい、IKEAに行きたい、とにかく車を使いたいと思う人が、いったい何人いるだろう?

85%の稼働率を実現させるには、午前2時から6時の時間帯にも車を利用したいと希望する人が何人かいることになる。そのうえ、ほかの時間帯はフル稼働、すなわち稼働率100%に近い必要がある。

これでは、まるで理にかなっていない。たしかにレンタカーの場合は、理にかなっている。カーシェアリングより長時間、車を借りるため、実際に運転しない時間帯のぶんも料金を支払うからだ。

だが、都市部で車を使うユーザーにおいては、85%という数字は〈ジップカー〉のナラティブと噛みあっていなかった。ナラティブと数字が一致していなかったのだ。そこで初回のプレゼンを見た投資家たちは投資を見送り、2人の起業はあやうくなった。

だが、2人の創業者たちもまた、ナラティブから見た数字が一致していないことに気づいた。と同時に、数字から見たナラティブも一致していないことにも気づいた。

よって起業を成功させるためには、数字と噛みあうようにナラティブを変えるか、ナラティブと一致するように数字を変えるしかなかった。つまり、成長予測、達成目標、財務といった数字がナラティブと噛みあうようにする必要があったのだ。そして、彼らは数字を変更した。達成目標や財務の数字だけではなく、車の台数や予約システムにも変更を加えた。こうして彼らはようやく説得力のあるプレゼンをおこなえるようになり、成功に向かう道を歩みはじめた。

近年、〈ジップカー〉はアメリカの主要都市の大半でカーシェアリング事業を展開していて、カナダ、フランス、スペイン、イギリスなど海外にも進出している。

――「違和感」を大切にする

どこかおかしい、どこかが一致しない、一貫性に欠けている。そう看破する直感力を伸ばすのは簡単なことではない。だが人間は、研究者が呼ぶところの「認知的不協和」を感じると不快感を覚える。自分が信じていること、アイディア、価値観といったものが一致しないと、居心地が悪くなるのだ。すると心理的に大きなストレスを感じるようになり、それについて考えないようにしたり、情報を都合よく解釈したりする。[12]

心理学者のレオン・フェスティンガーは、ナラティブとそれに関わる数字が一致しない状態に、人間の脳は気づかないようにできていることを発見した。つまり、人間は認知のうえで不協和が生じると、都合が悪いことは無視し、都合がいいことだけを誇張して考えて不快感を消し、認知の一部を変えてしまうのだ。

だが、**噛みあわないところを積極的に見つけだそうとする努力を意識して重ねていけば、価値を高めるチャンスをつくりだせる。**そこにないもの、欠けているものに気づけるようになろう。そして、そこにあるものを信じよう。自分がもたらす価値をよく把握し、自分のものの見方を信じる。それが、あなたのエッジの基盤になる。そうすれば、あなたが相手を豊かにする方法をしっかりと見せられるようになる。そこを目指して進んでいこう。

法則

4

自分の直感とこれまでの経験に信頼を置けば、物事の本質を見極め、指数関数（エクスポネンシャル）的思考ができるようになる。

PART 2

楽しませる

E
Delight
G
E

第5章 「驚き」や「意外性」のパワー
──心の扉をひらく

だれもがみな天才だ。しかし、木登りの能力だけで評価されようものなら、魚は一生、自分は無能だと思い込んで生きることになる。
──アルベルト・アインシュタイン（ドイツ生まれの理論物理学者）

うちの娘が3、4歳だった頃、その年頃の女の子の例に漏れず、「お姫さま」に夢中になった。なぜそうなったのか、当時の私には見当もつかなかった。私は娘にお姫さまの話などしたことがなかったし、それどころか、男女の性差による役割分担やイメージのようなものを、娘にはできるだけもたせないよう意識していたからだ。

それなのに、どういうわけか、寝る前に本の読み聞かせをしようと、夫が「今夜はなにを読んでほしい？」と尋ねると、娘は本棚に目をやり、「お姫さまの本がいい！」ときまってこたえるようになった。

そこで、夫はこう返した。「じゃあ、最初に『ひとまねこざる』を読むのはどう？ それから、まだお話を聞きたければ、パパが考えた特別なお姫さまの話をしてあげる」

こうして夫は懸命に、いろいろなお姫さまの話を編みだした。でもそれは、ハンサムな王子さまに助けられる話でもなければ、美しいお城に住む長い金髪の女の子の話でもなかった。

夫が考えだしたお姫さまはみんな創造力にあふれていて、たとえばエンジニアのアシュリー姫は、おばあちゃんの家に向かう途中で故障したエンジンを持ち前の技術力で修繕する。また起業家のクリスティン姫は、とんでもなく独創的なイノベーションで弟の誕生会を成功させる。一方、化学者のエイミー姫は、酸と塩基を利用して重大な化学上の問題を解決する。古生物学者のレイチェル姫は、古生物学と考古学の違いを知るだけではなく、重要な恐竜の発見までなし遂げるのだ。

どのお姫さまも、ただのお姫さまではなかった。みんな、それぞれの職業があって、人生で成功をおさめるうえで欠かせない独自の特技を披露した——大変な状況に直面しても気品を失わず、人に頼らず自力でがんばる、ひたすら辛抱強く耐えるといった能力を発揮するお姫さまもいた。

そうしたお話に、娘はすっかり夢中になった——いつもだれかに助けてもらうお姫さまの話であれば、あそこまで夢中にはならなかっただろう。それに、辛抱強い古生物学者や自立心旺盛な化学者がただ任務を果たすべく行動を起こすだけの話であっても、やはりあそこまで夢中にはならなかったはずだ。

夫はまず、娘の心に真摯に寄り添った。そのうえで、エンジニアであり科学者でもある自分の関心と、娘の関心との間に橋をかけ、掛け値なしに特別な方法で娘を喜ばせる（そして娘を豊かにする）ことができた。夫のこの工夫は、相手を喜ばせる手法としても、相手を喜ばせて、その結果、相手を豊かにする手法としても好例だ。

そして、ここからまた波及効果が生まれた。夫が聞かせてくれた話のとりこになった娘は、今度は自分なりに工夫して、そうしたお姫さまの話をふくらませて、学校のお友だちに話してきかせた。そして字が書けるようになると、そうした話を文章にして書きだし、ささやかなスケッチを添えたのである。

私たちは一緒に1冊ずつ本にしていき、ついにPrincess Heroes（「プリンセス・ヒーローズ」、未訳）という子どもの本のシリーズを刊行することができた。どの作品も、「お姫さまプラス」になろうと読者の少女たちを励ます内容だ。小さな女の子たちは、お姫さまのお話が大好き。その点にはなんの問題もない。ただ昔話のお姫さまは大抵型通りのタイプなので、現実世界で成功をおさめるうえで参考にできる特徴がないのだ。

そこでわが家のシリーズでは、小さな女の子がお姫さまに憧れるのは当然だとしたうえで、現実世界でおとなになったときに女性がエッジを獲得するスキルを紹介し、そうした力を身につけていこうとエールを送ることにしたのである。

どうすれば娘に興味をもってもらえるだろうと思案した結果、「強くなろう」「自信をもとう」というメッセージをお姫さまの話に込めることで、夫は娘に夢中になってもらえた。夫には、どんなメッセージを込めれば娘に豊かな読書体験を提供できるかはわかっていた——ただ、**その伝える方法を工夫したからこそ、大きな違いが生まれた**のである。

予期せぬことをもたらし、楽しませる

パート1では、相手を豊かにする方法について述べた。ただ、あまり論じられないことだが、私たちにはそのチャンスさえ与えられないことがある。価値などないと切って捨てられ、アピールする機会さえもらえないのだ。こちらがある種の社会集団に属していないから、しかるべきグループの一員ではないからという理由で、見向きもされない場合があるのだ。

だが、相手を楽しませる能力を身につければ、こうした状況を打開するチャンスが生ま

れる。自分にはどんな能力があるかを把握したうえで、相手を楽しませる方法がわかっていれば、いわゆる「門番」的な役割の人たちを楽しませる自信がもてる。そこから、チャンスが生まれるのだ。

本書の冒頭で私は、イーロン・マスクを大笑いさせた結果、話を聞いてもらえた逸話を紹介した。当初、私は負け戦を運命づけられていた。こちらがイーロンを豊かにできる方法を示すチャンスも与えられなかった。ところが、私が彼を楽しませた結果、彼の心の扉をひらき、話を聞いてもらえたのだ。

また私の夫は、娘がお姫さまに夢中なことをよく承知していた。そこで、当人は自覚していなかったものの、相手を喜ばせる法則に効率よく従い、そこから可能性を大きく広げていったのである。

delight（楽しませる）を辞書で引くと、次のように定義されている。

delight（ディライト）
（動詞）楽しませる、大喜びさせる
（名詞）楽しさや喜びを与えるものや人

しかし、相手を楽しませるだけでは足りない。その中心には、大抵の人が見逃している核がある。それは**「驚き」「意外性」**だ。**楽しませるには、予期せぬことをもたらさなければならない。そして驚いてもらうには、ユーモアが欠かせない。**

──喜劇には「要点」が欠かせない

意外性とユーモアの類似点をさぐるため、私は先日、アメリカの人気スタンドアップ・コメディアンのハサン・ミンハジに、どうすればそんなに愉快なことが話せるんですかと尋ねた。[1]

ミンハジはコメディアンであるうえ、執筆活動も続けているし、政治を評するコメンテーター、俳優、テレビ司会者としても活躍している。その彼に「どうすればそんなに愉快なことが話せるんですか」と尋ねるとは、妙な話だと思われるかもしれない。だが、言い訳させてもらえれば、彼のほうから「大学の先生はどうやって教養を維持しているんです?」と尋ねてきたので、そのお返しに、私も同じような質問をしたというわけだ。そこから、私たちはとても楽しい協力関係を築くことができた。

すると会話のなかでミンハジが意外なことを指摘したので、私は驚いた。**喜劇には「要点」が欠かせない**と言ったのだ。私はそれまで、ユーモアにはとくに核心などないと思っていた。というより、要点などあるべきではないと思い込んでいたのだ。

ところが、彼はこう言った。心から大切に思っていることに、人は真摯であるべきだ。だからこそ、真摯な気持ちをユーモアで伝えれば、相手は心をひらき、気持ちを変えてくれるかもしれないんだよ、と。

たしかに、論理とか証拠とかいったものには説得力がある。だが、そうしたものの力は限られている。ただ、説得するだけだ。ところが上質なジョークは相手の心の扉を大きく開けはなつ。

心理学者のブラッド・ビタリー、アリソン・ウッド・ブルックス、モーリス・シュバイツァーは、自分が与える印象をうまく操作する際には、ユーモアが強力なツールになることを示した。[2]

交渉や面接の場で、あなたがうまいジョークで相手を笑わせることができれば、同僚はあなたのことを有能で、高い地位にふさわしい人物と見なすようになる。ただし、そのジョークはあなたの本心から出たものでなければならない。不自然でわざとらしいジョーク、安っぽいジョークを飛ばそうものなら、かえって逆効果となる。

ユーモアを口にすれば、人は注意を向けてくれる。「ぼくはイスラム教徒なんだよと、だれかに伝えたとするだろ？　それで『うわ、かっけー』と言われたことは一度もないね」と、彼は言う。それでもユーモアを利用すれば、自分がイスラム教徒であるという事実に対する人々の認識を少しは変えられると、彼は次のように語った。

アメリカが受けいれを認めたシリア難民は、たった11人しかいない。ゴールデンステイト ウォリアーズ〔訳注：NBAのバスケットボール・チーム〕のプレーオフに出場した選手のほうが、アメリカが受けいれたシリア難民の数より多いんだよ。

また人種差別やアメリカ国民の平等について語るときには、肌の色のせいで偏見をもたれることについて、こんなふうに表現する。

うちの親父は、人種差別についてぼくとはまったく違う見方をしている。移民にとって人種差別は「税金」のようなものだと、親父は考えてるんだ――「移民税」みたいなものだってわけさ。移民なんだから、人種差別にも耐え、差別されても我慢する――それは税金だ、と。

でも、ぼくはこの国で生まれた。だから、みんなと同じ扱いを受けたい。家電量販店でほかの客が値引きしてもらえるなら、ぼくだって値引きしてもらわないとね。

こうしたユーモアを出発点として、彼は会話をはずませ、そこからシリアのイスラム教徒に対する理解を深めてもらったり、場合によっては移民政策に対する見解を述べたりするわけだ。

――ユーモアが生まれる3つの条件

喜劇には話の要点が必要だというミンハジの説は、ユーモアに関する学術理論によっても裏づけられている。「無害な逸脱理論」によれば、ユーモアは次の3条件が満たされたときにのみ発生する。[3]

① 普通から逸脱したことが起こる。状況をかき乱すもの、予想から外れているもの、予想とは正反対のものがある。
② その状況自体は無害である。
③ ①と②の認識が同時に起こる。

この条件を見れば、なぜ笑えないユーモアがあるのかという理由がわかる。そのジョークが退屈だったり、あまりに使い古されていて陳腐に感じたりする（「当たり前」すぎてつまらない）か、ジョークが攻撃的すぎるように感じたり、無礼で不快に感じたりする（無害ではない）からだ。

楽しませることも、これと似ている。楽しませるときは、相手の認識から逸脱していることを口にするが、それはあくまでも無害でなければならない。楽しくなったり嬉しくなったりすれば、相手の感情が動き、あなたに対する固定観念や思い込みが変わる[4]。

つまり、相手の心の扉の前に立っている門番の注意をこちらに向けて、あなたなら相手を豊かにできることを示すのだ。

ただし、相手を楽しませることと、自分を魅力的な人物、愉快な人物、口先のうまい人物に見せることとはまったくの別物だ。でも、その違いについてよく考えれば、真摯に相手を楽しませるうえで欠かせないものがわかってくる。

まず、**予期せぬこと、意外なものを探そう。**パート1で触れたように、日常生活のなかにちょっと変わったところ、妙なところを見つける練習をしよう。

ただし、あまり準備しすぎないように。もしかすると、これから自分は偏見にさらされる、失敗する、不利な立場に立たされるかもしれない……。そう思ったら（そうした状況が現実のものであるにせよ、想像上のものであるにせよ）、相手を楽しませるチャンスをつくりだそう。そのためには、普段から頭のなかにいくつか頼れるネタを仕込んでおくのもいい。

とはいえ、それはあくまでも状況次第だということも忘れずに。その場の相手のことを真摯に思いやり、その場の状況もよく見極めなければならない。状況を瞬時に把握して、その場にふさわしいユーモアを発揮するのだ。

そうした力を身につけるには、まず、**あなた自身が楽しいと感じる人々、製品、状況を探してみよう。**あなたが楽しいと思ったものを試し、どんなところが楽しいのか、要点を明確にしよう。そうすれば、自分がどんなものを楽しいと感じるのかが把握できるようになり、相手を楽しませる能力も伸ばせる。そのうえで、**どんなことを意外に思って驚くのかを突きとめ、どんなことをウソくさい、信用できないと思うのかも把握しよう。**どちらの努力も同じくらい重要だ。

私たちはだれもが、相手を豊かにする能力をもっている。そして、相手を楽しませることができれば、魔法が起こる。すると相手はあなたに心をひらき、それではお手並み拝見と、力を示すチャンスを与えてくれるのだ。

固定観念を覆す

映画「クレイジー・リッチ！」の制作が始まったのは2017年4月。[5] 撮影地はシンガポールとマレーシアで、指揮をとったのはジョン・M・チュウ監督だ。この作品は彼にとって個人的に思い入れがあるプロジェクトだった。異質な文化の間で身動きできなくなったときには融合しよう、そして意見を表明しようという強烈なメッセージと、そのストーリー(原作はケビン・クワンの小説)には、中国系の父と台湾系の母の息子として、カリフォルニア州パロアルトで育った監督自身の経験が色濃く反映されていた。

この映画の主要キャストは全員がアジア系だった——アメリカのメジャースタジオ配給の映画としては、その25年前の「ジョイ・ラック・クラブ」以来の快挙だった。しかし、チュウ監督はそれだけでは満足しなかった。

映画のなかで、彼はアジア人の文化とアジア系アメリカ人の文化がぶつかり、新たな文化が生まれるようすをあますところなく描こうとした。そこで、脚本家にはマレーシア系アメリカ人のアデル・リムを起用し、フードチームはシンガポール人フードコンサルタントでシェフも務めるジョン・シーに任せ、映画に登場するすべての料理の色彩や風味を工夫してもらった。[6]

さらにチュウ監督は、映画で使用する音楽についてもいっさい妥協しなかった。「クレイジー・リッチ!」で流れるすべての曲で、「われわれを形成しているアイデンティティーと文化のクレイジーな混合」を表現しようと懸命に努力したのだ。[7]

まず、アメリカとアジアの文化がミックスしている曲を探し、中国の昔ながらの定番の恋歌と、中国語の歌詞に置き換えてアジアの歌手が歌える英語のポップスをリストにまとめた。そして、そのリストのいちばん上のほうに記されていたのは、かの世界的バンドであるコールドプレイの名曲「イエロー」だった。

監督と音楽監修のゲイブ・ヒルファーは、この曲をフィナーレで流そうと考えていた。この力強い歌なら、登場人物たちのさまざまな感情が最高潮に達する大団円のシーンにぴったりだ、と。ほかの候補曲など考えられなかった。

ところが、コールドプレイに楽曲の使用許可を求めたところ、断られた。

たしかに、コールドプレイには二の足を踏むだけの理由があった。2012年、彼らは「プリンセス・オブ・チャイナ」という曲を発表し、ミュージックビデオにはチャイナ服に身を包んだバルバドス出身のミュージシャン、リアーナを起用した。すると、一部から中国の文化を誤用しているという批判の声があがり、中国の風習に対してあまりに鈍感であると酷評されたのである。

さらに悪いことに、2016年にも彼らは似たような批判にさらされていた。「ヒム・フォー・ザ・ウィークエンド」のためのMV撮影を、ヒンドゥー教の春祭りにあたるホーリー祭をテーマにインドで敢行していたのだ。そのうえ、ビデオに登場した世界の歌姫ビヨンセはインドの民族衣装風のドレスを着ていた。
すると、このMVを視聴した一部の人たちは激怒し、ヒンドゥー教の高名な指導者といわれる人物までが、このバンドは自分たちの宗教を「面白半分に」扱っていると批判したのである。

このように、アジアの文化をきわめて鈍感に扱ったと反発を浴びた経験があったため、コールドプレイは「クレイジー・リッチ！」で楽曲を使用させてほしいという依頼を断った。そもそも、「黄色（イエロー）」という言葉はアジア系の人たちの肌の色調をさげすむ意味で使われる場合があるため、否定的な意味合いを帯びるおそれがあるというのが、その理由だった。

だが、チュウ監督はまったく異なる見解をもっていた。彼は子どもの頃からコールドプレイの大ファンで、この曲の歌詞も大好きだった。だから、この歌を映画で使用することで、アジア人への人種差別的中傷として黄色が利用される現状をひっくり返したいと思ったのだ。

「イエローには、言外にさまざまな意味が含まれています。私自身、これまでにそう呼ばれたことがありますし、文化的な意味合いもあります。ですから私にとって〝イエロー〟

という単語は自分自身を指すと同時に、それ以上の意味がありました」と、チュウ監督は語った。「この曲を初めて聞いたとき、黄色の美しさが歌われていることに気づきました。太陽や愛の色として、黄色がとらえられていたのです。『黄色、上等！』と思いましたね。黄色は美しい色でもある。それなら、イエローと呼ばれたとしても、イエローの王道を進んでいこうという気概が湧きあがってきたんです」

そこでチュウ監督は、この曲を利用することで、「イエロー」の単語にまつわるイメージを本来の意味に戻したいと考えた。[8]「これからは、イエローという単語に誇りをもつことにしたのです」と、彼は続けた。「私たちがイエローと呼ばれるのなら、イエローを美しくするしかないのです」

だから、チュウ監督は諦めなかった。そして、コールドプレイのメンバー全員に宛てて手紙を書いた。[9] クリス・マーティン、ガイ・ベリーマン、ジョニー・バックランド、ウィル・チャンピオンに、映画「クレイジー・リッチ！」でどうしても「イエロー」を使わせていただきたいと頼み、その理由を説明したのである。

まず、黄色という色と自分は「複雑な関係」を続けてきたという経緯をざっと述べた。そして、子ども時代には自分をけなす言葉として使われていたことにも触れた。

ところが、ある日、コールドプレイの曲を聞いた。「この色がこのうえなく美しい色として表現されているのは、私にとって生まれて初めてのことでした。それも、とても神秘的に描写されていたのです。空にまたたく星の色、彼女の色、そして愛の色。とてつもなく魅力的な熱望のイメージにすっかりノックアウトされ、私自身、自分のイメージを考えなおすことにしたのです」と、彼は綴った。そして、この歌が自分と友人にとってすぐに「賛歌」になったこと、「イエロー」という単語の名誉を回復し、誇りの対象にしたことも説明したのである。

――「イエロー」の固定観念をひっくり返す

チュウ監督は「イエロー」がアジア人を攻撃するために用いられるという固定観念をひっくり返し、常識から逸脱した。

自分はこの曲のおかげで黄色に対する考え方を一変させ、この曲を愛し、歌詞にも惚れ込んでいます、ですからイエローという色を自分のものにしたいのですと、彼は熱く綴った。と同時に、彼はこの要望を無害で安全なものにした。そして、コールドプレイが人種差別をしていると非難された件にも少し触れ、自分自身はまったくそんなふうには受けとらなかったと強調した。

私の目的は「イエロー」という単語の意味を復権させ、アジア人に対する差別的な中傷ではなく、アジア人にとって美しいものにしたいのです、と。

監督はそこから、映画のあらすじの説明に移った。それは1人の女性のストーリーで、「なにを教えられようと、どう扱われてこようと、自分は十全な人間であり、胸を張って社会で生きるにふさわしいことを学び、最後に異なる人種の血を受け継いでいることを誇りに思えるようになる」のですと、自信をもって綴った。

そして、この登場人物が帰郷の準備をするシーンで、「力を与え、気持ちをたかぶらせる行進曲」として使用したいと考えていますと、計画を説明した。主人公にも、そして歓迎してくれない世界と自分のアイデンティティーを一致させようともがいてきた彼女やチュウのような人たちにとっても、ふさわしい賛歌になることでしょう、と。

そして最後に、こう締めくくり、コールドプレイに請けあった。このシーンは必ずや「アジア系アメリカ人であろうと、だれであろうと、どんな世代の人にも、私が初めてこの曲を聞いたときのような誇りを感じてもらえるはずです……この曲の歌詞とメロディーに触れ、なんと美しい曲だろうと感動したとき、私はその思いをなによりも必要としていました。そのときの感動を観る人全員に感じてほしいし、賛歌として贈りたいのです」

手紙を送ると、コールドプレイからすぐに返信があり、使用を許諾してくれた。のちに、実際にこのシーンを観ると、彼らはいたく感銘を受け、中国系アメリカ人の歌手キャサリン・ホーがこの曲の中国語版をレコーディングすることも許可した。[10]この曲は映画のフィナーレとクライマックスのシーンで使われた。チュウの計画どおり、もっとも切なく、感情に訴えかけるシーンだ。そして主人公はみずからの強さに気づき、複数の文化とアイデンティティーを自分のものとして受けいれるのだ。

——否定的なレッテルは覆せる

チュウの手紙はコールドプレイを楽しませたうえに、私にはみなさんの価値を高めることができるのですと説明し、その手法を示した。というのも、この映画で「イエロー」を使用すれば、コールドプレイには自分たちのナラティブの方向性を変えるチャンスが生まれるからだ。人種やアイデンティティー、アートや音楽や文化の微妙なニュアンスに敏感なバンドであるという方向に。これがうまくいけば、大きな価値を得られることになる。[11]

というのも、これまでに貼られた否定的なレッテルをはがすチャンスが生じるからだ。だが、チュウが彼らをまずは楽しませ、それから警戒を解いて話を聞いてもらうように工夫しなければ、コールドプレイがその価値に気づくことはなかっただろう。

だから、あら探しばかりする人、非難ばかりする人に直面したら、まずは相手を楽しま

せ、喜ばせてみよう。そうすれば、新たな関係を構築し、あなたが価値を与え、相手を豊かにする方法を示す重要なきっかけができる。

あなたのことを批判したり、偏見をぶつけてきたりする人の態度を変えることもできる。そうした偏見を逆手にとり、利用することもできるのだ。

これは、私自身が幼い頃から両親に教えられてきた教訓でもある。母がたった22ドルをポケットに入れてアメリカに移住してきた話を散々聞かされたので、頭のなかにしっかりと刻み込まれているのだ。

売れない店員の起死回生

母はアメリカ合衆国で勉強するための奨学金を獲得したため、それで授業料は支払えたものの、教科書代、家賃、食費といった生活費まではカバーできなかった。それに、移民の例に漏れず、アメリカに到着したときに母がもっていたのはわずかな衣類、数枚の写真、そして現金22ドルだけだった。だからアメリカに到着して最初にしたことは、授業の合間にできるアルバイト探しだった。ろくに英語を話せなかったというから、アルバイトを見つけるのにさぞ苦労したことだろう。

だが母は、いまでもそうなのだが、思い出話をするときにけっして苦労に焦点をあわせない。宝石店の販売員という、自分にぴったりの仕事にめぐりあえるまでの過程を、すぐに話しはじめるのだ。

適職と思えたのは、自分に向いていた仕事だったからではない。賃金がもらえるうえに、アパートまで提供してもらえたからだ。ただし毎月、ノルマとなっている金額の宝石を販売できれば、という条件付きだった。そして母は、そうしたニンジンをぶらさげられると、懸命に食らいついていくタイプだった。

宝石店のオーナーは、店の上階のアパートの部屋をいくつも所有していた。そのアパートのベッドが1つしかない部屋で、母はほかの3人の女性と同居することになった──彼女たちとは親友になり、いまでも連絡をとりあっている。とにかくみんな必死で宝石を売り続け、とりわけ母は奮闘したという。授業に出席していない時間は、1分でも惜しんで店頭に立った。客が入ってくるかもしれないと期待して、夜遅くまで店をあけることもあった。

ところがしばらくすると、毎月のノルマ達成に必要な販売力が自分にはないことがわかってきた。必死で努力したし、宝石について最大限の知識を学ぼうとはしたものの、とにかく売れないのだ。どんなにがんばったところで、片言の英語しか話せない女性店員から宝石を買いたがる人などいなかったのだ。

途方に暮れた母は、思い切ってこれまでとは正反対の方法をとることにした。これは母の性格で、なんであれ、試してみないことには気がすまないのだ。いままでは客が店に入ってくると、いそいそと近づいていっていたのだが、今度は無関心なふうを装うことにした。それに、いままでは宝石に関して知識があるところを披露していたのに、私には石の品質や希少性を判断するほどの専門知識はないんですが、美醜だけは見分けがつくんですと、ジョークを飛ばすことにしたのである。

数週間後、母は店でいちばんの売上を誇る販売員になった。すると顧客がつきはじめ、友人を連れてきては、母に紹介するようになった。「ほら、こちらが例の生意気で皮肉屋の店員さんよ」と。

——偏見を力に変える

これまでさまざまな偏見にさらされてきたであろうに、母はそうした話はいっさいしない（こちらが単刀直入に尋ねても、返事をしない）。でも当然のことながら、母は何度も何度も偏見にさらされてきた——移民として、アジア系女性として、英語を完璧に話せない者として。

だが、母はこの偏見を逆手にとり、利用した。アジア系女性、そしてまだ若い従業員である自分に向けられた固定観念を覆したのである。「従順でうやうやしい従業員」を、「生意気で皮肉屋の従業員」に置き換えたのだ。母はそれをいたって無害な方法で実行した。客のパートナーとなり、宝石を買う決断を下すうえでの盟友となったのだ。その4年間、母はニューヨーク市内のアパートでいっさい家賃を払わずに暮らし続けた。

次章では、どうすればあなたも同じことができるかを説明していこう（家賃を無料にしてもらうのは無理かもしれないけれど）。

法則 5

まずは相手を驚かせ、楽しませるからこそ、心の扉をひらいてもらえる。

第6章

「準備」と「即興」

——柔軟に相手を楽しませる

成功の秘訣は、なによりもまず、準備することだ。

ヘンリー・フォード（アメリカの実業家、フォード・モーターの創業者）

愉快なことが、このうえなく愉快に感じられるのは、それがたまたま起こり、機転がきいているときだ。だからといって、事前にいっさい準備されていないわけではない。本章で述べていくように、相手を楽しませて、心をつかむのがきわめて難しい理由はここにある——準備しておきながらも、その場で自然に発生したように見えるよう、慎重にバランスをとらなければならないからだ。まったく準備しないのはよくないし、準備しすぎるのもよくない。

計画を立てる（でも、きっちり立てすぎない）

他人を楽しませるには即興性が欠かせないことを私が学んだのは、ある忘れられない出来事のおかげだ。当時、私はフランスのフォンテーヌブロー、シンガポール、アブダビにキャンパスをもつ国際的なビジネススクールINSEAD（インシアード）で修士号取得を目指して勉強していた。ある日、授業で私たちのグループは、実に奇想天外な事業を立ちあげた企業について議論することになった。

その企業は、ニワトリ用のコンタクトレンズを製造していた[1]。そう、あなたの読み違いではない。間違いなく、「ニワトリ用」だ。時代をさかのぼって1962年、ある養鶏家が偶然、鶏舎のニワトリの一部が重い白内障を患っていることに気づいた。そうしたニワトリは目がよく見えないため、食べるエサの量も少なかった。と同時に扱いやすく、ほかのニワトリとケンカを起こす頻度も少なかった。

ニワトリは攻撃的な動物だ。ひとたびケンカを始めれば互いに手加減せず騒々しくやりあい、ときにはケガを負わせたり、殺しあったりする。そしてついには共食いをすることもある。ニワトリたちがそうやって集団における社会的順位を決める場合もあったし、鶏舎が狭ければ縄張り争いに発展する場合もあった。だが、それ以外の場合は、ただストレスが溜まったから、あるいは退屈だからとケンカを始めることもあった。

ところが、視力に問題があるニワトリは、こうした小競り合いを始める回数が少なかった。互いにケガを負わせるような真似をあまりしないため、視力の弱いニワトリは周囲がよく見えるニワトリより、養鶏家にとってははるかに収益性が高かったのである。

こうした背景から、1つのアイディアが誕生した。ODI（オプティカル・ディストーション・インク。「視野歪曲有限会社」の意）という企業が、ニワトリにコンタクトレンズを着用させて視力を低下させる方法を編みだしたのだ（さらにはニワトリにコンタクトレンズを簡単に装着し、そのまま維持させる手法も創案した。簡単にできることではない）。

このコンタクトレンズはニワトリの視野を狭めてゆがませる。ニワトリはぼんやりと周囲を見ることはできるのだが、はっきりとは見えなくなるため、ケンカをしなくなった。つまり、養鶏家にとって望ましくない行動をとらなくなったのである。

そのうえ、コンタクトレンズには赤い色が選ばれていた。開発者にも明確な理由はわからなかったが、赤いコンタクトレンズをつけたニワトリは暴力行為に及ぶ回数も、共食いを始める回数も激減したからだ。ニワトリが互いを傷つけないようにするため、くちばしの先を少し切る方法などが普及していたが、このコンタクトレンズを利用すればケンカを減らし、養鶏家の手間も減るという算段だ。

──どうすれば「ニワトリ用」コンタクトレンズが売れるのか？

ODIはこのコンタクトレンズの特許を取得したが、業界大手がこの特許を使わずに似たような商品の販売に着手することは目に見えていた。そこで私たちは授業で、ODIがどうすればこの製品開発に投資家から資金を獲得できるか、その後はどのようにマーケティングを展開し、製品の発売にこぎつけるかという課題について議論することになった。ジグ・カーモン教授は私に、きみはODIの営業役を演じなさい、そして養鶏家役を演じるクラスメートのロバートに売り込みをしなさい、と言った。

売り込みをする準備などできていなかったので、私は慌てた。でも、目の前には、このケースに関する3つのポイントが箇条書きにしてあった。その3点には、ニワトリの視力を弱める機能をもつ突拍子もないコンタクトレンズについて私が知るべきことがすべてまとめてあった。1点目は製品の特徴、使用例に関すること。2点目は収支の見込み。そして3点目は考えられるリスク、リスクを軽減する方法、予想される課題だった。

この3点の箇条書きを土台にして、私は頭をフル回転させ、機転もきかせて、ノースダコタ州育ちで農業に明るいロバートさえも乗り気にさせる売り込みをすることができた。

「どうしてうちのニワトリたちがコンタクトレンズをつけたがるようになるんです？」と尋ねられたときには、養鶏家本人だけではなく、ニワトリたちも利益を得られるんですと説明した。つまり、ロバートとニワトリの両方を消費者と見なしたうえで、ロバートを顧客と見なしたのだ。そして、コンタクトレンズの装着には余計な手間がかかりますよねと言われたときには、こう応じた。

「赤い色を見ているニワトリたちは、幸せに日々を過ごせるようになります。そして養鶏家のみなさんは、そのおかげで黒字を見られるのですから〔赤字ではなく黒字になるという意味〕、やはり幸せになれるというわけです」

なにを尋ねられても、私はユーモアを交えて気がきいた返答をした。私が売り込みを終えると、教授が落ち着いた声でこう講評してくれた。

「たいしたものだ……ニワトリ用のコンタクトレンズに、私まで出資したくなったよ」

「準備してもしすぎることはない」という考えは、相手を楽しませようとしているときには無用の長物だ。たしかに準備ができていれば、ありがたい。**だが、準備しすぎると、かえって身動きできなくなることもある。**

「準備のしすぎはひらめきの敵だ」とは、ナポレオン・ボナパルトの言葉だ。[2]準備をしすぎると、機転をきかせる能力、その場で大胆に調整したり微調整を加える能力を発揮できなくなる。頭の回転が遅くなり、飲み込みも遅くなって、考え方が硬直してしまう。

ポジティブ心理学の創始者であるマーティン・セリグマンは、準備に関する草分けとなった研究も手がけた。そして、「準備をしすぎた」自覚があると、悪い結果を招く場合があることをあきらかにした。[3] 自己満足に浸ってしまうからで、たとえば医師であれば明確な症状を見逃したり、的確な臨床所見ができなくなったりして、誤診を招きかねない。また地震や自然災害の専門家が、正確な予測を立てられずに失敗する場合もあるだろう。[4]

──「準備」と「柔軟性」のバランスをとる

さて、ニワトリのコンタクトレンズについて議論した授業から何年もたったあと、私は実際にある製品の売り込みをすることになった。トッドという知り合いの起業家がすばらしい性能の会計ソフトウェアを開発したのだが、どこに売り込んでも断られてばかりで、ついに私のところに連絡を寄こし、力を貸してほしいと泣きついてきたのだ。

そこで私は数週間をかけて、製品とその性能に関する情報を仕入れ、コストの目安、まだ開発中の新機能、彼の企業に関する詳細、提供できるサービスなどについて学んだ。それから、彼に同伴して商談に向かった。相手はアメリカ北西部を拠点にする企業で、このソフトウェアにすでに関心を寄せているという。

最初に挨拶をすませ、ちょっとしたジョークを交わしたあと、担当者がすぐに「気に入った。ぜひ買わせてもらおう」と、断言した。私がトッドのほうを見やると、その顔は興奮と歓喜に輝いていた。だが、ほんの数秒後、その顔がこわばった。というのも、「買わせてもらおう」と言った直後に、顧客がこう尋ねてきたからだ。「で、いくらなんだね？」

こう訊かれて、トッドは答えに詰まった。なぜなら、彼には価格がわからなかったからだ。いやいや、自社製品の価格がわからないとはどれだけまぬけなんだと、みなさんは思うかもしれない。でも、こうしたソフトウェアは長い時間をかけて売り込み（通常は半年以上をかける）、その過程で特徴や性能について無数の議論を重ね、ようやく最終段階で価格交渉が始まるのだ。だからトッドは製品を買ってくれそうな顧客と会うたびに要望を聞いて製品に調整を加え、改良し、あちこちを変更していた。

そのうえトッド自身はこの1年半、製品開発に没頭していたため、まだ価格については本腰を入れて検討していなかったのである。

そういうわけで、トッドがすっかり思考停止状態に陥り、いっさい返事をしそうにないようすを察すると、私はすぐに機転をきかせ、いかにも自信に満ちた態度でこう言った。

「1万ドルといったところでしょう」

「いいでしょう、では、そのあたりで」と、顧客が応じた。

「1年あたりの価格です」と、私。

「そうですか、かまいませんよ」と、顧客。

「ユーザーお1人当たりの価格です」と、私は付け加えた。

するとと、顧客が慌てた。「ええっ？ そりゃ困るな」

そこで私はほっと安堵の吐息をつき、ようやく価格交渉を始めたのだった。

トッドがどんなに努力しても売り込みに失敗し、顧客から価格を尋ねられてパニックに陥ったのは、自社に関する情報に埋もれていたからだ。製品のあらゆる機能、追加を見込んでいる新機能、サービスといったものの情報に飲み込まれ、身動きできなくなっていた。だから、おおよその価格さえ考えられないほど、頭がかたくなっていたのだ。

一方、私には柔軟性があったので、大体の価格を予想することができた。つまり、交渉できる価格の範囲を推測することができたのだ。

ただし、私たちが2人とも顧客の会社のことを親身になって考え、この製品でどんなふうに役に立てるのかを理論的に説明できる必要もあった。要は**「準備ができている」状態と「柔軟性を保つ」状態の間でバランスをとらなければならない**のだ。そしてありがたいことに、この能力を伸ばし、磨きをかける方法があるので紹介しよう。

常に「推測」しておく

うちの娘は何年も前からヴァイオリンを習っている。先日、友人から、それってすごくいい体験になるねと言われた。そのとおりだ。楽器を習っていると頭がよくなるそうだし、集中力も高まるし、忍耐力もつき、自分を律して訓練する習慣も身につけられる……利点を挙げていけばキリがない。

でも、うちの娘がまだヴァイオリンを習っている理由なら、私は自信をもって断言できる。それは、ヴァイオリンを教えていただいているタチアナ先生に、私が惚れ込んでいるからだ。タチアナ先生はすばらしいヴァイオリニストであると同時に、ヴァイオリンの基礎の教え方がとにかくうまい。さらには、人生でエッジを獲得するための法則を教えるのが、このうえなくうまい——おそらく本人はまったく自覚していないだろうが。

タチアナ先生は新しい曲の練習を始める際にどう取り組めばいいのかを娘に教える。そのときの先生の教えは、人生のどんな状況においても通用するのだ。

「最初に、考えなければなりません。『これは行進曲？　それともダンス曲？　それとも歌曲？』とね」

つまり先生は、新しい曲の練習を始める前に、それが一定のリズムを力強く刻むべき行進曲なのか、聴いている人を思わず立ちあがりたくさせるような明るいダンス曲なのか、それとも人の歌声のようにかすれるところがあったり、無音のところがあったりする歌曲なのかを判断しなさいと言ったのだ。

自分がなにを演奏しているのかがわからなければ、なにを期待されているのかもわからない。さらに重要なことに、期待されていないものもわからないのだ。

タチアナ先生について、そして先生の見事な教え方についてなら、私はいくらでも話ができる──たとえば娘には、こんなふうに自信について教えてくれた。

「あなたは馬なのかしら、それとも、ロバなのかしら? だってね、いま、あなたはロバみたいな演奏をしているのよ。お願いだから、堂々とした馬みたいにふるまいなさい。そうすれば、まわりの人もあなたのことを壮麗な馬のように見てくれますから」

それに、基礎の重要性を教えるときには、こんなふうに表現した。

「〝開放弦のボーイング〟は毎日練習しなければなりません。毎日、欠かさずに練習しなさい。お薬を飲むのと同じです。毎日の練習がヴァイオリンでいちばん大事なことですよ。あなたの人生で家族がいちばん大事なように」

私の恩師の1人で、傑出した才能の持ち主であるフィル・アンダーソンが、かつて私に同様の趣旨のことを教えてくれた。「質問をするときはいつでも、どんな答えが返ってくるのかを推測しておきなさい。そうしないと、答えを聞いて驚くべきなのか、なにかを学ぶべきなのかが、わからないからね」と。

いつもなにかを、どんなものでもいいから、頭のなかに置き、推測する。そうすれば驚くべき答えが返ってきたときに、その意外性を実感できるのだ。

そして、自分の演奏が行進曲のように聞こえるべきなのか、あるいはダンス曲なのか、あるいは歌曲なのかを、常に意識すべきだ。ありふれた比喩に聞こえるかもしれないし、現実には行進曲やダンス曲や歌曲だけでは足りないだろう。でも、練習をするときにはこれを意識するとうまくいく。

たとえば、スタートアップに取り組む学生たちや、私が助言している起業家たちは、常に投資家からの資金獲得を目指している。だから、私は彼らにこう言う。「最初に、考えなければなりません。〝簡潔でパンチのきいたアピール〟をおこなうのか？　〝2文売り込み〟に賭けるのか？　それとも〝長文説明〟にもち込むのか？」

相手の心をひらく3つのアプローチ法

「簡潔でパンチのきいたアピール」「2文売り込み」「長文説明」。これらは、私が彼らに提示し、検討しなさいと伝えるタイプ別の叩き台だ。それが実際に「売り込み」かどうかは関係なく、これからどんなアプローチをすべきで、どのタイプを利用すれば相手を楽しませ、心の扉をひらけるかを検討するのだ。

たとえば、本書の冒頭で述べたように、私がイーロンにおこなったのは「簡潔でパンチのきいたアピール」だった——機転のきいた返事をしてみせたのだ。会計ソフトを開発したトッドの場合は「2文売り込み」だった——そこから少し売り込みを長くして、少しずつ情報を加えていった。

そしてニワトリ用コンタクトレンズの場合は間違いなく「長文説明」で、私たちはそれまでに多くの議論を重ね、意見交換をおこなった。

「簡潔でパンチのきいたアピール」とは、論点を絞り、伝えたい内容を3語か4語の強い印象を与える台詞にまとめる方法を指す。ターゲットである聞き手が初めに必要とするであろう情報のすべてを、すばやい「ショック」とともに伝えるのだ。

これはなにも企業だけに当てはまるわけではない。あなたは自分のことをどんなふうにわかりやすくアピールしたいだろう？　私がイーロンを楽しませるのにどんなことをしたのか、思いだしてほしい。私は即座に簡潔でパンチのきいたアピールをした。つまり、機転をきかせ、彼が億万長者であることを暗にほのめかしてこちらの頭の回転の速さを示したからこそ、楽しませることに成功したのだ。

さて、これを私がトッドの横でおこなった売り込みと比べてみよう。こちらの売り込みはもう少し長く、詳しかった――それでも、どちらかといえば「2文売り込み」に近い（これは「エレベータ内の売り込み」とも呼ばれている）。この手法は、いわば300ページもの事業計画書の要点を、覚えておけるだけの量にまとめるようなものだ。

私は学生たちに「2文売り込み」の骨格について、こう説明している。「〔○○〕を必要としている〔ターゲットである聞き手〕のために、この〔製品名〕は〔イチ押しの機能〕を提供する〔製品のカテゴリ名〕です。〔競合製品または代替品〕とは異なり、わが社には〔機能面での大きな違い〕があります」という文章を叩き台にしなさい、と。

たとえば、イーロン・マスクならテスラを次のように売り込むかもしれない。

環境にやさしい高性能スポーツカーをお望みの**富裕層や車愛好家**のみなさんにとって、**テスラ・ロードスター**は**環境に害を及ぼさずに、前代未聞の燃費で走る、電気自動車**です。**フェラーリやポルシェ**とは異なり、わが社は**二酸化炭素を車からいっさい排出せずに、驚異の性能**を提供いたします、と。

──「あなたの」売り込み文句をみつける

では、**あなたの**2文売り込み文句とは、どんなものだろう？ スタートアップであれば、サプライヤー向け、将来の顧客向け、将来の投資家向けといった具合に、複数の売り込み文句を用意するだろう。

さて、あなたの売り込み文句はターゲットによってどう変わってくるだろう？ あなたの上司を楽しませるのと同じ方法では、あなたの母親を楽しませることはできない。同様に、顧客を楽しませるのと同じ方法では、上司を楽しませることはできないのだ。

そしてトッドの顧客に対する例で見たように、あなたも最初は「2文売り込み」から始めることになるだろう。すると、いくつか質問が返ってくる。ここがポイントだ。その時点で、**相手を楽しませる工夫から、相手を豊かにする説明へと移ればいい。**2文売り込みの最中に自分の立ち位置を変えて、ターゲットの関心をこちらに向けさせ、あなたが引き出した質問のタイプに応じて自分の魅力を発揮するのだ。そして、返答を通じてまた相手を楽しませればいい。

まさにこの理由で、私は助言をしている起業家や学生たちに、「これは売り込みではないんですよ」と説明する。売り込みと聞けば、それはモノを売ることだと、つい短絡的に考えてしまう。だが、その正体は「**会話**」なのだ。まずは相手の興味を惹き、そこから会話を始めるのだ。

同様のことは3つ目の叩き台、「長文説明」にも当てはまる。この「長文」は2文より少しでも長いものを指すが、説明する時間は1分未満が基本だ。売り込みはけっして1分より長くはならない――**最初の1分が終わったら、そのあとは完全な会話モードに入るべきだ**。

私は授業で、学生たちに次の2つの実例を紹介している。1つは「こうすべきだ」という見本。もう1つは「こうすべきではない」という例だ。どちらが「こうすべきだ」という見本かを判断し、その理由についても考えてもらいたい。

例(1)　メモアプリEvernote〈エバーノート〉を開発したエバーノート社CEOフィル・リービンの売り込み

こんにちは、エバーノート社CEO、フィル・リービンです。〈エバーノート〉はあなたの外付けの脳です――重要な出来事があったときにはいつでも〈エバーノート〉に書き込めますし、必要になればいつでも確認できます。さらに、ウィンドウズ版とマック版があり、いまお使いのさまざまなデバイスで利用できます。お好きなブラウザ、携帯電話、カメラでも使えます。

いわば、あなたの記憶がいろいろな形で保存されるのです──覚えておきたいことはたくさんあるものですが、〈エバーノート〉を使えば、名刺、ホワイトボード、覚えておきたいワインラベルといったものを撮影できます。それに、テキストメモやボイスメモで自分にメッセージを残すこともできます──こうした情報はすべて〈エバーノート〉のサーバーに保管され、データを処理されたうえでインデックスが作成されます。すると、画像に含まれるすべてのテキストを検索したり、撮影地ごとに検索したりできます。こうした情報をあなたのクライアントと同期すれば、いつでも必要なときにデータを検索できるようになります。

〈エバーノート〉には、２種類の利用プランがあります。無料プランとプレミアム・プランです。プレミアム・プランは月額利用料が５ドルで、実質、容量無制限で利用できますし、無料プランの全機能を使うことができます。

例（2）　C─クリート・テクノロジーズの創業社長、ルズベー・シャハサヴァリの売り込み地球上でもっとも広く利用されている複合材料は、コンクリートです。平均すると、1人当たり年間3トン以上のコンクリートを使っている計算になるほどです。しかし残念なことに、その製造工程で世界の二酸化炭素排出量の1割以上を占める原因をつくりだしているのも事実です。

そこでわが社は、二酸化炭素の排出量を2分の1にするだけではなく、通常の5倍の強さをもつコンクリートの開発に成功しました。われわれがコンクリートのナノ構造そのものを変える手法を発見したため、この新たな材料はまさに唯一無二なのです。この手法は環境にやさしいうえ、同時に、コンクリートの製造コストを4割削減できます。アメリカのコンクリート市場は年1000億ドル以上の規模ですから、わが社の製品はコンクリート製造業のみなさんに、きわめて大きな利益をもたらします。

わが社の開発チームには5名の研究者が所属しており、うち3名はマサチューセッツ工科大学の超有名教授です。私自身は博士課程の最終学年で、革新的なコンクリートの研究をしています。わが社は現在、熱意をもって開発に取り組んでくれる人材を少なくともあと2人、探しているところです。

この2つの売り込み口上の違いを見分ける点は1つしかない。それは「詳しさの程度」だ。2番目の例では、論点を明確にして、詳しい説明はほんの少ししかしていない。一方、1番目の例は細かい話が多すぎる。**2文よりも長い売り込みは、それが「長文説明」の売り込みであろうと、実際には「2文売り込み」と同程度の情報量に抑えるべき**だ。

私たちは大抵「長文説明」の売り込みをする。そして、まだ時間が残っていると思えば、ついこんなふうにあれこれ並べたててしまう。「名刺、ホワイトボード、ワインラベルといったものの画像も残しておけます……ブラウザでもスマホでも、カメラでも利用できます……お母さんのカメラでも、お子さんの携帯電話でも、近所の人の携帯電話でも……」といった具合に、だらだらと例を挙げてしまうのだ。

まだ相手を楽しませていないうちから、つい夢中になって製品の特徴の説明を始めてしまうのだ。これこれこういう理由で、われわれはあなたを豊かにできるんですよ、と。「長文説明」の売り込みをしていると、まだ時間があると思いがちだが、けっして追加の情報を詰め込んではならない。こんな色や味のバリエーションがありますよと、余計な情報を伝える必要はないのだ。その点、2番目の例では売り込みのポイントがよく絞られている。だが、1番目の例ではポイントが絞り込めていない。

事前にポイントを3つまでにまとめておく

あなたが考えだすタイプ別の叩き台やモデルはどんなものでもかまわない——行進曲でもダンス曲でも歌曲でもOK。あるいは売り口上の場合、「簡潔でパンチのきいたアピール」「2文売り込み」「長文説明」のどれでもいい。目の前の状況のとらえ方を、あ、な、た、に、と、っ、て意味があるものにすればいいのだ。

あなたが考えだすタイプには、さまざまな形があるだろう。**肝心なのは、頭のなかにいくつかのカテゴリーやモデルを具体的につくっておいて、状況に応じて使いわけることだ。ただし、くれぐれも準備しすぎないように。**

伝える内容をその場で自由に修正したり、変更したりと、柔軟に対応する余裕を残しておこう。必要とあれば、臨機応変に微調整を加えればいい。

私の場合、データや事実といった必須ポイントを箇条書きにして頭に入れておく。そうすれば、ビジネススクールの授業でニワトリ用コンタクトレンズの売り込みをするときに、箇条書きにしておいた3点を縦横無尽に利用したように活用できるからだ。

もっとも重要な点、あるいは交渉相手が望んでいる答えや解決策を事前に2点か3点にまとめておけば、自然と会話の主導権を握れるようになる。さらに、気のきいた会話を織り交ぜることができれば、とてもエレガントに見える。そして、一見、無関係な話題を結びつけて会話の内容をふくらませつつも、最後には話を要点に戻すことができるのだ。

その結果、「ああ、この人はしっかりと準備をしてきたんだな」という印象を相手に与えられる。実際、私は何度か、あなたがとても落ち着いていて、事実をしっかりと把握した専門家であることがわかって心強かったと言われたことがある。しっかりと準備をしたうえで、その場では即興性を発揮しようと考えた結果、私は相手を楽しませ、感銘を与え、そして最後には相手を豊かにすることができたのだ。

法則

6

計画を立てすぎない。
柔軟に対処し、独自の売り込み文句を用意して、相手を楽しませる機会をうかがう。

第7章

ありのままの自分を見せる
――真摯に人と向きあう

周囲の世界の本質を理解しよう。たとえば、あなたが鉢植えの植物であるとしたら……周囲の光の状況を把握しなければならない。また、ほかの植物との組み合わせも重要だ。鉢を乗っ取ろうと目論んでいる植物がいれば、いつ乗っ取られてもおかしくない。

――テリー・イゾー

相手を楽しませて心をつかむ能力は、その場で突然、発揮するものとはかぎらないし、その場かぎりのものともかぎらない。ときには一定期間のうちに、何度か発揮するものだ。だが**折に触れて相手を楽しませるには、自分が置かれた環境や立場を深く理解しなければならない**。つまり、自分が直面している状況をよく把握する必要があるのだ。

私自身、状況を把握できたおかげで、イーロン・マスクがこちらのことを製品の売り込みにきた押しの強い起業家と勘違いしているのだなと、すぐに察することができた。それに、私たちはイーロンと彼の会社が重視していることを事前に予想していたので、いったんこちらに関心を向けてもらえれば、必ず彼と信頼関係を築き、面談時間を有効に利用できることがわかっていた。

これと同じように、自分が置かれた状況をよく理解していたからこそ、成功をおさめた人物がいる。補正下着〈スパンクス〉の考案者サラ・ブレイクリーは、最初の得意先として、かのニーマン・マーカスを獲得したのだ。[1]

彼女はこの高級デパートに直接、売り込みに出かけたのだが、商談の途中で、相手が関心を失ったことを察した。これはいけない、このチャンスを逃したらもう2度目はない。そう判断したブレイクリーは、デパート側の担当者が契約を決断する基準がどこにあるのかをその場で推測した。そして、その場の状況も把握した――本章の冒頭で引用したテリー・イゾーの表現を借りれば「周囲の光の状況」を把握したのである。

そこで彼女は担当者に、いますぐ化粧室にご一緒させていただけませんかと頼んだ。そして実際に〈スパンクス〉の補正下着を着用しているときと、着用していないときの自分の身体を見せたのである。結局、このやり方は功を奏した。その結果、担当者は製品の質と売り込み方の双方に感心し、大いに楽しんだのだ。

状況や背景を理解する、すなわち自分が置かれた植木鉢の「光の状況」を把握しておけば、その場で相手を楽しませることができる。そのおかげで、私自身、自分のキャリアを始めることができたのだ。

本当の意味で人を楽しませる

研究者のキャリアを始めるうえでもっとも重要な期間は、博士課程の研究者が大学への就職を目指して活動を続けるなかで、書類選考と面接を通った大学に2日ほどの訪問を認められるときだろう。こうした大学への訪問は「フライアウト」と呼ばれていて、私がどこよりも胸をときめかせて臨んだのはペンシルバニア大学のビジネススクール、ウォートン・スクールだった。そして結局、その数カ月後、ウォートンは私を助教授として採用してくれたのである。

とはいえ、フライアウトで訪問したときには採用してもらえるかどうか定かではなかったので、強いストレスを感じるのが当然だった。それなのに、どういうわけか、私はいたって落ち着いていた——ウォートンはどうせ私には高嶺の花だ、採用されるわけがないと、ひらきなおっていたのかもしれない。

この短い大学訪問のメインイベントは、応募者が自分の研究について発表する正式な講演と、そのあとにおこなわれる教授陣からの厳しい質疑応答だ。この講演の前夜、私は夕食に招待してもらった。招いてくれたのは、その学部の高名な2人の教授、ラフィとマックだった。2人ともその研究分野では尊敬されている学者であり、私個人も、彼らの研究にはかねてから敬服していた（と同時に、圧倒されてもいた）。

ラフィが私の宿泊先のホテルまで迎えにきてくれるというので、レストランに向かう車中では、きっと私の研究の厳密性について鋭い質問を浴びせられるのだろうと、私は覚悟していた。あるいは、起業家の活動に関する研究について深く掘り下げた会話をするのかもしれない、と。

ところが、迎えにきてくれたラフィと、私は想像していたよりもずっと気楽にのびのびと会話をすることができた。ほどなく、私はすっかりラフィに魅了された――彼の研究の成果と同様に、彼自身が実に魅力的で人柄がよかったからだ。

やがて彼は、私の家族について、台湾について、そして子ども時代についてあれこれ尋ねてきた。その後は、ガソリンタンクの容量についても話したし、私がステーキに目がないことまで話題になった。同僚とおしゃべりしているかのようになにもかもが自然で、採用選考のために私を呼び寄せてよかったと、彼が感じているのが伝わってきた。

結局、私たちはすっかり意気投合し、私が翌日の講義を成功させることを彼が心から望んでいることも感じられた。

すると会話の途中で、彼にこう尋ねられた。「きみが採用される確率は、どのくらいだと思う？」

それに対して、私はこう応じた。「正直なところ、3％くらいじゃないでしょうか」なにしろ、私は自分がフライアウトに選ばれたことにさえ、驚いていたのだ。だから指導教員に「私を招待したのはジョークなんじゃありませんか？　たとえば、本気で採用したい人材はすでに4人招待していて、あとは『ほら、投資の第六感とやらを研究している例の変わった子も呼んでみようか』といった調子で呼ばれただけじゃないでしょうか？」と尋ねたほどだったのだ。

ところがラフィは愉快そうな顔をして、間髪をいれず、「大丈夫、きみが採用される確率は3％よりはるかに高いから」と応じたのである。

ほどなく、私たちはレストランに到着した。夕食のテーブルでは会話がはずみ、途中でマックからこう頼まれた。私のことを5段階で評価してくれないか、評価項目は「信頼できそうか」「好感がもてるか」「誠意がありそうか」「熱意がありそうか」にしてほしい、と（どの評価項目も、私が博士論文で、投資家が起業家を評価する際に第六感を活用すると述べていたものだ。つまりマックは一見、行き当たりばったりの質問をしているようだが、事前にしっかりと準備していたのだ）。

そこで、私が彼の信頼度を3、好感度を2と評価すると、彼は大声をあげて笑いはじめた。

将来、同僚になるかもしれない2人の人物と一緒にいるというのに、私はすっかりくつろいで過ごすことができた。夕食を終え、ラフィがまた私をホテルまで送ってくれた。すると別れ際に、こう声をかけてくれた。「きみは人を楽しませるね」

――ゴマすりやイエスマンではないことを示す

どうすれば相手は楽しんでくれるのか。それは試行錯誤を続けて模索するしかないのだが、その基盤となるのはこれまでにあなたが蓄積したさまざまな知識や体験だ。

前章で説明したように、なんらかのタイプや叩き台を決めておけば、いざというときに役に立つ。いまはごく自然な会話のなかで気のきいた返事をすべきなのか、もっと詳しい話を織り交ぜるべきなのか、それとももう少し時間をかけるべきなのかを判断しやすくなるからだ。

ラフィとマックとの夕食の席に着いたとき、私はすでに2人がどんな分野の研究に取り組んでいるのか、起業家に関する研究でそれがどれほど重要であるのかを承知していた――そして私の研究が、2人の研究においてどんな位置づけに当たるのかも把握していた。そのうえ、2人が普段、学術文献について議論する人たちにはどんなタイプが多いのかも想像がついていたし、カンファレンスに出席すれば2人に認めてもらおうとするゴマすりやイエスマンに取り囲まれることもわかっていた。

だから私がマックに対して5段階評価でいえば2や3だと評価し、彼が予想していたオール5という返事をしなかったとき、「この応募者は自分の取り巻き連中とは違う」という印象を与えることができた。そのおかげで、こちらのことを単なる若手や後進ではなく、自分と同等の研究者として見てもらうチャンスをもぎとったのだ。だからこそ、ここを入口として、私は学術的かつウイットに富んだ会話を始めることができた。そして、この分野のことならだれにも負けないと自負する研究分野についても語ることができたのである。

マックは私の話をどれも楽しみ、喜んで聞いてくれた。そして、あとになってもよく、あのときは愉快だったなあと思いだしてくれた。自分がすでに知っていることを土台に話を発展させていけば、その場の状況を利用して、与えられたチャンスを最大限に活かせるようになるのだ。

「必要不可欠」な存在であることを示す

大学で助教授になる前、私はエンジニアだった。というより正確にいえば、助教授になる前は投資銀行に勤務していて、その前はコンサルタントを務めていて、その前がエンジニアだったのだ。駆け出しのエンジニアだった頃、上司にキャシー・ケラーという女性がいて、なんとその会社に40年以上勤務していた。どうしてそんなに長い間同じ会社に勤めていられたんですかと尋ねたところ、彼女はくすくすと笑い、最初は3年ももつかも怪しかったのよと、話を聞かせてくれた。

彼女が入社して3年後、会社はリストラを断行した。そして彼女もまたリストラの対象者となった。きみたちには2カ月後に退社してもらう、ただし2カ月分の退職手当は支払うと、会社側からは言われていた。これからの2カ月間、どう過ごすかは各自の裁量で決めていい――これまでどおり勤務を続けてもいいし、別に出社しなくてもいい、と。

そこで当然のことながら、大半の社員はもう出社するのをやめた。旅行に出かける者もいたし、就職活動にあてる者もいた。しばらく心身を休めることにした者も、新たな趣味を始めた者もいた。

さて、キャシーはどうしただろう？　彼女は出社し続けた。数日もすると、大勢の社員が出社しなくなったため、職場は人手不足となり、とりあえず仕事をこなしてくれる人材が必要となった。そこで会社側がパートタイムや派遣の人材を求人したところ、キャシーがそのまとめ役に名乗りでた。後継者の育成計画を練る委員会が発足し、有志を探していたので、キャシーが挙手したのである。

仕事の配分が見なおされると、キャシーはできるかぎりの仕事を引き受けた。「引き受けるのが当然よ」と、彼女は思ったという。「ほかにすることもないし、職探しだってそれほど時間がかかるわけじゃないし」と。

こうして新たな仕事をできるかぎり引き受けた結果、彼女はあきらかに優位に立った。というのも、会社に残る社員たち全員を喜ばせ、そうした社員たちと真摯に関わるチャンスをつくりだしたからだ。さらに、会社に残っていた社員の大半は上級管理職や取締役で、とにかく有能な人材を求めていたのである。

その後の展開は想像がつくだろう。彼女が退職する日が近づくと、会社に残ってほしいと複数の管理職から懇願された。彼女はそれまでにさまざまな重要な業務に関わっていて、どの業務も彼女抜きでは成り立たなくなっていたのだ。

つまり彼女は人材を必要としている上級管理職に自分の存在を知ってもらい、彼らを喜ばせただけではない。相手を豊かにする彼女の能力がすでに組織にとって必要不可欠なものになっていることを知らしめたのである。

上辺だけをとりつくろい、媚を売ってはならない

1年ほど前、知人のエリカが、あるヘアケア製品の販売員になった。それは高級ヘアケアブランドが「天然由来成分」にこだわった新製品で、髪を元気にする「栄養分」もたっぷりだと、彼女は盛んに宣伝していた。とりわけ自信をもっているのはドライシャンプーで「ハリとコシ」がよみがえるという。

当初、エリカは自分が販売員だという事実を伏せていた。こういう製品を売っていますとは、まだ明言していなかったのだ（というより、明言したことはないような気がする）。というのも、私が最初に目をとめたのは、彼女がフェイスブックで始めた動画配信だったからだ。

どの動画でも、中身があるのは半分くらいで、あとの半分は彼女がどうでもいい話を続けるばかりだった。「視聴してくれて、ほんとにありがとう！」とか、「わあ、アンバー、観てくれてすっごく嬉しい。ご家族のみなさん、元気でね！」などと、挨拶ばかりするの

だ。

とにかく支離滅裂な動画ではあったが、私はときおりチェックしていた。すると、私の知らない人たちからコメントがしょっちゅう寄せられることに気づいた。そして、そのコメントの大半は、彼女の髪がいかに美しいかという内容だった（「あなたの髪、すごくス・テ・キ！」「どんなお手入れしてるのか知らないけれど、そのまま続けてね……すごく健康的できれいだもの」といった調子）。

やがて私にも、こうしたコメントを寄せている人たちとエリカがマルチ商法のシャンプー販売に関わっていて、2つの目的をもっていることがわかってきた。

第一に、シャンプーを売ること。そして第二に「観る者の心を揺さぶる」動画配信を通じて、シャンプー販売員を獲得しようという算段なのだ、と。

――「楽しませる＝お世辞」ではない

エリカが視聴者を楽しませようと努力していることはよく伝わってきたが、それは周到に計画されたものであって、見せかけの誠意しか伝わってこなかった。すなわち相手を心から楽しませる行為の真逆だったのだ。相手を楽しませるには、こちらも誠意をもち、心から楽しませたいと思わなければならない。ウソ偽りのない、真摯な気持ちが必要なのだ。だから、とにかく真剣に臨まなければならない。

この点はいくら強調しても足りないほどだ。**楽しませるのは、お世辞を言うことではない。**ユーモアで相手の心の扉をひらくきっかけが生まれ、そこからようやく、あなたには相手を豊かにする方法があることをわかってもらえるのだ。なにか大きな目標を達成しようとすると、私たちはつい無遠慮な態度をとってしまうものだが、それを回避することもできる。相手の警戒を解くこともできる。だが、欠点をごまかすことはできない。

真摯な気持ちで相手を喜ばせ、人を驚かせる。そのとき初めて、あなたはエッジを得られるのだ。というのも、そうすれば人々はあなたに好感をもち、真の価値をもたらすチャンスを与えるからだ。

あなたが自分を楽しませてくれたことを、相手は覚えている。すると、あなたというケーキの上に「糖衣（フロスティング）」がほどこされる。ただし、それにはあなたという人間がとても美味しいケーキとして土台にならなければならない。土台のケーキ抜きの糖衣は甘ったるいだけで、長期にわたって相手を楽しませることはできないからだ。

無理をして相手にあわせない

その場で偽りのない心からの気持ちで相手を喜ばせるには、常に微調整を加えなければならないし、自分の才能と核となる能力をはっきりと示すチャンスが生まれるように状況を誘導する方法を、常に意識しなければならない。

2人のすばらしい研究者、フランチェスカ・ジーノとエヴュル・セゼールと私が共同でおこなった研究では、人は自分自身の関心、好み、期待に従うのではなく、他人のそれを優先する傾向があることが判明した[2]。というのも、そうしなさいと昔から助言されているため、脳に焼きついているからだ。相手が関心をもっていることについて尋ね、それに関連することについて話せば、あなたは好かれやすくなるし、相手は心をひらいて自分のことをあれこれ話しだす、と。

もちろん、そうした原則があることは否定しないが、この助言があまりにも広く浸透したため、いまではこちらの好みを推測しようとしている人がいれば、遠くにいてもそれとわかるようになってしまった。

だが、自分がいつ楽しい気持ちになるかは予測できない。相手を楽しませればこちらが優位に立てるのは、あなたが相手を喜ばせると同時に、予測できないやり方で相手を驚かせるからだ。その反対に、相手が関心をもっていることに調子をあわせようとすると、相手は警戒し、用心する。

この研究では、**私たちが無理をして相手の興味、好み、期待にあわせようとすると、かえって大きな悪影響を及ぼす**ことがわかった。というのも、他人の期待に応じよう、好みにあわせようと無理をしていると、自分は本心を偽（いつわ）っているという不安感が高まり、本当に価値あるものを提供できるだろうか、その努力を続けていけるだろうかと心配になるからだ。その結果、相手と自然に交流できなくなり、気がきいた返事もできなくなる。

自分が考えていることや関心をもっていることに正直になってもいい、いや、素直になるべきだと考えよう。**自分の個性を見せる許可を自分に与える**のだ。そして、たとえ相手が関心をもっていることとは違っても、自分の話や行動で相手を絶対に楽しませると信じよう。**相手を楽しませることができるのは、ありのままの自分を見せるときだけ**だ。他人を喜ばせようと、白々しいお世辞を並べてはならない。

実力に見あった内定を得る学生の共通点

もちろん、どうしても仕事が欲しいと思っているときに、「相手に迎合するな」という助言に従うのは難しい。だが私は、就職活動を始めた学生たちが毎年毎年、こうした不安にさいなまれるようすを目の当たりにしてきた。就職活動を始めてすぐ、就職を希望する企業から内定をもらう学生も大勢いる――が、それと同じくらいの数の学生が不採用の通知ばかりを受けとり、すっかり気落ちする。

私はそうした学生たちのようすを何年も見守ってきた。だから、これだけはいえる。狭き門の超人気企業から内定をもらった学生と、そうした職務に実際にふさわしい学生とは、まず一致しない。

こうした傾向があるにもかかわらず、実際に有能な学生が狭き門をくぐることに成功した例もある。そして、そうした学生には1つの共通点があった。**ずば抜けて頭がよく、その職務にふさわしい能力をもっているだけではなく、彼らには相手を「楽しませる」特別な能力があったのだ**――それも、本心から相手を楽しませる能力が。だからこそ、自分が聡明であり、その職務にふさわしい人材であることを証明するチャンスを得られたのだ。

そうした学生の1人であるアントニアは、就職活動中に、まさに希望していた仕事をみつけた。ヘルスケア企業の事業開発部門のトップという職務だ。彼女はこの仕事を通じて、学び、成長したいと考えていたし、会社に貢献したいとも願っていた。

ところが、いざ面接に臨んだところ、その地位に就くためにはベルギーかフランスに転勤するという条件があると知らされた。ところが彼女は、アメリカの東海岸でしか勤務することができなかった。

面接官たちから、勤務地はベルギーかフランスでもかまいませんかと尋ねられると、彼女はすぐに「ここで柔軟性があるところを見せなければ」と判断した。ビジネススクールで「最初にイエスと言い、そのあとで交渉しなさい」と叩き込まれていたからだ。だが、その後、こう考えなおした。もしかすると職務と勤務地に関する私の考えを率直に話せば、逆に評価してもらえるかもしれない、と。

彼女はそのときのことを、こう語っている。「なぜ勤務地がベルギーかフランスでなければならないんですかと、尋ねたんです。だって貴社のビジネスが成長し、発展してきたのは、アメリカ市場があればこそではありませんか、と。面接官たちは最初は面食らっていましたが、だんだん私の話に引き込まれていきました。そして最後には、きみの言うとおりだと言ってくれたんです」

会社側は、この予想もしなかった面接の展開にいたく感銘を受けた。そして彼女は貴重な人材になるだろうと即断し、その場で彼女に内定を出した。そのうえ、きみにはアメリカ東海岸を拠点として活動してもらうと約束したのである。

同じく学生の1人、ピーターもまたその場で相手を楽しませることのパワーを申し分なく証明してみせた。そのうえ彼は自分の能力や抜け目のなさを実証すべく、みずから働きかけて状況を変える力も見せつけたのである。

ピーターはあるプライベート・エクイティ企業〔訳注：未公開株を運用する投資会社〕から、わが社でインターンをしないかと話をもちかけられた。就職希望者に人気の高い、超有名企業だ。そこで、ぜひインターンとして働かせてくださいと応じたものの、あとになって、インターン期間中は無給であると知らされた。

そこでピーターは共同経営者の1人に連絡し、なぜ無給なんですかと尋ねた。すると、その共同経営者はすぐにこう応じた。「われわれはインターンに給与を支払ったことはない。インターン期間の終わりに、適任と見なした者には内定を出す。わが社の給与とボーナスは、金融機関の上位5分の1に入る高水準だ。もしきみに、インターン期間の無給に不満があるなら、きみの代わりに喜んでインターンになる候補者はいくらでもいる。これまでもインターンが定員割れをしたことはないからね」

これに対して、ピーターはこう応じた。「タダで働く人間はクソみたいな仕事をします。だけどぼくは、クソみたいな仕事はしません。ですから、ぼくは給与を支払われるべきです」

――「場を読む能力」の重要性

私たちはある状況に置かれたとき、その場で話を聞いている人たちのようすを把握しようとするし、どうすれば会話を望む方向にもち込めるかを推測する。というのも、その場その場で状況が変わるからだ。

ピーターが就職を希望していた投資会社の世界には独特の文化があった。そしてピーターはそうした文化を敏感に察し、自分が優位に立てるように利用した。彼の主張が、ほかの業界でおこなわれていたら、まったく違う結末が待っていたかもしれない。相手を楽しませる彼独自の手法が、まったく通じない場合もあるからだ。

だが、この日、この共同経営者に関していえば、ピーターの返答を大いに楽しんだ。ピーターからそう言われたあと、彼はしばらく黙っていたが、やがて腹の底から笑いはじめた。「きみはわが社にぴったりの人材だ。きみには十分な報酬をだすよ。私が手配しておく」

ピーターの例から学べるのは、ずうずうしく生意気な口をきくべしということではない。その日、ピーターにプラスに作用したのは、厚かましい物言いでも横柄な態度でもない――**「場を読む能力」**だ。彼はプライベート・エクイティ業界においては誠意が重んじられると同時に、洗練されていて、洒落た物言いが好まれることを事前に把握していた。だからこそ、その場で機転をきかせ、率直な気持ちを伝えて相手を喜ばせ、会話の主導権を握れたのだ。

他人を楽しませるには、あなた自身の視点や意見が必要となる。本音を吐きながらも、大胆になる度胸が求められるのだ。意外なところを突いて相手を驚かせる肝っ玉ともいえるだろう。

ピーターとアントニアは2人とも、相手が予想もしていない点を探しだし、そこにおかしいところがあると指摘し、相手を楽しませた。この工夫は、初心者でもベテランでも活用できる。ピーターやアントニアもまたキャリアの上ではまだ駆け出しだったが、見事に成功させたのだから。

あなたが楽しめるものはなにか？

たとえばハリウッド最大のエージェント、クリエイティブ・アーティスツ・エージェンシー（CAA）の共同創業者であり、のちにウォルト・ディズニー・カンパニーの社長にも就任したマイケル・オーヴィッツはこう語ったことがある。いわく、楽しませるには「脳と度胸が出会う場所」が必要だ、と。

カウボーイ・ベンチャーズの創業者であるベンチャー投資家のアイリーン・リーは、かつて私に「楽しませる」ことについて、実に楽しく説明してくれたことがある。[3]

ちなみに彼女は、企業評価額が10億ドル以上のスタートアップを指す「ユニコーン」という言葉の生みの親としても知られている人物だ[4]（「創業10年未満で評価額10億ドル以上の企業」では長ったらしい）。

アイリーンは投資法についても熱弁を振るう人だ。そして彼女は常に「魔法のブランド」を生みだす企業を探している。人を愉快にさせる新たなサービス、顧客に魔法の体験をさせる製品重視の創業者といったものに目を向けているのだ。

彼女はウーバーもまたそうしたブランドだと語った。そして、ウーバーのタクシーに初めて迎えにきてもらったときのことを、まさに「魔法のような」体験だったと表現した。「まさしくウーバーには魔法を感じたわね。一度利用したあとも、利用するたびにこう思うのよ。『これってすごくクール。すごく簡単だし、自分だけ特別扱いされているような気がする』って」

「いま自分は特別な体験をしている」と感じられるのであれば、人はそのために余計な努力をしたり、追加料金を払ったりする。

「いわば〝スターバックス化〟ね。だって、昔はコーヒー1杯に99セントしか払わなかった。でもいまは、3ドルか4ドル払ってもいいと思うようになっている。スタバならいい気分になれるもの。昼間のささやかなご褒美ってところね」

では、魔法みたいなもの、心躍るものを見いだすには、どうすればいいのだろう？

そのためにはまず、**自分が楽しめる人、製品、状況などを見つけること**。そして、**それのどこがあなたを楽しませるのか、明確にすることを心がければいい**。アイリーンは自分が投資している企業についても彼女自身についても「楽しめるものはなにか」の感覚を研ぎすましました。その感覚を磨けば磨くほど、楽しむ感覚と、他人を楽しませる能力の両方に磨きをかけられる。

私自身、大勢の人がこの努力を続けた結果、予期せぬものとはなにか、上っ面だけで信頼できないものはなにかを察する能力を身につけてきたようすを見てきた。

私たちはだれしも、相手を豊かにする能力をもっている。だが、相手を楽しませることができれば、そこから本物の魔法が起こる。それこそが、相手に心をひらいてもらう方法、あなたがエッジをつくりだす方法なのだ。

法則
7
偽らずに、ありのままの自分を見せる。そのうえで「場を読む能力」を発揮して、相手を楽しませる。

PART 3

誘導する

E

D

Guide

E

第8章 あなたのダイヤモンドを輝かせる

——他人の認識を把握する

自分の素性が、身につけている服の裏地にしっかりと縫い込まれていることは、なかなか自覚できないものだ。

——トム・ウルフ（アメリカの作家）

心の扉を開けてもらったら、そのあとはどうすればいいのだろう？　相手を楽しませ、あなたが相手を豊かにできることを証明したあと、その次はなにをすればいいのだろう？　その答えは単純明快に思える。ただ、相手を豊かにすればいい。すべきことをする、それがあなたの仕事。もちろん、そのとおりだ——あるところまでは。だが、あなたは自分の仕事をするだけではなく、相手があなたの仕事と価値をどう認識するかも、こちらから誘導しなければならない。

guide（ガイド）

誘導する、案内する。行動の道筋に影響を与える。

こちらから誘導しなければならないのは、成功を可能にするレバーが、こちらの手元にない場合が多いからだ。そして、そのレバーをもっている人たちは、こちらの能力や性格を独自の基準で評価する。そして、そうした独自の評価を基盤に、私たちを成功へと続く道に進ませるか否かを決めるレバーを引くのだ。

そのレバーを引いてくださいと、相手に要求することはできない。だがレバーを引いてもらえるよう、誘導することはできる。**他人が勝手に決めた道に進むのではなく、自分が望む方向へと相手の判断を誘導することができる**のだ。

それが、パート3のテーマだ。自分に対する相手の認識を誘導し、相手を楽しませる方法を知るのだ。たしかに簡単にはいかないし、複雑な要素もからみあっている。だが、まずは自分がどんなふうに成功したいと思っているのか、その思いを把握しよう。そのうえで、冒頭に紹介したトム・ウルフの言葉を借りれば、あなたが身につけている「服の裏地」に縫い込まれている先入観や偏見についてもよく理解しなければならない。

そして、あなたのほうからそうした先入観や偏見を別の方向に誘導するのだ。さもないと、あなたに対する他人の認識がよくても悪くても、その認識に従うしかなくなる。

他人の偏見や先入観というものは、必ず存在する。だから先手を打ち、その道筋を変えよう。そうすれば、あなたに対する偏見を逆手にとれるのだ。

「自分らしさ」を出すには

自分らしさを出しなさい。よく聞かされるアドバイスだ。それに、私たちもよくそんなことを助言するのではないだろうか。私も同じようなことをこれまで何度も助言してきた。たとえば、友人が就活の面接を目前に控えていて、緊張している。そんなとき、やはりこう助言する。「あなたらしさを出せばいいのよ」と。それに、同僚がここ一番というプレゼンに臨もうとしていたら？「無理せず、自然体でいけばきっとうまくいく」と言うだろう。それに、だれかをデートに誘おうとしている人がいたら？どんなアドバイスをすればいい？　ここでもやはり、「ありのままの自分を見せればいい」と言うだろう。

心の底から相手を楽しませたいと思っていれば、それはおのずと行動にあらわれるから、こうした助言そのものは間違ってはいない。ところが、じゃあどうすればいいのかというう具体的なところまではわからない。「自分らしさ」を見せるとは、いったいどういうことなのか。それを正確に把握できないでいると、かえって危険なことになる。というのも、このアドバイスはだれにでも有効なわけではなく、一筋縄ではいかないからだ。「自分らしさを出しなさい」と言われると、大抵はまず、自分が得意なことを思い浮かべる。ときには、明確なラベルを貼って明言できることもある。「私はテニスが得意です。ジュニアオリンピックの選手に選ばれたこともありますし、いまは国内女子シングルスのランキングで16位です」「私はピアノを弾いています。10歳のときに、ニューヨークのカーネギーホールで演奏したこともあります」などと言えれば、どんなにいいだろう。

だが、私も含めた大半の人は「得意なこと」を説明するのに苦労する。

たとえば、学生時代の私は「学校の成績がいいです」と説明するのが精一杯だった。勉強が好きだったし、子どもの頃からとくに算数が大好きだったのだ。だから大きくなったら、算数の先生になりたいと思っていたほどだ。九九をすぐに暗記して得意になったし、割り算の筆算を勉強したときには、行がどんどん下へと増えていくエレガントさが気に入った。やがて数学の授業で代数を学ぶようになると、その対称性の美しさにも惹かれた。このように、数学の問題は私にとってごく自然に解けるものだった。

そう聞いた大勢の読者はやれやれと頭を振り、信じられないという顔をしたり、マジかよと引いたり、鼻につくやつだと思ったりしているかもしれない。でも、ほかの面では、学生時代の私には強みなどまったくなかった。そもそも、私は小柄で内気だった。だから、いつも後ろのほうにいて目立たなかった。だからこそ、算数や数学は無理なく楽しみながらいい成績がとれる数少ない科目の1つだったのだ。だが、人々の偏見にさらされたとき、私は初めて、自分が「得意なこと」で優位に立つ難しさを痛感したのである。

――偏見によって「エッジをもてない」ことがある

ハイスクールの2年生になったとき、代数Ⅱと幾何をハイン先生に教えてもらうことになった。そのあと、3年生の関数の授業でまたハイン先生の担当に当たった（私はずっと公立学校に通っていた。当然のことながら、公立学校には有能な教師を雇うための莫大な予算などない。だから、複数年にわたって同じ先生に当たることも多かった）。

初めの頃は、ハイン先生を敬愛していた。心の底から、この男性教師のことを崇拝していたのだ。先生本人も、数学を愛していた。愛情のあまり、黒板に完璧な放物線を描けたときには甲高い声をあげるほどだった。私は先生から多くのことを学んだ――数学に関することだけではなく、エッジを獲得することについても。というより、「エッジをもてないこと」について学んだのだ。

ハイン先生はいつもテストの「満点獲得者」を掲示していた。教室の正面の黒板の横の目立つところに専用のスペースを設けていたのだ。生徒が試験で100点を獲得したら、金色の星の飾りの上にその生徒の名前を明記して、なんと丸1年間、掲示するのである。

ただし、100点を獲得した生徒を表彰するのは定期試験だけで、小テストや宿題の課題は対象にはならなかった。それに、ハイン先生手づくりの「金の星」はまさに特別だった――燦然と輝くような星で、先生が完璧な角度でつくった星の土台に、まばゆく光る金色の厚手の紙が貼りつけてあったのだ。

そして満点獲得者が出ると、先生は25センチほどの大きさの星に生徒の名前をプラスチックのシールで慎重に貼りつけ、達成日の年月日まで記入して、黒板の横に飾った。それは本当に美しい星で、眺めているとうっとりした。

そして、その星にそれほどの値打ちがあったのは、獲得者がめったにでないからだった。ある年度に、5回も6回も星を飾るようなことがあったら、みんな仰天しただろう。

さて、私はハイン先生に何年間も数学を教えてもらった。私は何度、金色の星を獲得したと思われるだろうか？　その答えは「ゼロ」だ。

もちろん、それだけでも落ち込む材料にはなったが、当時14歳だった私が猛烈に頭にきたのは、同じクラスにいたエリザベスという女の子が2年間で金の星を9個も獲得したからだ。別に、エリザベスに文句があったわけではない。彼女はきっと、ものすごく頭がよかったのだろう。でも、彼女が１００点満点を獲得するたびに、私は彼女の答案用紙を隅から隅まで見たものだ（満点獲得者の答案用紙は誇らしげに金の星の横に掲示されていた）。すると、いつもこう思った。ほとんど、あたしの答案用紙と一緒だ、と。

私は大抵99点で、どこが違うのかといえば、エリザベスはこう書いていた。

$$7x = 49$$

$$x = \frac{49}{7}$$

$$= \frac{7}{1}$$

$$= 7$$

一方、私のほうはこう書いていた。

$$7x = 49$$

$$x = \frac{49}{7}$$

$$= 7$$

つまり、計算式の途中で、$\frac{7}{1}$と書くのを省略したために、１点引かれていたのだ。

だから私は「どうして減点になったんですか、理由を教えてください」と先生に尋ねた。

すると先生から「きみが採点方法について質問するたびに、また減点しますよ」と言われた。だから仕方なく、私は採点方法について質問するのをやめた。そして授業中にわからないことがあっても、質問するのをやめた。かたや、エリザベスになにかわからないことがあると、先生は何日もかけてその点について授業で説明した。授業がちっとも前に進まないので、私は退屈でたまらなかった。

それなのに、私がなにか尋ねようものなら、「きみに説明するために授業を中断するわけにはいかない。授業が終わってから友だちに説明してもらいなさい」と言われるのが関の山だった。

その年度が終わりを迎えた頃、次年度の微分積分学の上級コースの受講を認めてもらうには、先生からの承認サインをもらう必要があった。私はほぼすべてのテストで100点満点に近い点数を獲得してはいたものの、ハイン先生が私のことを推薦してくれないのではないかと心配でたまらず、眠れぬ夜を過ごした。そして、意を決して承認サインをいただけますかと頼みにいくと、ハイン先生は私を見るなり、「きみにはまだ上級クラスを受講する準備ができていないと思うね」と言い放った。そして、数学が苦手な生徒たちと一緒に基礎クラスを受講しなさい、と言ったのである。

その後、私のなかで「数学の教師になりたい」という思いはしぼんでいった。「あたしは数学が得意なわけじゃない」と、思い込んでしまったのだ。

他人の認識は変えることができる

「自己認識（セルフアウェアネス）」とは、自分とは何者で、自分にはどんな価値があり、生来、どんな強みがあるのかという認識のことだ。だから「自己認識」について語るとき、私たちは「内面の自分を把握している」という意味で考える。

だが、エッジを獲得するには「内面の自分」を知ると同時に、それが「外の世界とどう関わるか」も把握しなければならない。外の世界との関わり方は、その場の状況で変わってくるからだ。それが、当時の私にはまだ理解できていなかった。

私たちは、自分が何者かということと、その場の状況や環境の両方を把握しなければならない。自分の内側にあるものと、自分の周囲にあるものは、私たちが成功できるように互いに補いあっている。当時の私にわかっていなかったのは、**いくら自分のことを深く知り、認識したところで、他人からどう思われるかをまるで無視して、他人を誘導する努力**

をいっさいしなければ、実力を発揮する場ができないことだった。

いまから100年以上前の1890年、哲学者で心理学者のウィリアム・ジェームズは自己認識について、「連結性」と「継続性」という感覚を個人がもつからこそ、一続きの感覚として自己を認識できると述べた。[1] その後、研究者たちがこうした構成をより明確にし、理論を確立していくにつれ、自己認識とは内省し、自分の価値観、情熱、野心を把握し、周囲の環境と交流する能力であると定義されるようになった。[2]

だが、こうした初期の定義においては、他者がとらえた自分の姿をとり込む「社会的自己」よりも、単なる「自己」が強調されていた。ひるがえって、現代の自己認識の研究においても、やはりただの「自己」を重視しているようだ。

自己認識という言葉は、いまや意識が高い人たちの間の流行語となり、だれもがいっそう自己を認識しようと努力しているようだ――バズフィードの性格診断クイズが人気を博しているのがその証拠だ（あなたはディズニーのどのプリンセスのタイプ？　あなたをたとえるなら、どの都市？　あなたの性格をあらわすのはどの色？　はい……正直にいえば、私もこの手のクイズを何回か試したことがあります）。

こうした性格診断クイズと似たようなものは、科学の世界にも存在する。たとえば、さまざまな分野で活用されているのがマイヤーズ・ブリッグスタイプ指標（MBTI）だ。[3]

MBTIは性格の特徴をリストにして、自分の性格を16の性格の「タイプ」の1つに当てはめようとするものだ。興味や関心の方向（内向型か、外向型か）、判断の方法（論理的に考えるか、感情を優先するか）、ものの見方（感覚的にとらえるか、直感的にとらえるか）といった観点から、あなたの性格をたった1つに絞らなければならないのだ。

たしかにMBTIのように性格をタイプ分けするテストは、自分がどんなカテゴリーに入るかがわかっておもしろいし、自分の価値観、感情、物事への動機などがわかるので興味深い。こうした性格タイプがあるんですよと人と話すきっかけにもなる。だが、こうしたテストには疑問の余地も残る。というのも、計量心理学の心理測定尺度の基準を満たしていないからだ。

それどころか、MBTIのようなテストは総じて、その研究結果を他の集団に当てはめても同様の結果が得られる外的妥当性を欠いていて、時代遅れの精神分析の考えを基盤に危険なまでに要点を単純化しすぎており、もはや科学の範疇には入らず、方法論的にも不正確なのだ。[4] さらにいえば、こうしたテストに慎重であるべき理由は、私たちの「自己」が外界から独立した状態で存在しうるという幻想を生みだすからだ。

――性格とは「流動的」なもの

私たちはMBTIなどの性格テストをつかい、絶対的に正しいものとして利用することがある。[5] しかし、このように世間でもてはやされている自己認識という考え方は、実際のところ、その場の状況や対人関係の違いを考慮していない。すると、真の意味での自己認識を得るうえでは有害になる。なぜなら性格というものは、ある特徴が「あるか、ないか」が並んだものではなく、「ある」と「ない」の間をつなぐ連続体だからだ。

私にはたしかに内向型の傾向があるのかもしれないが、実際のところ、その場の状況によって外交的にもなれれば内向的にもなる。**私たちはだれもが、その場の状況に応じて傾向を変えることがあるのだ。**

ＭＢＴＩのような評価法は、性格の特徴は「固定されたもの」と見なしているが、現実世界でもっとも成功をおさめている人たちは自分の性格やスキルを「流動的」と認識している。

だからこそ、その場に応じて異なる自分を表現できるのだ。「自己」をまったく動かない融通のきかないものとしてとらえると、自分が優位に立つチャンスを逃しかねない。**「その場の状況が性格に影響を与える」という事実を無視しようものなら、その場の状況に応じてエッジをみつけ、エッジに磨きをかける能力にも制限を設けてしまう。**

私たちが望んでいるのは、「ありのままの自分」と「周囲の環境」との間でうまくバランスをとることだ。制限を設けるのではなく、プラスがプラスを生むようにしよう。そうすれば、往年のアメリカの大女優ジュディ・ガーランドが言っていたように、「他人の二流版を目指すのではなく、自分自身の一流版」になれるのだから。[6]

――「他人が思う自分」になってはいけない

さて、ここまでは、自分に対する他人の認識と、そうした認識が私たちの自己認識にどう影響を及ぼすかを見てきた。では、その結果、自分のなかで葛藤が生じたらどうなるのだろう？「あなたはこうすべき」と他人から言われる人物像に適応しつつも、本来の自分の姿を明確に認識したうえで、「この人はこういう人だ」という他人の決めつけを違う方向に誘導するには、どうすればいいのだろう？

私たちは成長の過程で、強い自己認識をもつようになる。「自分」という存在に気づき、自分がどんな人間で、どんなことを大切にし、どんな強みがあるのかを自覚するのだ。ところがその後、あなたはこういう人間であるべき、これを大切にすべき、こういう長所をもつべきだという他人からの要望に応じるようになる。

私は学生時代、自分は数学が得意だと、直感的に自覚していた。少々難解な数学の概念も楽々と理解できたし、数学の勉強が楽しかったからだ。数学の問題に取り組んでいると、気持ちが明るくなったし、リラックスできたし、さまざまな拘束から解放されるような気分まで味わえた。

ところが、そうした自然な自己認識は、他人の意見に耳を傾けているうちに、どんどん希薄になった。なにしろ私たちは、ひどく騒々しい世界で生きている。好むと好まざるとにかかわらず、いやおうなく他人とつながりあって暮らしているのだ。

そのうえ、自分がなにを達成できるのか、どこまで前進できるのかを、他人に決められることも多い。部下の昇進を決める管理職、スタートアップへの融資額を判断する投資家、市場占有率を左右するビジネスパートナー、そして、そう、生徒が希望する将来の職業への道を閉ざそうとする数学の教師……。

このように私たちは、「他人からどう見られているか」に影響を受けずにはいられない。こちらはただ「ありのままの自分」になろうとしているだけなのに。

こうした現状への対処法の1つは「他人の押し付けなど無視する」ことだと思う方もいるだろう。周囲の声などおかまいなしに、ただ自分の心の声だけに耳を澄ませばいい、と。もちろん、マインドフルネスや瞑想を実践すれば、自分の心に向きあえるし、さまざまな恩恵が得られることはわかっている。でも、それで万事を解決できるわけではない。

私たちは相互依存の世界で暮らしている。それが現実だ。他人の意見や考えを遮断することなど不可能なのだ。自分の心の声にだけ耳を澄まし、静けさだけを追い求めたところで、そんなふうに現実世界を生き抜くことなどできない。

だからといって、なんの抵抗もせずに、他人に自分のあり方を決めさせてはならない。こちらの希望をいっさい伝えず、なんの働きかけもせずに、自分の価値観、意見、動機、願望などを他人の意のままにさせてはならないのだ。そんな真似をすれば、他人から傷つけられたままで終わってしまう。

ハイン先生が私に対してある種の固定観念をもっていて、学生時代の私が大きく影響を受けたように、一方的にこちらが傷つくことになるのだ。

もう、そんな真似はやめよう。**私たちには、他人の認識を違う方向へ誘導する力がある。**[7] **この力を発揮すれば、他人の認識そのものを変えることもできる。**

だが、その前に、まずは「自己」をしっかりと把握しよう。自分のことをどう認識しているのか、そして、他人の認識をどう受けいれているかを把握するのだ。それができてからようやく、自分はこういう人間だという自覚と、他人の考え、意見、認識とをなんとか一致させようと、みずから行動を起こせるようになる。

他人が自分をどう見ているかを把握し、それを受けいれたうえで、他人の言いなりになったり、他人に振りまわされたりせずにすむよう、みずから力をつけよう。そうすれば、エッジをつくりだせるようになる。他人の認識を理解したうえで、みずからその認識に変化を起こし、場合によっては立ち向かっていくのだ。けっして、ただ言いなりになってはならない。

というのも、後述するように、あなたに対する他人の見方は、実は、あなた自身とはまったくの無関係である場合が多いからだ。彼らの不安、彼らの目標、彼らの自己認識をあなたに投影しているだけなのだ。

14歳の私がこの事実を理解していれば、ハイン先生の認識が、どれほどこちらの自己認識に影響を及ぼしているかがわかっただろう。それがわかっていれば、私は自分を守る盾を構えることができただろう。だが、物事はどう展開するかわからないものだ。

私はいま心から断言できるが、ハイン先生は私にとって最高の数学の先生だった。人生の教訓を教えてくれた先生に、私は生涯、感謝の念を忘れない。

自己認識を変えても、信条を曲げることにはならない

ニュージャージー州ニューアークで、アシュリー・エドワーズはいま、自信をもって信

条を語っている。父親はニューアークのスラム街で育ち、家族の大半がいまでもそこが故郷だと考えている。彼女にとっても、人生の大半を過ごしたニューアークはいまでも故郷だ。彼女は勉学のため一度故郷を離れたものの、いまは共同創設した〈マインドライト〉というテック系の非営利団体で、ニューアークの有色人種の子どもたちが心的外傷（トラウマ）を癒やす力になる活動を展開している。[8]

治安が悪いニューアークのスラム街は低所得者が多く、心理的虐待、育児放棄（ネグレクト）、身体的虐待に苦しむ子どもたちが少なくない。彼女自身、子どもの頃にそうした被害にあったり目撃したりしてきたので、苦しむ子どもたちの気持ちに寄り添い、立ちなおる力になりたいと考えたのだ。

アシュリーはいま〈マインドライト〉で、水を得た魚のようにいきいきと活動している。有色人種の学生たちと、ツイストやゴッデスブレイズといった流行りの髪型についておしゃべりをしつつも、同級生が射殺された現場を目の当たりにした、あるいは親が投獄されたといったつらい出来事から立ちなおる手助けをしているのだ。

たしかにタフな仕事ではあるが、黒人女性として、アシュリーはそこが自分の居場所だと考えている。この都市は彼女の生まれ故郷なのだ。

その一方で、彼女は一時期、カリフォルニア州のパロアルト市で暮らしていたことがあった。パロアルトはアメリカでも富裕層がとびぬけて多い都市で、彼女はそこでMBA取得のためスタンフォード大学に通っていた。その前にはコネチカット州ニューヘイヴン市に暮らし、イェール大学で経済学を専攻した。スタンフォード大学でもイェール大学でもすばらしい経験はできたが、ときおり、さまざまな困難にも直面した。こうした一流大学の学生であれば特権に恵まれるはずなのに、そうした特権は自分とは無縁だと痛感することが多かったからだ。

たとえば、クラスメートたちは「成功する保証がいっさいないアイディア」をひらめいてベンチャーを立ちあげる際、楽々と資金を獲得していた。だが、〈マインドライト〉への資金獲得に奔走していたとき、彼女に気前よく資金を提供してくれる投資家は皆無だった。

彼女の話を真剣に聞き、非営利団体への資金提供を検討してくれる人を見つけるのは難航をきわめた。彼女はスタンフォード在学中に〈マインドライト〉を創設し、ちょうど同じようなベンチャーに融資していた慈善財団の投資家たちに接触した。これは完璧な組み合わせだと、彼女は考えていた。もしかすると、本当に完璧な組み合わせだったのかもしれない――が、投資家たちは彼女のことを完璧な投資先だとは見なさなかった。

初めのうち、投資家たちからは「きみがもっと研究を認められて、もっと奨学金を獲得できたら、また話を聞くよ。出なおしてくれ」と、言われた。「さもないと、きみがどれほど真剣なのか、わからないからね」と。だから彼女は、自分は投資に値するだけの信頼性が足りない、それだけの話なのだと、自分に言い聞かせた（スタンフォードやイェールの黒人ではない学生たちは、さすが一流大学で学んでいるだけのことはあると褒めそやされ、信頼できる才能の持ち主だと認められていたのだが）。

その後、学位を取得したあとも、肌の色のせいで、自分の能力を懸命に証明しなければならないことが多々あった。輝かしい学歴があるのに、それが自分にとっては特権にならないという現実に彼女は憤った。そして、彼女のなかで不満と怒りが蓄積していった。

やがて、彼女は名のある奨学金の獲得に成功した。それは、例の投資家たちがほんの数カ月前に名前を挙げた有名奨学金だったので、彼女はまた交渉に臨んだ。すると今度は「まず、アプリのパイロット版をつくりなさい。そうすればもっとデータを集めて、信頼できるようになる」と言われた。そこで彼女はニュージャージー州カムデン、ワシントンDC、ニューアークの3カ所でパイロット版を試し、実現可能なビジネスモデルであることと、収益をあげられることを証明した。すると、投資家たちはまた態度を変えた。そして「残念ながら、投資はできない」とだけ言い放った。

その後、こうした投資家たちの姿を、さまざまなカンファレンスやイベントの討論会で見かけることがあった。登壇した彼らは「平等を重んじ、理想を行動に移し、有色人種に投資することが大切です」と、滔々（とうとう）と語った。われわれは多様性を重んじ、さまざまな人材を採用していますし、社会起業家という新たな分野に投資するゲームチェンジャーであることを自負していますと、彼らは熱く語ったのである。

――複数の自己を受けいれる

そんなふうに偏見と闘う日々のなかで、アシュリーは「自己」に対する認識を取り戻した日のことをよく覚えている。

ある投資家と交渉していたところ、彼女の非営利団体とはまったく無関係の話題がでて、相手が「バーニングマン」の話を始めたのである。バーニングマンとは、ブラックロックシティというネバダ州北西部の砂漠で毎年開催されるイベントで、大勢の参加者が集結して、アートや自己表現を楽しみ、脱コモディティ化をはかる祭典だ。そこで、アシュリーは彼に話をあわせた。そして、彼がバーニングマンを、やはり砂漠で開催される野外フェスティバルのコーチェラや、カンヌ国際映画祭といったほかのイベントと比べはじめても、そのまま話をあわせた。

ところが、しばらくすると、彼女は妙な感覚に襲われた。たった1時間前に〈マインドライト〉の学生たちと話した会話と、世界各地の華やかなイベントに関するこの会話が、あまりにもかけ離れていたからだ。

ニューアークのスラム街に暮らし、〈マインドライト〉の力を借りて立ちなおろうとしている学生たちには、「バーニングマン」という奇祭がどんなものなのか、想像もつかないだろう。それでも彼女自身は、世界各地で開催されるビッグイベントについて意見を表明したうえで、この祭典やコーチェラやカンヌ映画祭に関する感想も述べて、活気ある会話を続けることができた。というのも彼女の一部は、そうした世界の地名や文化、そしてある種の意識が高い人たちが好む話題に通じていたからで、それは彼女が一流大学に通学していたおかげだった。彼女は、この手の会話を続ける能力も身につけていたのである。

このとき、彼女はハタと気づいた。私はこれまで「ほかの学生とは違う」出身地をもつ高学歴のマイノリティ女性として、自分の能力を証明しようと奮闘してきた。スラム街の出身であろうと、黒人であろうと、女性であろうと、これほど有能なんですよ、と。

だが、これからは自分の生い立ちや経歴を受けいれ、独自の観点を尊重すべきではないか。そう考えたアシュリーはそのとき初めて、ニューアークの学生たちがどれほど心的外傷に苦しんでいるかを投資家たちがしっかりと理解していなかったから、融資を断ってきたのかもしれないと思い至った。

きっと、彼らのなかには「スラム街の住人のメンタルヘルスの重要性を声高に訴える黒人女性」という人物像ができていて、それを私に当てはめたのだろう、と。そして、ついにアシュリーは目の前の霧が晴れたように納得した。「私に問題があると思ってたんだから、まったくイヤになる。問題があるのは、彼らのほうだったのに」

そこで、投資家たちと初めて交渉するときには、電話を利用することにした。そうすれば相手は、声から彼女のことを黒人女性だとは判断できない。一方、彼女はこれまでに身につけた教養と学歴という特権を最大限に利用できるようになったのである。

彼女はこうして「スラム街出身の自分」と「一流大学で学んだ自分」の両方を受けいれることにした。投資家との打ち合わせの場にイェール大学のロゴ入りバックパックを背負っていっても、ニューアークの家族を裏切っているという後ろめたさを覚えることもなくなった。ほかの卒業生と同様に、イェール大学出身というアイデンティティーを自力で獲得したのだから、罪の意識を覚えるいわれなどない。

自分にとっては、これが最大の弱点だったのだと、彼女は自覚した。つまり、「一流大学卒」であることをアピールすると、これまでは地元の人たちを裏切っているような気持ちになっていたのだ。だが、それは裏切りでもなんでもない。彼女は自分という人間をつくりあげている複雑で多様な部分をすべて受けいれることにしたのである。

自分はこれまでさまざまな体験を重ねてきたのだから、そうした体験をすべて包み隠さず話していこう。そう決心した彼女は、私自身、うつ病やメンタルヘルスの問題に苦しんだ時期があったのですと、投資家たちに打ち明けてみた。すると投資家たちはがぜん興味を示し、〈マインドライト〉への理解を深めてくれた。

そして彼女は〈マインドライト〉が貢献するコミュニティーの実態と、融資する投資家たちの目標と動機の両方をよく理解する稀有な人材として、自分をアピールすることに成功したのである。

アシュリーは、**ありのままの自分を受けいれれば、エッジを獲得できる**ことに気づいた。[9] 自分のすべてのアイデンティティー、いわば「複数の自己」を認めればいいのだ、と。

そうすれば、両方の世界と効果的につながり、相手を豊かにする能力があることを立証できる。「おかげで、両方の世界をうまく渡っていけるようになりました。どちらの世界も自分の居場所だと感じられるようになったのです。これまでは身動きできないような気分でしたが、いまは流れるように動いている気がします」

――真の自分を理解する

「ありのままの自分でいる」ためには、あなたという人間の複雑な部分、ありとあらゆる側面をすべて受けいれなければならない。アシュリーの場合は、自分のアイデンティティーをすべて受けいれたからこそ、エッジを生みだすことができた。とはいえ、外部からの要求が強すぎて、自分が望む方向にはなかなか進めないという方もいるだろう。周囲の人たちが「こうあるべきだ」と、あなたに勝手な期待をするからだ。

先に述べたように、自己認識は2つの側面で成り立っている。[10]自分の内面での自己認識と、外部からの自己認識だ。そして、この2つは密接に結びついている。

心理学者ウィリアム・ジェームズが記したように「ある人物を知る人が、その人物に対してもつイメージの数だけ、1人の人間にはさまざまな社会的自己がある」からだ。[11]社会における人間関係という織物のなかに自分がどう織り込まれているかを観察すれば、自分がどう思われているかがわかるようになる。[12]

よって、「自分」には数々のバージョンがある。他人がこちらに期待する人物像にも数々のバージョンがある。しかし、**あなたが真の自分をきちんと理解さえしていれば、他人が自分をどう見ていようと、望む方向に誘導することができる**のだ。

他人の期待を誘導する

2010年代初頭、アメリカの俳優アシュトン・カッチャーは、いくつもの映画で主演を務めていた。その1作が2013年制作の伝記映画の大作「スティーブ・ジョブズ」で、カッチャーは先見の明あるアップル創業者スティーブ・ジョブズを演じた。その一方で2010年制作のロマンティック・コメディ「キス&キル」では、まぬけな殺し屋が善人になるという役を演じた。

だが、カッチャーは当初、スティーブ・ジョブズの役は引き受けないほうがいいと、強く忠告されたという。せっかく恋愛映画で使える俳優として地道にキャリアを築いてきたのに、そのイメージが崩れてしまうと懸念されたのだ。

「スティーブ・ジョブズ」の公開から数カ月後、私はあるカンファレンスで実物のカッチャーと会う機会に恵まれた。[13] すると1人の聴衆が、俳優が世界に与えられる影響について質問をした。これに対する彼の返答に、私は驚いた。

まさか、アシュトン・カッチャーの発言を自分が引用することになろうとは夢にも思っていなかったが、あの日の彼の発言はずっと私の頭のなかに残っている。そして、社会からの圧力や要求、厳しい現実に直面し、苦しんでいる人に対して、私は彼の言葉を何度も伝えるようになった。彼はこう返答したのである。

「周囲の人たちのためになにか1つしたら、その次は自分のためになにか1つするんだよ」と。

彼が言いたかったのは**「こうあってほしい」という他人からの要求を考慮しながらも、自分の好きなように選択できるという現実を受けいれ、その自由をみずからに与えよう、そのバランスをとるのが大切だ**ということだ。

彼はどの映画に出演するか、決めなければならなかった。だがエージェントからは、ある種の映画を選べとプレッシャーをかけられていた。長年、彼はロマンティック・コメディ向きの俳優だと認識されていたからだ。イケメンだからチケットが売れ、ひいては大勢の観客を呼び込むと見なされていたのである。

だが、彼はもっと芸術性の高い映画に出演したかった。自分の胸に訴えかけてくる映画、舞台、インディーズ映画に関わってみたかったのだ。そう、まさに「スティーブ・ジョブズ」のような映画に。だがその一方で、ハリウッドで成功をおさめ、その後も生き残るためには、女性が気軽に観られるような映画に出演して、ファンをつかんでおく必要があることもわかっていた。

そこで、彼は自分の仕事について、前述のように表現したのである。まずは観客を動員できる映画に出演し、人気を維持する。その次は、自分が感銘を受けた脚本の映画に出演するというわけだ。

それでは自分の信条を曲げることになると思う人もいるだろう。だが、私はこう考えた。1人のアーティストが他人からの期待にうまく応じながらも、そのなかで自分の意向も通し、やりがいのある仕事を続けているのだ、と。

私たちは複雑な生き物で、複数のアイデンティティーをもっている。状況によって前面に押しだすアイデンティティーは違うが、だれもが独自のアイデンティティーをもっているのだ。

カッチャーはロマンティック・コメディの主役であると同時に、野心的な映画では批評家から高い評価を得る俳優でもある。それもこれも、自分の強みのすべてを活用しようと、彼が決断したからだ。そのなかには、個人的にはそれほどやりがいを感じられないものの、1つの目的を達成する仕事も含まれていた。カッチャーのような自己認識をもてば、自分の野心や願望を犠牲にすることなく、他人を誘導することができるのだ。

――正しい方向をみつけ、前進し続ける

では、どうすれば自分のことがよくわかるのだろう？　そして同時に、頼らざるをえない外部の人間からの要求を無視せずにすむのだろう？

本章で紹介してきた人たちの経験からもわかるように、「ありのままの自分を出しなさい」と言えば、相手は混乱する。1人の人間のなかにはさまざまな「自分」があるからだ。こちらにも、さまざまな「自分」があるのと同じだ。だから第一に、**自分と他人を比べるのではなく、自分のなかのさまざまな自分を比べてみよう。**

第二に、**「人生は韻を踏む」ものだということを、頭に叩き込もう。**あなたの人生で韻を踏んでいるものを探そう。繰り返し起こる状況、成功と障害物の類似点などに目を向けるのだ。

第三に、**人生で繰り返されるパターンが見えてきたら、絶対的なものを求めるのではなく、方向性をみつけよう。**私たちはつい、ありのままの自分を小さくまとめて、ひとくくりにしてしまう。だが、そうではなく、自分が進む方向性を明確にするほうがいい。どちらが「正しい方向」で、どちらが「間違った方向」であるかをはっきりさせるだけでいい。そのほうが、自分を小さくまとめるより、よほどいい。

絶対的なものを求めるのではなく、方向性を定めよう。そうすれば、他人が自分にもつ印象の方向性を変え、相手の認識を変えるよう誘導できる。さらに、もっと柔軟に対応できるようになるし、相手は自分になにを求めているのだろうと悩まずにすむ（説明してきたように、相手にも本当のところはよくわかっていないのだ）。

ニューアーク出身のアシュリー・エドワーズのように、自分のなかの複数のアイデンティティーを受けいれて、1つに束ねるもよし。俳優のアシュトン・カッチャーが語ったように、複数のアイデンティティーをすべて受けいれながらも、それらをばらばらにして個別に活躍させるもよし。どちらの方法を選んでも、あなたは「輝かしいバージョンの自分」になる許可を自分に与えられる。

おおまかな方向性をつかめれば、自分の強みを活用できない方法を選んで苦労せずにすむ。自分だけの強みを大いに活用できるようになるのだ。

自分の長所はこれだけだと決めつけてしまうと、その狭い範囲に自分を押し込めてしまいかねない。すると、長所を土台にして可能性を伸ばせなくなる。「ぼくは運動が得意だから、いろいろなスポーツに挑戦してみよう」と思う人は少ない。どちらかといえば特定のスポーツにこだわり、その分野で秀でた存在になろうとするはずだ。

だが、私たちのアイデンティティーは1つではない。本当の自分のことなど、けっしてわからないどころのない目標のようなものだ。自己認識とは、それ自体がつかみどころのない目標のようなものだ。せいぜい、おおまかな方向性を把握することしかできないのだ。

そして、ようやく方向性をつかめたら、「これでいい」と思える方向に自然と前進していけるようになる。その過程で、エッジを育む方法も見つかるはずだ。だから、方向性が定まったら、とにかく前進していこう——これが唯一の正しい道なのだろうかと、心配する必要はない。

たとえば、あなたはある方向に向かったとき、これでいいんだと思えて、気持ちが軽くなり、解放感を覚えて幸せな気分になるだろうか？　それとも怖くなって、身動きできないような気分になり、気が滅入るだろうか？　そんなふうに感じる状況や人間関係のなかに、あなたは身を置いているのだろうか？　そうしたものがあれば、すぐに除外しよう。するど、あなたの選択肢はいっそう明確になる。

どの方向が間違っているかを判断すれば、簡単に正しい方向が見えてくることもある。そうして正しい方向が見つかれば、あなたは自分に限界を設けずに前進を続けていけるようになる。

漠然とした方向性を定めておけば、失敗を避ける1つのチャンスを得るのではなく、成功するための数々のチャンスを得られるようになる。たった1回、試合に勝てたからといって、その後も延々と成功できるわけではない。勝つためには、さまざまな手法がある。それを、私たちはつい忘れてしまう。だれかにとって有効だった方法があると、つい真似をしたくなる。A地点からB地点へ行くには無数の道があることを忘れてしまうのだ。そもそも、B地点だってたくさんあるというのに。

カッチャーにとっては、他人を楽しませ、他人を豊かにするものの価値を認め、それと同時に、自分自身を楽しませ、豊かにするものの価値を認めたことで、道が拓けた。

一方、アシュリーにとっては、ニューアークのスラム街で学生や地元のパートナーと一緒に過ごしているときには「ここが自分の居場所だ」と感じることを認めながらも、イェール大やスタンフォード大のエリート集団の一員にもなれること、その集団のなかで快適に過ごせることを受けいれ、そうする許可を自分に与えた結果、道が拓けたのである。

――自分から誘導する

さて、私はといえば、結局、数学に戻る道を見つけた。ハイスクールの数学教師になりたいという気持ちは消えていたが、数学自体は大好きだったからだ。

翌年、今度はコスト先生というすばらしい先生に化学を教えてもらえた。そして先生は、大学に進学してぜひ工学を専攻したまえと、私を励ましてくれた。私は大学に進学した。そして、工学を専攻した。

こうしてエンジニアになるべく勉学に励んだところ、自分がクラスメートとは違うタイプのエンジニアであることに気づいた。そして、自分から誘導する方法を学んだのである。

自分が周囲の学生と違っていた第一の点は、私が女性であるということだった。

いまでも忘れられないのだが、電気工学の教授が電流に関する話をしていたとき、きみたちも子どもの頃、コンセントの穴に指を突っ込もうとしたことがあるだろうと言った。そして私のほうを向くと、「まあ、その手のことをするのは男の子だがね。女の子は思いとどまるから」と言ったのである。たしかに、私は子どもの頃、コンセントに指を突っ込んだことはなかったが。

第二の違いは、私がパソコンに慣れていなかったことだ。そもそも私は、パソコンを自由に使えなかったのだ。

これも忘れられないのだが、あるとき、教授がプロセッサの話をしていた。そして、きみたちも一度はパソコンを分解してみたことがあるだろうと言った。だが私はパソコンをもっていなかったから、分解した経験などあるはずもなかった。当時、パソコンは裕福な家庭の子どもしか所有できなかった――私がパソコンに触れることができたのは、ハイスクールで週に1度設けられていたパソコンの授業だけだったのだ。

こうした違いを考えれば、私にとって工学を学ぶのがいかに至難の業だったか、想像がつくだろう。工学は私にとってハードルがとんでもなく高かった。だからコンピュータサイエンスの最初の試験で、私は落第した。100点満点中37点しかとれなかったのだ。

これでは奨学金をもらえなくなるかもしれない。そう思って青くなった矢先、2つのことが起こった。

まず、私は父に電話をかけた。そして「勉強についていけないから、専攻を変えさせてほしい」と泣きついた。すると父はこう助言してくれた――私がいまでも学生たちに伝えている助言を。

父はこう言ったのだ。専攻を変えるのはかまわない。ただ、なぜその専攻を選んだのか、なぜそちらのほうが打ち込めると思ったのか、その理由さえ教えてくれればいい、と。

私は考えた。だが、いくら考えても、工学のほかに専攻したいものは思いつかなかった。結局、私は父のおかげで、進むべき道の「地ならし」さえろくにしないうちに勝手に諦めてしまい、道から外れてしまう場合が多いことを痛感した。

物事がうまくいかないと、隣の芝生が青く見えるものだ。でも、ほかの道に進んだ場合、現実にどんな結果が待っているのかを具体的に想像すれば、結局はたいして変わらないのかもしれないし、場合によってはいっそう悪くなることがわかる。

もう1つの出来事は、コンピュータサイエンス教授のローラ・ボトムリー博士というすばらしい女性から、翌日の授業のあと、先生の研究室に呼ばれたことだ。きっと落第を言い渡されて、工学は諦めなさいと言われるのだろうと、私は覚悟していた。

ところが、研究室に行ってみると、教授は私の答案用紙のコピーを前に置き、あなたの解法を説明してほしいと言った。コードではなく言葉で、なぜそう考えたのかという理由も教えてほしい、と。

そこで、私は説明した。教授は、次の設問についても、その次の設問についても、同じ説明を求めた。私がすべての説明を終えると、教授はしばらく沈思したあと、口をひらいた。「あなたは自分がしていることを、ちゃんと把握している――ただ、コンピュータ言語の構文がわかっていないだけ」。そう言うと、教授はCの評価をつけてくれた。

その後、教授から「あなた、いままでプログラミングの経験はあるの？　プログラムを実際に見たことは？」と尋ねられた。そこで私は、ハイスクールでタイピングの授業を受講しただけです、と応じた。今度は「パソコンはもってるの？」と尋ねられたので、いいえ、と答えた。「パソコンルームを自由に使える時間を利用している？」と尋ねられたので、私は懸命に涙をこらえ、いいえ、その時間帯はアルバイトが入っているので、と説明した。

教授は私を見ながらうなずくと、いまでも私の胸に刻まれている話をしてくれた。

「私もね、最初の工学の授業では落第しかけたの。でも工学を学ぶのに正しい方法や誤った方法があるわけじゃない。万人に適した勉強法などないのよ。あなたは正しい方向に向かって進んでいる。だから、ありのままの自分を受けいれなさい。そして自分が世界をどう見ているのか、よく考えなさい。そのうえで、自信をもって選んだ道を進んでいきなさい」と。

そして最後に、こう付け加えた。たしかにあなたは、これまでほかの生徒ほどチャンスに恵まれてこなかったかもしれない。これからも、そうしたチャンスはめぐってこないかもしれない。でも、あなたには間違いなく才能がある。私たちはみんなダイヤモンドなの。それぞれに違う輝き方をするダイヤモンドなのよ、と。

――あなたはダイヤモンドの原石

自己認識とはダイヤモンドのようなものだ。どの角度から見ても、違う輝き方をする。ダイヤは数多くの面にカットされていて、あるときはある面に光が当たり、別のときには別の面に光が当たる――そして、ときには複数の面に一度に光が当たって、まばゆいほどの輝きを放つ。

エッジを養うとは、自分にさまざまな面があることを把握し、それが見ている人に対してどのように輝くかを把握することだ。そこには、正しい方法も間違っている方法もない。自己認識を強くもっている人でさえ、そうしたさまざまな才能を利用していないのだ。「ありのままの自分を出しなさい」というアドバイスは、実際には自分らしさを出すうえで足かせとなる。

１人の人間には、１つの面しかないわけではない。欠点もあれば、不利な点もある。でも、あなたにはダイヤモンドの原石がある。そのダイヤモンドをあなたがどう認識してもらうかを誘導すれば、あなたは相手を楽しませることができるし、ほかの人との違いも出せる。あなたには、世界を豊かにする力があるのだ。

法則
8

「自分らしさを出す」には、自分というダイヤモンドのすべての輝かしいバージョンを見てもらえるよう、相手を誘導しなければならない。

第9章 偏見を味方に変える

──「こう見てほしい」方向に誘導する

人はまず、視覚で相手の声を聴く。
──詠み人知らず

スポーツ・イラストレイテッド誌の表紙を何度も飾ってきたスーパーモデルのクリッシー・テイゲンは、おまえは「太りすぎ」だと酷評する人たちに、何度も何度も対応しなければならなかった。そして「太っている」という言葉によって自分に対する世間の認識が定着してしまった現状を、さまざまな例を挙げて説明してきた。

なかでも生々しいのが、某アパレル大手の仕事の撮影中に、カメラマン、ディレクター、幹部らが大勢いる前で、クビを言い渡されたときの話だ。

その理由は、おまえが……「太りすぎ」だからだ、と。

だが、太りすぎだとこきおろされ、散々恥ずかしい思いをさせられているうちに、彼女はこう考えるようになった。自分の体重に関するメッセージを別の方向に誘導するのは、ほかのだれでもない、この私なんだ、自分のアイデンティティーを他人に勝手に決めさせるなんて冗談じゃない、私は自分で決めていく、と。

そこであるとき、彼女は妊娠線がくっきりと見える自分のお腹の写真をインスタグラムに投稿し、「ママボディ警報！」というキャプションをつけた。

またあるとき、ツイッターのフォロワー数1億9000万人を誇るキム・カーダシアン・ウェストがみずからの裸体を石膏でかたどっているところを撮影して、その写真を投稿した。そして「あたしの身体の曲線を石膏でとっているところ。これであたしのブランドの香水のボトルをつくるの」とツイートしたことがあった。

すると、それを見たクリッシーは、ナイスバディを誇る仲良しのカーダシアンに負けじと、こう返した。「それなら、あたしはこのおっきな身体の型をとったボトルで、〈ふくよかパフューム〉を発売するわ。あなたのボトルの2倍の量が入るから、すっごくお買い得！」

クリッシー・テイゲンは、単なるスーパーモデルではない。たしかに彼女はヴォーグ、コスモポリタン、グラマーといった女性誌の表紙を飾ってきたモデルだが、ベストセラーとなった料理本の著者でもあり、キッチン用品や美容製品の独自ブランドも手がけている。それに、グラミー賞を複数部門受賞している歌手、かのジョン・レジェンドの妻でもあり、2人の幼い子どもを育てている。どこからどう見ても働き者で、自分のキャリアを邁進し、家族を大切にし、体形も維持している。それでも彼女は自分が「大きい」サイズであることをツイートしたのだ（当時、彼女は妊娠6カ月だったのだから当然ではあるが）。

自分のことを毛嫌いする人たちがいることはわかっている。そんな人たちからどう思われているかもわかっている。あの女は注目を浴びたいだけだ、家族のことをあんなにSNSで発信するなんてどうかしていると非難する人もいる。あの女はただのデブだと考えている人もいるだろう。

だが彼女は、そうした固定観念をよしとするのではなく、無視するわけでもなく、受けいれることにした。そのうえで、世間の固定観念を利用して、自分が望む方向へと相手を誘導することにしたのだ。

モデルと母親の両方の役割を果たしていること、自分のイメージを体重だけではとらえていないこと、自分のすべてのアイデンティティーを受けいれ、そのすべてを輝かしいものと考えるようにしていることを理解してもらおう、と。

彼女はたしかにスーパーモデルだが、独自の路線を歩むスーパーモデルになることもできる。だから彼女はジョン・レジェンドの妻として、ルナとマイルズの母親として、そして地に足のついた生活を送ろうと最善を尽くしている1人の自立した人間として、自分をアピールすることにしたのである。

「認識」は人生を左右する

この例からもわかるように、認識には重い意味があり、人生を左右する力をもっている。たしかにいま、モデル業界は改革を進めており、以前よりも幅広い美を認め、受けいれつつあるが、それでも認識は大きなカギを握っている。私たちの日常生活においても同様のことがいえる。もっと平等で、万人を受けいれる社会や文化を目指してはいても、やはり認識が壁となって立ちはだかることがある。

クリッシー・テイゲンはこの先もずっと、モデルには固定観念がついてまわることを世間に発信していかなければならないだろう。「モデルはガリガリに痩せているべき」という固定観念を変えていかなくてはならないのだ。

同様のことは私にも当てはまる。アジア系の女性に対する固定観念があることを、私はこれからもずっと知らしめていかなくてはならないだろう。

たとえば、それほど昔の話ではないのだが、ある日、私は教室でMBAの新コースの授業のためスライドの用意をしていた。すると、そこにやってきた1人の学生が、私のことを手伝いにきたＩＴ担当の助手と勘違いした。そんなふうに勘違いされることはよくある。アジア系の女性はＩＴ担当の助手だ、大学教授であるはずがないという世間のイメージがあるからだ。

こうした固定観念は日常生活のやりとりにも侵入してくる。その数日後、私はかなり多様性に富んだ友人たちと夕食をとっていた。

この前、教室で教授の手伝いにきたＩＴ担当の助手に間違えられたのよ。私がそう言うと、世間にはびこる固定観念に関する話題が次から次へと出てきた。「私は黒人の女だから、怒りっぽくて攻撃的だと思われやすい。でも、私が同じ黒人でも男で、攻撃的な態度をとろうものなら、暴力に走りやすいと思われる。それにスポーツが得意だとも思われやすい。いわゆるスポーツ馬鹿で、頭が悪くて、ほかのことはなんにも考えられないって」

この発言をきっかけに、人種にまつわる固定観念の例が矢継ぎ早に語られた。アジア系は役立たずで、おとなしい。ラテン系は騒がしく、短気で、激しやすい。黒人は押しが強くて、ずけずけとものを言い、おっかない……。すると、ジェンダーにまつわる固定観念も出てきた。男は不注意で、整理整頓が苦手で、その場しのぎ。女は頭が悪いから、家庭にいるべき……。

やがて、話は文化に関する固定観念へと移っていった。アメリカ人は肥満で、怠惰で、まぬけ。イギリス人はリッチで、お高くとまっている。イタリア人はマフィアの一員。ロシア人は怒っていて、ウオッカに目がない。ナイジェリア人は危険。バハマ人は日がな一日ビーチにいて、女の人はココナッツのブラをつけていて、インターネットを使えない。韓国人はいつだって自撮りに励んでいる。シンガポール人はガムを噛んだら投獄される……。

その次は階級に関する固定観念へと、話は広がっていった。上流階級は身なりがよくて、知性があって上品で、言葉遣いがいい。中流階級はホワイトカラーで、郊外に住んでいて、マイホームと車は必須という強迫観念にとりつかれている。労働者階級は肉体労働をこなし、工場で働いていて、貯金がほとんどない。

さらに、その他の固定観念も忘れてはならない。政治家は女好きで、自分の利益になることしかせず、私腹を肥やすことばかり考えている。図書館員は年寄りばかりで、退屈。高齢者にはもう世の中の流れがわからない。ティーンエイジャーは反抗的。銀行家は性差別主義者で、強欲。テック業界で働いている人間は全員オタク……。

さあこれで、読者のみなさん1人残らず不快感を与えることができただろうか。むっとした？　そう、それなら目的達成。だからこそ、固定観念には重い意味がある。**だれにで**

も、なにかしらの固定観念がつきまとう。だれもがある種の固定観念の影響を受け、当人はそんな固定観念からかけ離れた存在であろうと、勝手に判断を下されるのだ。

だれもがレッテルを貼られている

社会的な認識に関する著名な研究によれば、私たちはみなある程度の固定観念に縛られて生活している。[1] 心理学者のマーザリン・バナージとブライアン・ノセックは、私たちが外見、顔の表情、口調、手振り、さらには姿勢やしぐさから、相手の印象を決めつけ、どんな人物なのか、おおまかなところを推測することを示した。[2] 私たちの認知能力、ワーキングメモリ、使える知能の量には限りがある——だからつい行動を観察したり、また聞きの情報に頼ったりして、相手がどういう人間なのか、勝手に判断を下してしまうのだ。

ということは、自分の周囲の人も全員、同じことをしていると覚悟しなければならない。**つまり私たちはだれもがなんらかのカテゴリーに分けられて、不利な立場に置かれている。** それもこれも、人間の脳で一度に処理できるデータの量が限られているからだ。

では、その「重荷」を取り除けるとしたら？　認知的な負荷を軽くできるとしたら？他人が固定観念に縛られているのを傍観するのではなく、「こう見てほしい」と思っている姿を見てもらうように仕向けたら？

そのためには、まずこちらに対する不公平な評価を把握し、自分が見せたい姿のほうへと相手を誘導すればいい。他人があなたにレッテルを貼るようすをただ傍観するのではなく、「私はこういう人間」であることを、わかってもらうのだ。

手始めに、自分自身のことをよく知ろう。そうすれば、他人が自分に期待していることがわかり、他人からの見当はずれの期待に応じようと無理をせずにすむし、相手との関係も改善できる。**そして、他人が自分のことをどう見ているのかも把握しよう。**

私たちにはそうする力があるし、そうすべきだ。それなのに、行動を起こさない人は多い。他人が自分に下す不公平な評価を嘆き、そうした偏見があることに不満をもつだけ。

だが、偏見は必ず存在する。腹立たしいからと、壁にゴンゴンと頭をぶつけるのではなく、なんらかの対処をすれば、現状をひっくり返せる。偏見を味方につけることができる。

大事なことなので、繰り返す。**自分に対する認識をほかの方向に誘導したいのであれば、けっして、他人の固定観念の言いなりになってはならない。**

――全盲の男性の「自己認識」と「周囲の認識」

ワシントン州副知事に立候補しようと決めたとき、サイラス・ハビブにはそれが一筋縄ではいかないことがよくわかっていた。いわゆる典型的な候補者ではないことを自覚していたからだ。長身で、洗練されていて、カリスマ性があるタイプではない。むしろ小柄だし、物腰には粗野なところがあるし、目が見えない。政治家として成功をおさめた典型的な人物像には当てはまらないのだ。

それでも彼は、選挙で勝利をおさめることが自分の人生における最大の難題にはならないこと、そして、最大の偉業にもならないことがわかっていた。

イランからやってきた移民のサイラスは、すでにローズ奨学金、トルーマン奨学金、ソロス奨学金を獲得していた。コロンビア大学とオックスフォード大学で学び、イェール大学のロースクールで法学の学位を取得したうえ、「イェール・ロー・ジャーナル」の名誉ある編集長まで務めた。そして忘れないでほしいのだが、彼は8歳で視力を失ったため、このすべてをまったく目が見えない状態でなし遂げたのである。

サイラスは生後4カ月のときに、目の網膜に発生する悪性腫瘍、網膜芽細胞腫（もうまくがさいぼうしゅ）を患っているという診断を下され、2歳になる頃には片目の視力を失った。その後数年のうちに、見えるほうの目の視力も低下し、8歳になると、腫瘍を眼球ごと摘出せざるをえなくなった。

そのときのことをサイラスから初めて聞いたとき、私は悲しくてならなかったし、気の毒に思わずにはいられなかった。目が見えていたら、彼にはどれだけのことができただろう？　そんなふうに考えること自体に罪の意識を覚えたが、私はそう感じたことを率直に彼に伝えた。すると彼は、相手の認識を違う方向に誘導する見事な手腕を発揮した。たしかに、きみが悲しく思うのも、同情するのも当然のことだ。目が見えなくなったときの話をすると、大半の人が同じような感情を示すからね、と。

だが彼は話を続け、「実は視力を失ったことを損失だとは思っていない」と説明してくれた。だって、世界はこんな感じだという視覚のイメージを記憶にとどめておくくらいの歳月は視覚があったからね。視力を失ったのが子どもの頃でよかったんだ、まだ柔軟性があったし、目が見えなくても普通の生活を送る方法を身につけられたから、と。

そんな話を聞いていると、彼が実際にこれまで普通の生活を送ってきたこと、そしていまも普通の生活を送ろうと必死で努力を続けていることを思い知らされる。それどころか、彼は生まれてからの38年間で大半の人より多くのことをなし遂げてきた──目が見えないにもかかわらず。

サイラスの話を聞いているうちに、彼がこれまでぶつかってきたさまざまな障壁は、目が見えないこと自体が理由ではないことがわかってきた。サイラスは「障害の克服」について語っているわけではなく、「周囲の偏見に打ち勝つ」ことについて語っていたのだ。

目が見えないという状態に関する彼の「自己認識」と、彼の能力に対する「周囲の認識」が完全にずれていたのである。

——「同情」という名の偏見

サイラスは小学校3年生のときに、休み時間にほかの子たちと校庭で遊んではいけませんと言われた。みんながジャングルジムによじのぼったり、遊具で遊んだりする間、彼の隣には教師が座っていた。先生たちはあなたがケガをしないか心配なの、とサイラスは言われた。実際、そのとおりだったのだろう。でも、それは偏見の1つの形で、当時の彼にはそれをどう理解すればいいのかわからなかった。怒りを覚え、失望し、彼は何度も説明しようとした。ぼくは大丈夫です、安全に遊べるようになんとか工夫してみます、と。でも、いけません、危険すぎます、という返事が返ってくるだけだった。

それが普通の対応になった。校庭だけではなく、サイラスが直面するさまざまな状況で、同じことが繰り返された。図書館で本を借りるとき、空手の稽古を受けるとき、ピアノを習うとき。そのたびに、挑戦する機会も与えられないまま、無理だ、やめておきなさいと言われるのだった。そのうえ、こうして不利な立場に置かれるのは、相手の嫌悪感や恐怖心ではなく、同情や哀れみの念のせいであったため、問題はさらに深刻だった。

つまり、彼の話を聞いて私が感じた同情、それが問題の根幹にあったのだ。その結果、彼に無理なプレッシャーをかけたくない、彼に重荷を負わせたくないと勝手に思い、彼に対する期待度を下げる。そうした世間の偏見と、彼は闘っていたのだ。

そこで3年生のサイラスは、夕方や週末になると、母親と校庭で過ごすことにした。校庭のようすや、そこに置かれているものの位置を覚えた。ぶつかりそうな遊具や用具、先端がとがっているものの場所も覚えた。その後、彼はニューヨーク市に越したときにも同じことをした。巨大なポート・オーソリティ・バスターミナル全体のようすを把握したのだ。そしてオックスフォード大学に進学したあとも、キャンパスのレイアウトを覚え、市内を移動するやり方を覚えた。

こうして彼は物理的な空間を把握し、自分が行きたいところに安全に進んでいくやり方を頭に叩き込んだ。その過程で、出会った人たちをうまく操縦する方法も学んだのである。

偏見に先手を打つ

さて、ワシントン州の副知事に立候補すると決めたとき、サイラスには今後の展開の予想がついていた。友人や支援者にこの意向を伝えれば、きっとみんな心配し、批判し、うまくいくはずがないと断言するだろう、と。だが彼には、そうした懸念に対してどう先手を打てばいいかがわかっていた。

目が見えないのだからと、横を歩いていた人に腕をとられて道案内をしてもらうときも、同僚や友人の腕に自分から手をからめるときも、実際のところは、自分のほうが彼らを誘導していることがわかっていたのだ——自分の視点を相手に教えていることが。だから、周囲の人たちに反対され、立候補はやめておけと散々言われたときにも、サイラスには準備ができていた。

たとえば、「この手の選挙活動では戸別訪問をして、大勢の人と交流しなくちゃならない。支持を頼まなくちゃいけないんだ。きみには無理だろう？　そもそも、行きたいところに1人で行くこともできないのに」と言われたときにも、彼には準備ができていた。それが心配や懸念から生じている言葉であることがわかっていたからだ。あなたの助けになりたいが、あなたの身の安全が大切だと思っての言葉なのだ。だが彼らは、サイラスに「できないこと」ばかりに目を向け、彼の強さを理解していなかったのである。

さて、サイラスはどう応じたのだろうか。

ニューヨーク市のポート・オーソリティ・バスターミナルをご存じですかと、私は相手に尋ねる。[3]それから、あの広いバスターミナルを1人で歩き回れるようになったことを説明するんだ。それに私のスローガンでもある「点字法（ブライユ）からイェールへ」の話もする。オックスフォード在学中は、1000年前からある寮や丸石を敷いた通りを1人で歩きまわっていたこともね。それから、こう言うんだよ。近所を回る戸別訪問だって、私にはできます。私はこれまでさまざまな困難にぶつかっては、それを乗り越えてきました。戸別訪問は、私にとって最大の難題ではないんですよ、と。

そして、サイラスは歩いてみせた。戸別訪問で支持を訴えたのだ。こうして、彼は有権者とつながっていった。自分には障害があるという認識を利用し、友人やお世話になっている人たちに自分の大志を理解してもらい、選挙戦を手伝ってもらえるよううまく誘導したように、有権者たちを自分の望む方向に誘導することに成功したのである。

サイラスは自分に障害があること、自分にできることには限界があることを、自分の一部として受けいれた。そうした特徴は、まぎれもなく彼の一部だからだ。しかし、彼はそうした限界に対応し、限界を乗り越えていった──それも一度ではなく、何度も何度も。それこそ、彼が伝えることのできる利点だ。**他人の偏見を、こちらの有利になるように利**

用してきたのである。

ついにサイラスは選挙戦を制し、ワシントン州副知事に就任した。その後は「人々の声に注意深く耳を傾ける政治家」であるというイメージをすぐに確立させた。その結果、異なる意見をもつ人々が集まり、取り組むべき課題について全員が論じる場を設けることに成功した。

「機会を見つけては、スタッフと一緒に歩くことにしているんだ」と、彼は語った[4]。「そうすると絆が強まり、自分たちは同じ場所に向かっていると実感できる。〝こうあるべき〟という人物像ではなく、ありのままの自分を見てもらうように、私が彼らを誘導したんだよ」と。こうしてサイラスは障害を克服しようと努力を続けただけではなく、そのせいで置かれた不利な立場からも脱却した[5]。すなわち、障害という特徴からエッジをつくりだしたのである。

見当違いのレッテルを貼らせない

世界屈指のスタートアップ養成機関であり、創業初期の起業家に投資をするYコンビネーター社の共同創業者ポール・グレアムは、かつて「CEOが外国人訛りの英語を話していると、それだけで会社の印象が悪くなる」と語ったことがある。[6] 相手の訛りが強いと、しっかりと意思疎通をはかるのが難しくなるというのが、その理由だ。

「頭が少しでも回転するやつなら、きちんとした英語を話せたほうが成功することくらい、わかるだろ？　強い訛りが抜けない人間は、まぬけと思われて当然だね」

この発言が激しい反発を買うと、グレアムは持論をこう説明した。成功を目指すスタートアップの起業家であれば、会社をなんとしても売り込まなければならない。そのためには、自社の理念や使命を正確に伝える必要がある。だが、英語に強い訛りがあると、この重要な意思疎通を妨げることになりかねない、と。

この発言を知ると、私はすぐに外国訛りにまつわる固定観念について調査を始めることにした。その結果、アメリカでは、標準から外れた訛り（ロシア語訛りや日本語訛りなど）がある人は、中間管理職や上級管理職のポストに昇進した例がきわめて少ないという事実が判明した。

その理由として、どんな仮説が挙げられるだろう？　まずは、訛りがある人とはうまくコミュニケーションをはかれないという固定観念がある説。これはグレアムの考え方と一致する。そこで私はこれが事実であるかどうかを試すことにした。外国語訛りのある人と、標準的なアメリカ英語を話す人が話したメッセージを、無作為で選んだ被験者に聞いてもらったのだ。すると、被験者の理解にまったく違いは見られなかった。メッセージに含まれていた事実や詳細について尋ねたところ、被験者が得た情報にはいっさい違いがなかったのである。

そこで、もう少し研究対象の幅を広げてみたところ、同僚と私はその結果に驚きを隠せなかった。どの人材を昇進させるかを決めていた上司たちには、ジェンダー、人種、民族的背景、そして訛りなどを基盤に（大っぴらに）差別してはいけないことはわかっていた。その一方で、対人関係における影響力、チームにおける協調性、「既存の枠にとらわれない考え方」ができることが、だれもが認める有能な人材の特徴だった。

ところが、外国語訛りのある人は例外なく、こうした点のすべてで評価が低かった。[7]その結果、彼らはいっそう管理職に昇進しにくくなっていたのである。

外国語訛りのある起業家について調べたところ、やはりコミュニケーションがうまくはかれるか否かという点に関しては違いが見られなかったものの、対人関係における影響力では評価が低かった。この能力も、スタートアップの創業者にとっては欠かせない資質だと、投資家たちは例外なく考えている。その結果、訛りのある起業家はスタートアップへの資金を獲得しにくくなっていたのである。

その一方で、実に興味深い結果も判明した。外国語訛りをもつ人はリーダーシップが求められる地位に昇進しにくいし、外国語訛りのある起業家は資金を獲得しにくい。「対人スキル」が低いと見なされるからだ。ところが、そうした相手の認識を、こちらから先手を打てば変えられることがわかった。訛りによって相手が評価を変えることを理解しておけば、こちらの能力に対する相手の誤解を違う方向へ誘導することができるのだ。

――「こう見てほしい」方向に誘導する

例を挙げよう。エメットという女性が採用面接の場で、開口一番、こう言った。

「私には強い印象を与えるようなコミュニケーションができないとお考えになるかもしれません。でも、チームのために資金を獲得すべく、私が奔走したときのことをお話しさせてください……」

結局、この女性は英語に訛りのないほかの志望者より高い評価を受けた。また起業家であるニエン・チーは「パイを奪いあうサプライヤー市場で、戦略を練って立ちまわったおかげで、価格面で有利な条件を引き出した」体験を説明した結果、投資家の認識の方向を変え、ライバルよりも多額の資金を獲得した。

このように「不利な立場」に置かれた人は、見当違いのレッテルを貼られそうになったら、みずから行動を起こす。だからこそ適性があるのですと言い、私にはこういう能力がありますと具体的に説明するのだ。ただし、暗黙のうちに向けられる偏見や固定観念があることを明言し、そうした先入観に直接対抗するのが不平等を是正する最善の策とはかぎらない。「あなたの見方には偏見があります」と指摘して反論すると、いっそう毛嫌いされ、差別されかねないからだ。[8]

心理学者のアレグザンダー・チョップ、マーゴ・モンティース、エイミー・マークの研究によれば、**偏見があることを直接指摘すると、相手は敵意をつのらせるだけではなく、指摘した当人のなかでも負の感情が生まれ、根づきやすい**という。[9]

だからこそ偏見に直面したときには、みずからの行動を変えたり、システムや体制を変えようと働きかけたりするほうが大きく前進できる場合がある。ひらたくいえば、相手の見方を変え、違う方向に誘導する力が、私たちには備わっていることを、どの例も示しているのだ。相手がどんな先入観や固定観念をもっていようと、そうした壁を突き崩し、新たな観点で見てもらうことができるのだ。

ウォーレン・バフェットの右腕として活躍した投資家のチャーリー・マンガーは「周囲の世界の本質を見極め、それに適応しなさい。世界のほうからあなたに適応してくれることを期待してはならない」と述べた。[10]自分が他人からどう見られやすいのかを、先手を打ってこちらから伝えれば、相手の先入観だけで決めつけられずにすむ。「自分をこう見てほしい」という方向に誘導できるからだ。

——「どう見られているか」を知る2つのポイント

ドーン・フィッツパトリックが当時のアメリカン証券取引所でキャリアを始めたのは、22歳のときだった。[11]証券取引所のトレーダーたちは、彼女がどれだけもつか、賭けをした。一方、彼女はといえばそれは彼ら自身がどれだけもつかという不安のあらわれだと解釈した。おまえなんか信頼してもらえるわけがないと言われたときには、彼ら自身が信頼してもらえるかどうか不安なのだと察した。おまえにリスクを冒せるのかと尋ねられれば、彼らがリスクを冒したくないのだと看破した。

そこで、彼女は自分が戦う独自の競技場を定め、自分なりの基準を設けた。そして同僚の男性たちが設けた基準に自分をあわせるのをやめ、指図に従うのもやめた。

スイスに本拠を構える世界有数の金融持株会社UBSで仕事を始めると、彼女はデスクの下にクリスチャン ルブタンのハイヒールを置いたうえで、よく裸足で職場を歩きまわり、自信のほどを示した——自信にあふれる姿とはどんなものかという他人の考えなどおかまいなしに。きみにはタフな決断ができるのか、リスクの高い投資に踏み切るだけの判断力があるのかと尋ねられると、彼女は男たちと一緒の競技場で戦うのを拒否した。権力、利権、出世を争う「男性ホルモンの戦い」からは距離を置くことにしたのである。

その代わり、リスクを冒す際には謙虚になる必要があり、すばやく損切りできるだけの力を身につけなければならないという立場をとった。

「女性のほうが……投資の決断を下す際には謙虚になれます……損切りに関しては大半の男性より効率よく判断できるはずですと、訴えたの」と、彼女は語った。こうして、彼女は周囲の人たちを自分が望む方向に誘導し、自分の立ち位置を知らしめたのだ。

「そりゃ、身長が190センチくらいある金髪の元アメフト選手ならよかったのにと思うことも、たまにはある。でも、女性であるからこそ有利だと思うことのほうが多いから、男ならよかったのにとは思わないわね」と、フィッツパトリックは語った。[12]「それはね、自分が優位に立てるよう、私のほうから相手に働きかけてきたからよ」と、彼女は繰り返した。いまや彼女はウォール街で巨大な権力をもつ女性であり、ソロス・ファンド・マネジメントの最高投資責任者として260億ドル規模のファンドを運営している。

私自身の研究、そしてこの分野の多くの専門家の研究から判明したのは、相手からどう見られているかをおもに2つの面で理解しなければならないことだ。[13]

まず、**(1)相手の権力と地位が自分とどのくらい違うか**、そして**(2)相互依存は協力的なものか、あるいは競争的なものか**、だ。

(1)の権力と地位の差は、すんなりと説明できる。これは単に、自分と比べて相手が社会階層のどのあたりにいるかを相手が判断することを指す。これは善悪で判断するような行為ではない[14]。社会生活を送るうえで基本となる要素を判断するだけのことで、あくまでも無意識におこなっていて、人間関係の力関係を調整するうえで役に立つ。だが、人と人との、あるいは組織と組織との権力の差が大きくなればなるほど、あなたと相手の相互依存は協力的なものか、あるいは競争的なものかを、よく把握しなければならなくなる。

この場合、相手のニーズをしっかりと予想できれば、あなたのニーズを相手の目標と一致させられる。そうすれば、受け身にならずにみずから行動を起こし、自分が相手を豊かにできること、価値をもたらせることを示し、こちらが望む方向に誘導できるのだ。

たとえ権力の差がまったくない場合でも、協力的、あるいは競争的な力関係は発生する。「協同的相互依存」と「競争的相互依存」とは、相手を自分と協力する人と考えるか、競争する人と考えるかの評価を指す[15]。この決定もまた、力関係に影響を及ぼす。

たとえば、あなたの会社に就職を希望する応募者と面接をしているところを想像してもらいたい。あなたはその人物を「これから協力していく相手」と見なすだろうか？　それとも「利用して利益をしぼりだす相手」と見なすだろうか？　それとも、これから同じ職場で「出世争いをする競争相手」と見なすだろうか？　協力していく相手と見なすのであれば、あなたは応募者のいいところを見ようとする。利用する相手、または競争相手と見なすのであれば、あなたは差別しようとするかもしれない。

もっとわかりやすい言葉で表現しよう。天性の才に恵まれたピアニストのムン・ジヨンは「私たちが調和していながらも、明確な違いがあるとき、魔法が生じるのです」と語っている。一緒に協力してはいるが、互いが同じではないのだ。

こうした判断は、あなたがこれから会話をどのように誘導するかを左右する。ドーン・フィッツパトリックが同僚から慕われるようになったのは、権力や地位の差があっても、自分が同等に扱われるように仕向けることができたからだ（少なくとも、権力や地位の差など大したことではないと思わせることができた）。

その一方で、彼女は協力的な相互依存ができる人物だと思われるように努力した。同僚たちが自分のことを、あいつは女だから自分たちのライバルにはならないし、たとえ自信をもってリスクを冒すとしても、おれたちとは次元の違う話だと考えていることがわかっていたからだ。そこで彼女は工夫を重ね、男性たちの認識を別の方向へと巧妙に誘導したのである。

――あえて偏見に応じる

さて私はといえば、MBAの新たな講座を担当するにあたって、ITの「助手」ではなく、「教授」として見てもらえるようあらかじめ戦略を練っておいた。いま教えている学生たちや、以前担当していた学生たち、同僚らに話を聞き、調査してみたのだ。すると、私に対する認識や印象のおおまかなところがわかってきた――とにかく、いわゆる教授らしい人の外見と、私の外見が「そぐわない」というのだ。私は若すぎるし、女っぽい感じが強すぎる、と。

そこで、私は学生の思い込みの方向を変えることにした。最初の授業の冒頭で、「あれ？　クッキーを売りにきたガールスカウトの女の子？　私のことをそんなふうに思った方もいるかもしれませんね」と言って、学生たちが私の若さや女らしさに注目するのではなく、信頼できる教授として認識するように誘導したのだ。そして、その後の授業の雰囲気を決める信頼関係をすばやくつくりあげたのである。

その間ずっと、やりすぎにならないよう慎重を期した。さもなければ裏目に出て、この先生は自分のマイナスイメージにこだわりすぎていると、学生は拒否反応を示すだろう。つまり「虚勢を張っている」印象を与えたくなかったのだ。

その数日後、私は自分の研究の調査のため、あるベンチャー投資家から話を聞く機会を得て、そこでも同じ戦略をとることにした。

彼のオフィスに入っていくと、棚にサイン入りのバスケットボールが飾ってあったので、私は胸を高鳴らせた。なんとNBAのニューヨーク ニックスの往年の名選手たちのサイン入りボールが所狭しと並んでいたのである。パトリック・ユーイング、ジョン・スタークス、チャールズ・オークリー……。私はニックスの大ファンで、子どもの頃は試合をほぼ欠かさずに観ていたので、すごいですね、名選手のサイン入りボールがあるなんてと、感激を伝えた。

ところが彼は、あざけるような顔でこちらを見た。私はすぐに察した。若いアジア系の女に、おれの愛するニックスのなにがわかると、言いたかったのだろう。

そこで、私は即座にバスケットボールの話をやめて、会話を別の方向に導いた。まず、以前はエンジニアだったのですと、簡単な自己紹介をした（そう、エンジニアなら、いかにもアジア系らしい職業だ）。それから、これまでにもさまざまなベンチャー投資家の方たちに研究に協力していただきましたと伝え、学者としての自分についてしっかりと伝えた。

こうして会話の基盤を築くと、今回の研究のテーマについて議論しながらも、ときおりニックスのデータを引き合いに出したり、選手の特徴と比較したりした。「本当に、あの契約成立はお見事でした。ときには、アンソニー・メイソンのような圧倒的なパワーの選手に脇を固めてほしいですよね？」といった会話を挟んでいくと、彼はだんだん愉快そうな顔をするようになり、最後にはいたく感心してくれたのである。

相手を誘導し、相手の思い込みを変えていくために、私はまず固定観念に応じなければならなかった。アジア系の女性という基盤のうえで、いかにもアジア系の女性らしいふるまいをしたのである。

それから、私はその固定観念に少しひねりを入れ、相手の思い込みを変えることにした。おかげで、私はこの面談で望んでいた情報を投資家からすべて得ることができた。そして帰り際には、マディソン・スクエア・ガーデンのホームゲームで、きみが観戦したい試合のコートサイド席のチケットを2枚プレゼントするよと、言ってもらえたのだ。

あなたに対する偏見や固定観念を利用して、形勢を逆転させよう。そして、あなたがアピールしたい特質を知ってもらえるよう、相手を誘導しよう。

法則 9

他人からどんなふうに見られているかを、把握する。そうすれば相手の思い込みの方向を変え、見てもらいたい姿を見てもらえるようになる。

第10章 自分の枠組みをつくる——周囲にあわせない

お前を導くのは、使命などではないぞ。

——田辺イエロウ作『結界師』より

他人は自分のことをどう見ているのか。それを解読する過程は、ジグソーパズルのピースをはめていくようなものだ。全体像がどうなっているのか、はじめのうちは漠然としている。でも、ピースが1つずつ埋まるにつれ、どんな絵なのか、だんだんわかってくる。ところが、初対面の人と会うときには、そのたびに新たなパズルを埋めていかなければならない。だから、自分がどう見られているのかを把握するのが厄介なのだ。

思うに、これはダイエットの方法を選ぶのと似ている。2年前、私はパレオダイエットに挑戦することにした。パレオダイエットとは、旧石器時代の食事法にならって加工食品を摂らず、できるだけシンプルに調理した食材を摂るという食事法で、一時期大流行したので、聞いたことがある、試したことがあるという方もいるだろう。

ある日、友人のアナが、おかげで人生が変わったのよと、パレオダイエットを激賞した。たしかに、彼女は驚異的な結果を出していた。こちらが嫉妬心を覚えるほど、すっかりスリムになっていたのだ。「脂肪が溶けて消えていくんだから！」といった調子で、彼女が興奮気味に話すたびに、それはよかったわねえと、私も懸命に祝福したものだ。

ちなみに、彼女は意志が強い人物として知られているタイプではなく、これまでありとあらゆるダイエットを試してきたものの、どれも三日坊主で終わっていた。その彼女が、どれだけ気分がいいか、スリムになってどれほどハッピーかと、まくしたてたのだ。だから私も、そんな彼女の努力を応援することにした。そして、こう思うようになった。アナにできるのなら、きっと私にもできるはず、と。

そして短期間ではあったものの、私は実際に挑戦した。パレオダイエットでは砂糖、オートミールなどの穀類、加工食品全般など、さまざまな食品を避けなければならなかった。慣れるのに数日かかったが、なんとか対処できた。いちばん大変だったのは、乳製品を断つことだ。とにかく、私はチーズが大好きなのだ——が、必死で我慢した。この食事法は肉を（ベーコンも！）大量に食べられるし、基本的に油は制限しなくていいからだ。

1週目はひどい気分になった。だが、1週目にひどい気分になるのはこの食事法の効果があがっている証拠なのよとアナから励まされた（どうやら、これは本当らしい。この症状は「パレオ・インフルエンザ」と呼ばれていて、1週目にはインフルエンザにかかったような疲労感、吐き気、だるさに襲われるという）。だが、しばらくすると、少し成果があらわれてきた。ほんの数キロ、体重が落ちたのだ（アナに比べればわずかだったが……）。

やがて、この食事法がそれほどつらくはなくなった。卵だけの朝食にも慣れはじめた。アーモンドバターとナッツを日々の食事に加えるようになったし、本物のパスタの代わりにキンシウリを糸状にほぐしてソースをかけ、ミートボールを添えて食べるのにも慣れていった。

3週目、4週目、5週目に突入した。そして私は「パレオダイエットは単なる食事法じゃなくてライフスタイルなのよ」と語りはじめた（そう、ダイエット法を熱く語る例の面倒くさい人たちの仲間入りをしたのだ）。ところが6週目を迎えた頃、異変が生じた。アレルギー反応が起こったのだ。それは悪夢のようなアレルギー反応だった。顔じゅうに発疹、腫れ、水ぶくれがでて、とりわけ口のまわりがひどかった。

のちにわかったのだが、遺伝子の構成によって、人はそれぞれ体質が違うらしい（言われてみれば当然の話だ）。体質によって摂取すべき食品も異なり、身体のタイプによって摂取する必要のあるものも違ってくる。そして私の場合、たんぱく質の豊富な食品に含まれるアミノ酸の一種、アルギニンとリシンの摂取量のバランスが崩れた結果、悪影響が及んだらしかった。

ナッツ類にはアルギニンが含まれていて、私はナッツへのアレルギーがあるわけではないが、食べすぎるとアルギニンとリシンのバランスが崩れ、リシン不足の状態になるらしい。そして乳製品にはリシンが含まれている。というわけで、私の身体は乳製品をたくさん摂取する必要があるのだ。これで、胸を張ってチーズをもりもり食べられるというわけだ。

「自分仕様」のやり方を貫く

この一件から私が身をもって学んだのは、万人に適したダイエット法ばかりではないということだ。パレオダイエットがチーズの摂取を禁止しているからといって、私がチーズをたくさん食べるのをやめられるわけでも、やめるべきでもない。

さらに、もっと視野を広げて考えれば、この世界には無数の人たちが暮らしていて、そのひとり一人が異なるものを必要とし、望んでいる。よって**どんな状況においてもエッジをつくりだすには、その人個人のものの見方で「自分仕様」のやり方を貫かなくてはなら**

ない。他人が用意してくれた道ではなく、進むべき道を自力で見つけなければならないのだ。

――パッションがあれば必ず成功するのか？

世の中には無数の異なる人たちがいるだけではなく、だれもが不完全な人間に対処しなければならない。自分自身は気まぐれなくせに、他人に対してはあれもこれも期待する人はいるものだ。とりわけ権力をもつ地位にいて、他人の代わりに決定を下す人たちはこの傾向が強い。そのうえ私たちは、人々の意見はおおむね一致するもので、ものの考え方や認識に関しては万人に通用する基準があるのだから、それに従えばいいと思いがちだ。

だが、現実はまったく違う。私たちの将来を一変させるほど重要な決断を下す人たちには、なにを目標にし、それをどう決定すればいいのかがわかっていない。目標くらいわかっていると豪語したところで、その目標そのものがころころと変わりかねない。

この10年で、私は500人以上の起業家と350人以上の投資家に会い、話を聞いてきた。私はよく起業家に、投資家が起業家に求めるもっとも重要な資質はなんだと思いますかと尋ねたものだ。すると、大抵「パッション（情熱）があること」という答えが返ってきた。

　また投資家に対しては、この人になら資金を提供しようと決断する、そのもっとも大きな要因はなんですかと尋ねてみた。すると、やはり、圧倒的に多い答えが「パッションを感じられること」だった。たとえばベンチャー投資家のマーク・サスターは、こう即答した。「パッションあふれる起業家に投資したいね。重要なのはそれだけだ。一も二もなく、パッションだよ」と、繰り返したほどだ。

　ほかの投資家たちは、もっとくだけた口調で同様のことを表現した。「午前4時になっても、今後のことを考えるとワクワクして、なかなか寝られないようなやつがいいね」

　また、ある投資家はこう説明した。「その娘(こ)は、自分の会社のことを話しだすと、顔がぱっと明るくなるんだ。それに、私が話を始めると、一言も聞き漏らすまいと熱心に聞き入る。彼女はどうしても事業を軌道に乗せなきゃならなかった。あの熱意には圧倒されたね」

　また、パッションとはなにを意味し、なぜそれほどまでに重要なのかを説明する持論を展開し、説明してくれた投資家もいた。

> 　どんな場合であれ、成功の9割は「本気で取り組むかどうか」にかかってるんだ。この業界で経験を重ねるにつれ、本気で事業に取り組んでいない起業家の多さに呆れ

ることが増えてきてね。たしかに成功の一割を左右するのは能力と運だが、パッションをもって真摯に取り組んでさえいれば、ベストを尽くせるものだ。パッションがあれば、どうにかして失敗を回避しようとする。それはね、想像以上に大切なことなんだよ。

私自身、起業家が示すパッションを検証したところ、投資家たちの意見のとおりだった――情熱は大切だ。そして、スタートアップの資金を融資する相手を判断するうえで、もっとも重視する要素でもある。

スタートアップが資金獲得を目指してプレゼンを競いあうコンテストで、パッションがあると投資家から評価された起業家は、パッションがないと評価された起業家の7・4倍、資金を獲得しやすかった。[1] そればかりか、パッションの持ち主と認識された起業家は、収益性、製品の性能、市場規模といった客観的なデータの弱みを打ち消すことができた。

だから、起業家が投資家に向かってプレゼンするときに、どうにかして熱意を見せなければと必死になるのも当然なのだ。私自身、どうすれば熱意あるところを見せられますかと、起業家からよく尋ねられている。

一方、パッションの本質を突きとめようとした学者もいる。ペース大学のメリッサ・カードン教授は、数人の同僚と協力して起業家のパッションに関する研究に着手し、パッションとは「起業にまつわる活動に真摯に取り組んだ結果、起業家が感じる強烈な肯定感」であると定義した。[2]

起業家のこうした熱意は、どうやら投資家自身の熱意の度合いにも影響を及ぼすらしい。[3]起業家の熱意を感じると、投資家の感情にも変化が生じるのだ。複数の投資家が異口同音に次のような話をするのを、私自身、何度も耳にしてきた。「あふれんばかりの情熱が伝わってきて、こっちまで夢中になってね。彼と同じように胸を高鳴らせているのが、自分でもわかったよ」

ということは、少なくともスタートアップの世界でエッジを獲得するには、自分をよく理解したうえで、いかにパッションをもっているかを示せばいいということになる。表現力に磨きをかけ、ワクワク感を伝えればそれでいいはずだ、と。だが、現実はそう簡単にはいかない。

私が調査したところ、「パッションあふれる起業家が欲しい」と言ったとしても、それが実際になにを意味するのか、投資家本人にもよくわかっていないことが多かった。つまり、パッションとはなにを指すのかという解釈が人によって違うのだ。

自社のビジョンについて情熱をもって語れる起業家を望むという投資家もいる――自分が取り組んでいることを本気で信じている、それこそが肝心なのだ、と。また、仕事に全面的に責任をもって取り組む姿勢を示す起業家を望むという投資家もいる――困難な時期を乗り越えるだけのガッツが大切なのだ、と。2つのパッションを兼ね備えている起業家がいちばんだという投資家もいれば、2つのパッションはまったくの別物だと考える投資家もいる。だから、起業家であるあなたがいずれかのパッションを伝えた場合、1人の投資家には関心をもってもらえても、別の投資家には冷たくあしらわれるかもしれない。

だが、これは投資家による違いだけにはとどまらない。ある投資家がパッションとはXを意味すると考え、別の投資家はYを意味すると考えるという話ではすまないのだ。

私はこれまで多くの投資家たちに「パッションとはなにを指すのでしょう?」と尋ねてみたのだが、まず、明確な答えが返ってくることはなかった。

たとえば、あるとき、1人の投資家が「パッションを感じられない人間には、だれであろうと投資しないね」と言ったことがある。ところがその後、5分もたたないうちに「客観的なデータのすべてが好条件の投資だと示しているにもかかわらず、この起業家には投資しないと決断したことはありますか?」と尋ねたところ、彼はこう応じたのだ。

「そういえば、大量のコーヒーをがぶ飲みしてきたような雰囲気の男がいてね。たしかに熱意は感じられたんだが、彼には投資する気になれなかったよ」と。

投資家が起業家に求めるものはただ1つ。そんなふうに考える人もいるだろうが、その「求めるもの」はいつなんどき変わるかわからない。

人は他人になにを求めているかがわかっていないだけでなく、たとえあなたが自分にはカリスマ性があるとか、やむにやまれぬ情熱を伝えていると思っていたとしても、往々にして気づかない。

このように、自分が実際よりも注目されていると錯覚する「スポットライト効果」は、どこでも起こりうる。[4] 人はだれしも、自分だけの世界では自分が中心だが、自分以外の人たちの世界の中心ではないことをつい忘れてしまう。すると、自分が他人に与える影響をとことん過大評価してしまうのだ。

だから自分を訓練して、そのスポットライトを当てる向きを変えよう。そして、こちらに共感してもらえるよう、相手を誘導しよう。こうして相手を誘導し、方向性を変えれば、こちらに対する思い込みを変えることができるのだ。

自分の個性と他人の認識を結びつける

ゲイリー・ヴェイナチャックは、ワイン専門のオンラインショップ〈ワイン・ライブラリー〉やデジタル・マーケティングを展開する〈ヴェイナメディア〉を立ちあげてきたSNS時代の寵児だ。その彼が「僕はだれの意見にも絶対に左右されない。それに、だれかになにかを期待することもない」と、私に語ったことがある。

これに対して私は「ウソこけ」と応じた（これは彼がよく使う言葉で、私は普段使わない）。そして、貴社が大成功をおさめたのは、あなたが公の場で発揮する個性に魅力があるからで、あなたが自分の個性と自分に対する他人の認識をうまく結びつけたからではありませんかと、指摘した。彼はあけっぴろげなまでにありのままの自分をだしながらも、世間から期待される「ゲイリー・ヴェイナチャック」という人物像と調和させているからだ。すると、彼はこう反論した。「いや、そんなことはないと思うね。だから〈ヴェイナメディア〉をいつ辞めてもいいと思っているし、また新たな事業を立ちあげるかもしれない。そうなったら、また世間をあっと言わせるようなことをしたいね。そう考えると、ワクワクするだろう?」。この彼の言葉こそ、私の指摘が正しいことを証明していた。

ゲイリーは私とは違い、ハイスクールでの成績はよくなかった。別に私は成績がよかったことを鼻にかけているわけではない（だって彼はいまや純資産1億6000万ドルの大金持ちだが、私の純資産はといえば……）。そして彼の成績がよくなかったことを私が知っているのは、彼と同じハイスクールに通っていたからだ——ニュージャージー州の片田舎にある公立のハイスクールに。

ゲイリーは〈金色の星〉を得ようと必死になるような真似はせず、野球カードを売ったり交換したりするサイドビジネスに放課後や週末の時間をあてていた。まずは地元のショッピングモールで開催されるカード販売会に参加し、100ドルから150ドル程度の場所代を払い、カード販売で利益をあげることを目標にした。またカードの販売をしていないときには、父親が経営するワインとリキュールの専門店で氷を砕いたり、商品の補充をしたり、在庫を管理したりするのを手伝った。

ゲイリーはこう語った。当時、僕が自分の好きなことだけやっていたら、20代前半の時期はただスポーツ観戦をしたり、野球カードを眺めたりして過ごしていただろう、と。

彼は早い段階から強い自意識をもっていて、そんなことはないと私に反論してみせたものの、やはり外部から期待される責任を果たしながらも、ありのままの自分を発揮するやり方をみつけていたのだ。つまり「家業を継いでほしい」という家族の期待に応えたのである。

「ワインと野球カードに違いはないってわかったんだ。スポーツのトレーディングカードの価格を知りたければベケットスポーツ・カード・マンスリー誌を読めばいい。どのカードの人気が上がっていて、どのカードの人気が下がってるのか、毎月、情報を得られるからね。だけど、ワインの世界にはワインスペクテーターっていう専門誌があって、ワインに得点をつけて評価してるんだ。これを参考に、小売店はワインの仕入れを決めるんだよ。だから、野球カードもワインも、基本的には同じやり方をとってるんだ。昔はよく、カードもワインも同じじゃないかって、ジョークを飛ばしたものさ」

大学を卒業するとすぐ、ゲイリーは実家のワインとリキュールの専門店でフルタイムで働きはじめ、野球カードの販売で学んだテクニックを応用して、売上増大に貢献するようになった。「それまでは『おや、この野球カードはどうだろう？』と思っていたのが、『おや、こういうワインの販促はどうだろう？』とか『このタイプのワインを置いたらどうだろう？』って考えるようになったんだ」。若かりし頃は疲れを知らずに働き、毎日、ワイン販売に関するアイディアを15から20もひねりだしていった。

ゲイリーは、親友のブランドンがようやく店で働いてくれるようになると、どうすれば店の規模を大きくして収益を増やせるだろうと、一緒にあれこれ戦略を練りはじめた。だがほどなく、大きな壁にぶつかっていることを自覚した。あの男はワインの目利きとしてはまだ若すぎる、経験が足りない青二才だと見なされて、業界で不利な立場に置かれていたのである。それに、家族はワイナリーを所有しているわけではないし、店も単なるディスカウントショップだ。よって、彼が新たな手法をとると、業界の掟破りだと見なされ、ワインビジネスという聖域を尊重しない若造だと、怒りを買うことも多かった。

だがゲイリーとブランドンには、顧客から「メジャーなワイン業者」として認めてもらうには、ワイン界におけるトレンドの最先端を把握する必要があることがわかっていた――彼らが野球カードの販売をしていたときには、選手のデータに精通し、トレンドを敏感に把握していたように。

そこでまず、主要なワイン生産地とつながりをもつために、オーストラリアとスペインのワインを輸入している大手ではあるがあまり知られていない業者と取引を始めた。その結果、新興地で生産された最良のワインをいくつか揃えることに成功し、この品揃えはのちに収集家の喉から手がでるほどの名品となった。

このおかげで、名高いインシグニア、ドミナス、ケイマスといった銘柄のワインも取引できるようになった。いずれもオーナーの知人であるか、特別枠として認められている業者でなければ、まず取引してもらえない銘柄である。

ゲイリーは顧客ともつながりを築き、積極的に関わりをもちはじめた。すると、ワインの世界はきわめてエリート志向が強いことがわかってきた。だが、彼自身は、ワインは幅広い層に愛飲されるべきものだと考えていた。自分だってこの業界では型破りな人間だと思われたのだから、従来の考え方にとらわれない顧客だって大勢いるはずだ、と。そう考えた彼は、従来の型にとらわれずに挑戦してきた実績を武器にして、新たな顧客層の開拓に着手した。

まずは顧客リストをつくり、全員に上質のワインを紹介することにした。希少な高級品、スペインやオーストラリアからの輸入品、その他新興国のワインをだれもが購入できる機会を提供したのである。ファックスでお薦めの品を知らせるサービスも開始し、深夜にファックスを送るという工夫をした。午後9時に店を出る前に、希少な高級品を紹介するちらしを午前3時にファックスで送信する予約をしておいた。そうすれば、朝、職場にやってきた人たちがお薦めワインを紹介する紙を必ず目にするからだ。ボタン1つ押すだけで、大量の情報をすばやく顧客に送ろうという、ゲイリーならではの戦略だった。

やがて業績が上向くと、ファックス・サービスはEメール・サービスに進化した。ゲイリーは顧客ひとり一人に感謝の気持ちを綴ったメールを送り、ついには個人宛に礼を述べる短い動画まで添付するようにした。

ここで動画を利用したことがきっかけとなり、ゲイリーはワインやテイスティングの入門編の短い動画をつくることにした。その後も動画の発信を続けた結果、ゲイリーの人懐っこい気さくな話し方が視聴者の心をつかみ、じきに膨大な数の視聴者の獲得に成功した。そこからユーチューブに「ワイン・ライブラリーTV」というチャンネルを登録し、ついには自分の店も〈ワイン・ライブラリー〉という名称に変え、ネット販売とワイン配送サービスを手がけることにした。

現在、〈ワイン・ライブラリー〉は年商6000万ドル以上稼ぐ企業に成長している。ゲイリーはいま、SNSに特化したデジタル・マーケティングを手がける〈ヴェイナメディア〉のオーナーでもあり、自分が〈ワイン・ライブラリー〉で工夫したように、親しみやすい個性やブランドづくりを目指す企業を支援している。さらにプロスポーツ選手のエージェントを務める〈ヴェイナスポーツ〉を立ちあげ、K・SWISSとコラボしたスニーカーも発売した。またGaryVee（ゲイリーヴィー）という自身のチャンネルもユーチューブに登録している。

――自分を曲げず、他人からの見え方も意識する

ゲイリーのことをよく知る人たちは、あいつは率直で、正直で、そのまんまの人間だ、

と評する。たしかに、彼はきわめて自己認識ができている人物だ。ここまで成功する道のりでは多くの偏見にさらされてきたし、とりわけ当初はワイン業界のお歴々から冷たくあしらわれたが、ゲイリーはその話はほとんどしない。彼には経験が欠けていて、未熟であったからこそ、そしてエリートではない若者という立ち位置を武器にしたからこそ、ワイン業界における型破りな経営者として名を馳せるまでになったのだ。

だが、**彼がエッジを獲得したのは、ありのままの自分を曲げず、「他人からどう見られているか」を常に意識したから**だ。自分の強みを活用してチャンスをみつけ、顧客とつながり、積極的に関わってきたからだ。気さくで、人との間に垣根をつくらない雰囲気を強みと自覚し、彼は顧客や業者を魅了していった。そして業界のほかの人間にはできないやり方で、消費者をワインの世界へと案内した。そして、ワインに関しては忌憚(きたん)のない意見をずばずばと言い、顧客を喜ばせたうえ、ワインにまつわる新たな体験を提供することで、顧客を豊かにしたのである。

周囲にあわせても、長い目で見るとマイナスになる

こうしたゲイリーのストーリーを聞くと、エッジを獲得するのは実にシンプルなことの

ように思える。だが当初、ゲイリーは業界になじんでいなかった。ワイン業界のエリート軍団の一員ではなかったのだ。私たちもよく、ゲイリーと同じような状況に置かれる――自分には居場所がない、この場にいる資格がないような気がするのだ。すると、うまくいっているようなふりまですることになる。

だが、胸に刻んでもらいたい。だれもがなんらかのレッテルを貼られていることを。他人の思い込みやレッテルは、だれにでもつきまとう。だから、より多くの特権を得ようとする競争に参加したところで、長期にわたる成功をおさめることはできない。

長い目で見れば、そしてあなたの人生を俯瞰すれば、いくらうまくいっているふりをしたところで、それは一時的な気休めにしかならない。そもそも長続きしないのだ。自己不信に陥り、不安ばかり感じていれば、そのもやもやとした気持ちをいつまでも引きずることになる。固定観念にあわせるしかないという恐怖心はきわめて強く、いくら「エリート集団」の一員になろうと努力したところで、結局は自分が正当な評価をしてもらえないのではと不安になり、いっそうの自己不信に陥るだけだ。

これこそ、私が工学を学んでいる間に体験していたことだった。私のほかに電子工学を専攻する女子学生は3人しかいなかった。そして女子学生たちはみんな、いわゆる「男らしい」特質をもってはいなかった――それなのに、私たちはいかにも「理系男子」のようにふるまおうと努力していたのだ。研究によれば、数学を学ぶ女性、また職場のマイノリティはこうしたふりをするという。[5] そうすれば、たしかに一時的には波風を立てずにすむが、長期にわたる成果にはマイナスの影響が及ぶのだ。

――自分以外のふりをすると起こること

さて、じきに私も自分がエリートの一員のようなふりをしていることに気づいた（私の友人は「さえない白人男性」程度の自信はもつようにしていたそうだ）。そこで、文化、規範、環境がいわゆる「エリート」によって定められている環境では、自分が望む方向に会話を誘導することにした。なにも万人が「エリート」のふりをするとはかぎらない。その場の状況に応じて、人はあらゆるタイプになろうとする（最近の私のお気に入りは「オプラっぽくふるまえ」だ。トーク番組の司会者として大きな影響力をもつオプラ・ウィンフリーがいかにもしそうなことを真似するのだ）。

たしかに私にもエリート集団の一員であるようなふりをした時期があったが、仕事を始めてしばらくすると、これではいけないと自戒するようになった。

自分でないだれかのようにふるまうと、結局、トラブルに巻き込まれることがわかったのだ。というのも、男性のようにふるまうと――というより、いかにも男性らしいと私が思う行動をとると――十中八九、反感を買ったからだ。やけに攻撃的な女だと思われ、結局、なんの成果もあげられなかったのだ。

さて、私が新たな仕事に就いたときのことだ。師として仰ぐ尊敬する先輩が「きみの今度の仕事では、人脈づくりや権力者とのコネづくりが欠かせないぞ」と教えてくれた。「だから社内のいろいろな人に連絡をとり、自信をもった口調で、コーヒーでも飲みませんかと誘ってみなさい」と。私はその教えを守り、いくつかコネをつくり、ほんの数回、コーヒーを飲みながらのミーティングまでもち込むことができた。

ところが、こうした体験を何度かしたあと、これでは表面的なつきあいしかできていないと思うようになった――相手に心をひらいてはもらえない、と。いつも表面的なアドバイスしかもらえなかったし、いつも判で押したような会話が繰り返されていたのだ。きみのような人材がいてくれてありがたい、わが社はきみのようにやる気があって新たな仕事を開拓しようとしている社員にはいくらでもチャンスを用意している、大勢の人と知り合いになっておきたまえ……。だから、いくら重要人物と面談する機会を得ても、有意義な関係を築けた実感はまったく湧かなかった。

それなのに周囲の同僚たちからは、「この前、部長が高級寿司店に連れていってくれて、

ITチームを紹介してくれたんだ」「営業成績の表彰式に、専務が呼んでくれた」などと、お偉いさんたちと親しくなったという話をよく聞かされた。なかには「まったく、今日はバテバテだよ。例の重役に午前3時頃までバーにつきあわされてさ」と、自慢そうに話す同僚までいた。

あきらかに、私にはそこまで人脈づくりができていなかった。悩んでいると、また助言を受けた。「とにかく、がむしゃらにアタックしてみろ。ランチに誘ったり、飲みに誘ったりするんだ。ただコーヒー片手の面談じゃ話にならんぞ」と。けれど、私は頭の片隅で、こう考えていたのを覚えている。「私にそんなことできるはずないでしょ。アジア系の若い女なのよ？　どうやって会社の上級管理職の男性を飲みに誘えっていうのよ？」。そんな真似ができるはずがない。自分には無理だと、直感的に悟ったのである。

ところが、そのわずか数週間後、社内の上層部と知り合いになる能力が自分にもあることがわかった——それも想像を超えるほど心をひらいてもらい、ありのままの自分を知ってもらうことができたのだ。

ありのままでいることの価値

その日、私は業界のカンファレンスでプレゼンをする予定だったので、航空機で早めに現地入りすることにした。そして空港に到着すると、わが社の本部長が同じ便に乗っていたことがわかった。

私は彼のところに行って、挨拶をした。そして、カンファレンスにいらしたんですか、それとも別のご出張ですかと尋ねた。すると、カンファレンスに出席するんだよという返事のあと、「きみはどうやって会場に行くんだね？」と尋ねてくれた。タクシーで行くつもりですと応じると、「そうか、私は運転手が迎えにきていてね」と言われた。

だが、彼はすぐ、こう言ってくれた。「一緒に乗っていくかい？」

その後の45分ほどのドライブで、私たちはずっとおしゃべりを続けた。そして彼は、私が自信をもち居心地よくいられる会話の雰囲気をつくってくれたうえ、私のことをよくわかってくれた。こちらから無理やりレストランやバーに誘ったあげく、相手に無駄な時間だったと思わせてはならないとあせる必要はなかった。飲みに誘ったのだから、いいところを見せなくては、機知に富んだ会話をして相手を楽しませなくてはと気を揉む必要もなかった。それに、下心が見え見えのような気がして、恥ずかしい思いもせずにすんだ。あの車中で、私はただ自分らしくいられたのだ。

そのうえ、彼には時間の余裕があった。駆けつけなければならないミーティングがあるわけではなかったからだ。私たちは45分間、車中に閉じ込められていて、その時間をひたすら楽しんだ。会話はごく自然に流れていった。なんの思惑もなく、ただ見知らぬ相手のことを知ろうとしただけ。

会話のなかで話題になったことがあれば、私は彼に助言を求めた。私はウイットをきかせた会話をすることができたし、持ち前のユーモアを発揮することもできた。その結果、私が頭のキレる人間であること、物事を深く考え、洞察力もある人間であると、わかってもらえたのだ。私という人間の魅力を、ごく自然にアピールできたのである。

カンファレンスで、彼は次から次へとミーティングをこなしていた。それでも、私のプレゼンの最後の10分に間にあうように駆けつけてくれて、すばらしいプレゼンだったと褒めたあと、きみには天性のプレゼンの素質があるとまで言ってくれた。その数週間後、私は彼の依頼で、彼の直属のチームにプレゼンをすることになった。その後、今日にいたるまで、私のもっとも信頼するメンターである彼との交流は続いている。

自分に対する他人の見方を変えたいと思ったら、この私の体験談や、〈ワイン・ライブラリー〉や〈ヴェイナメディア〉で成功をおさめたゲイリーの体験談を思いだしてもらいたい。ゲイリーはいかにも上流階級を気どったワイン界のエリートのようなふりをしなかったし、私自身も宴会で強い酒を一気呑みする男たちのような真似はしなかった。

なぜなら、**他人が望む人物像を勝手に想像して、それに自分をあわせることなどできないからだ。**そもそも、どうすればいいのかわからないし、相手が望んでいることもわからない。相手にだって、自分がなにを望んでいるのかわかっていないのだ。

だから、柔軟に考えよう。そして、ありのままの自分を見せるチャンスがやってきたら、しっかりとつかまえよう。そうなったら、もうおどおどせず、胸を張ってチャンスに臨もう。

自分が望む方向へと他人を誘導するのは、なにも骨が折れる作業ではないし、つらいものでもない。無理をしてまでしなければならないことでもない。ちょっとしたきっかけでそうなることもあれば、少し世界を広げる努力をすれば自然とついてくることもある。

とりわけ自分に対する認識を変えたいときには、あくまでも無理をせず、自然体で臨んでいこう。

法則
10

「他人が望む人物像」を勝手に想像せず、自分の個性と他人の認識を結びつけ、こちらの持ち味を知ってもらう。

第11章 「これまで」と「これから」

──自分の価値を伝える

あなたには「あたしの才能はこんなもんじゃない」と言うだけの力があるのよ。

──シンディ・エッカート（アメリカの起業家）

他人が勝手に判断するのは、あなたの能力や人間性だけではない。あなたの道のり、すなわちこれまで歩んできた道のりと、これから歩むことになる道のりについても、勝手に判断する。

学者の世界では、徒弟制度に従うことが期待される。[1] 指導教員に面倒を見てもらい、研究の手法を教えてもらい、学者の世界へと送り出してもらうわけだ。あとは自力で精一杯稼ぎたまえ、と背中を押されて。

私の場合は、7章でエピソードを記したように、ラフィとマックという2人の高名な教授と幸いにも夕食のテーブルを囲めたおかげで、道が拓けた。とはいえ、そのチャンスに恵まれたのは、大学に招待してもらえるよう、私が努力したからだ。

大学訪問に招かれる前には、4カ月から6カ月の準備段階を経る。この期間に、自分が徒弟制度のなかで師匠からまじめに教えを受けたことを証明しなければならない。私の専門分野である組織科学と行動科学では、博士課程の最終年度になると「市場に出る」。つまり採用してくれる単科大学か総合大学を探し、ポスドク（博士号取得後の任期制の研究職）か教員になる道を歩みはじめるのだ。

この期間に、学生たちは必死に戦略を練り、事前準備に取り組む。応募する大学に送る資料を数カ月かけて用意しなさいと言われるのだ。この資料には、履歴書、これまでに執筆した論文など文章力を示す複数のレポートのサンプル、これまでの研究の概要、教育に対する考え方や教育経験などの要約、そして複数の推薦状が含まれる。

そして正式に応募書類と資料一式を送付する前に、毎年1万人以上が参加する米国経営学会主催のカンファレンスに参加しなければならない。このカンファレンスで、学生は人脈をつくるイベントに参加し、関心をもっているいくつかの大学に最初の面接を申し込み、できるだけ多くの人と話をしようとする。市場に出ている学生はすぐに見分けがつく。みんなきちんとしたスーツ姿で、ほかの人たちはもっとカジュアルな格好をしているからだ。

「普通ではない」ことが武器になる

私が市場に出た年、敬愛する指導教員（このいたらない弟子の師匠）が1つだけ、特別な助言を授けてくれた。「プロムクイーン〔訳注：ハイスクールの卒業パーティー「プロム」の人気投票で選ばれる女子学生〕になりなさい」

そう言われて、「えっ、卒業にあたっての助言はそれだけ？」と、呆気にとられたことを覚えている。私は彼女の指導のもと、4年間勉学に励んだが、研究内容、改善点、取り組むべき課題、データのとらえ方などについて、いつだって怒涛の勢いで助言を受けていたからだ。

レポートや論文を提出すれば、どのページにもびっしりとコメントが書かれていた。不要な単語は赤ペンで消され、余白には疑問点や修正案が記され、ここを修正したらどうか、ほかにもこんな点を考えるべきではないかという提案も書かれていた。

それなのに、博士号を取得してようやく船出のときを迎えた私に対する唯一のアドバイスが「プロムクイーンになりなさい」とは。

唖然とした私は「プロムクイーン？　それ、どういう意味ですか？」と、慌てて尋ねた。説明してくれないと、わけがわからない。だが、彼女はただ「プロムクイーンとデートしたいって、みんな思うでしょ」としか言わなかった。そして、私を社会へと送りだしたのである。

正直なところ、私の実生活はプロムクイーンからはほど遠いものだった。そのうえ、社会科学という学問の分野においても、プロムクイーンからほど遠い存在だった。

なにしろ、学者の世界における主要通貨とは、学術誌（ジャーナル）に掲載された論文の数なのだ。そして、私の論文は一度も掲載されていなかった。論文掲載なき研究者にチャンスなし、だというのに。

博士課程の学生は大抵、論文が何度か掲載された経験があるし、最低一度はあるものだ。それもできれば一流ジャーナルが望ましい。一流ジャーナルに論文を掲載された経験がある学生には、複数の大学が目をつける。こうした学生であれば、権威ある大学で職を得る確率が高い。

一流ジャーナルに掲載された論文がない学生は、博士号を取得した大学院の質を重視される。一流の大学院の出身者であれば、今後、一流ジャーナルに論文を掲載される可能性が高いからだ。そして、大学院には明確な序列がある――マサチューセッツ工科大学、スタンフォード大学、イェール大学などが最上位と見なされ、ミシガン大学、テキサス大学オースティン校、ノースカロライナ大学といった公立の有名大学も一目置かれる。だが、私にはどちらのアピールポイントもなかった。ジャーナルに論文が掲載されたことはなかったし、有名大学院出身者として箔をつけることもできなかった。博士号はカリフォルニア大学アーバイン校で取得できる見込みだったが、ここは大学院の順列ではトップ50にも入っていなかった。

そこで私はあれこれ考えはじめた。どうして彼女は、プロムクイーンになる素質が私にあると思ったのだろう？　もしかすると、母親のような気持ちで私のことを考えてくれたのかもしれない。うちの娘はクラスでいちばん可愛いのだから、プロムクイーンに選ばれて当然だと思ったのかも、と。

いよいよ米国経営学会のカンファレンスに参加することになり、人脈づくりに励みはじめてもなお、指導教員のアドバイスに対する疑問がずっと頭の隅に残っていた。そして私はそのカンファレンスで、いわば本物のプロムクイーンやプロムキングを目にすることになった――一流ジャーナルに論文を何度も掲載されている彼らは、一流大学の教授たちにワインや食事でもてなされ、周囲の人間を魅了するカリスマ性をもっていたのである。

彼らの姿を見たとたんに、現実問題として、私はプロムクイーンではないことを痛感した。そしてまた数多くの大学の関係者が、すでに目をつけている学生たちとだけ親密に話していることにも気づいた。ここで会う約束をすでにかわしていたのだろう。ということは、私がいくら人脈づくりに励もうとしたところで、彼らはまず相手にしてくれない。

そのカンファレンスには私の指導教員も参加していたので、その日の夜、会うことができた。彼女から「どう、プロムクイーンになれた？」と尋ねられたので、「いいえ。でも、プロムクイーンには会いました」と応じた。

彼女は微笑むと、こう説明してくれた。有名大学院の学生でないことなど、なんの関係もないのよ。あなたはしっかりと勉強してきたのだから。ほかの学生より優秀ではないかもしれないけれど、同じことはできると自信をもちなさい。大学院の名前で、あなたの能力が決まるわけじゃない。それに、論文が掲載された回数がいちばん多くなくても気にしちゃダメ。あなたは論文の掲載だけを目指して学問を続けてきたわけじゃないし、これからもきっと、そんなことにはこだわらずにわが道を進んでいくはずだから、と。

いわゆる典型的な博士課程の学生らしい道のりを歩んでこなかったことを、相手に理解してもらう。彼女はそれを、私に期待していたのだ。

必死で論文を仕上げて、論文掲載に向けて煩雑な手順を踏み、ようやく1、2回、ジャーナルに掲載される。そうすれば名刺代わりの論文ができるという道のりを、私はたどってこなかった。それに、旧態依然とした徒弟制度に従って勉強してきたわけでもない。有名教授の教え子として認められ、研究成果を披露したいという上昇志向をもって努力を重ねてきたわけではなかったのだ。

「でも、だからこそ、あなたは普通とは違う存在になれるの」と、彼女は言った。「あなたは特別な存在なのよ。それを武器にすれば、あなたはプロムクイーンになれる――みんなの注目を一身に浴びて、関心をもたれる人気者に。あなたには、特別なオーラがある。それはね、その他大勢とは違う、特殊な道を歩んできたからなの。そこをアピールしなさい、おばかさんね」（最後の台詞は私が頭のなかで付け足しただけで、彼女が実際にそう言ったわけではない）

あなたのデータを相手に伝える

自分のことを勝手に決めつけさせてはならない。本章の冒頭で引用したシンディ・エッカートの言葉のように、「きみの才能はこの程度だ」と、他人に決めさせてはならないのだ。

だから、**あなたがこれからたどる道筋を相手に知らせよう。相手が折れ線グラフを描け**

るよう、こちらのデータをいくつか伝えるのだ。

そうすれば、あなたが相手に見てほしい右肩上がりのグラフができる。あなたの将来性を勝手に決めつけさせるのではなく、こちらから伝えよう。あなたがこれまで歩んできた人生の道のりを受けいれると同時に、今後の道のりを明るく照らしだすのだ。

「私にはいくらでも伸びしろがあります」と、はっきりと伝えよう。

私が歩んできた道のりは、他人から「こうしなさい」と言われたものではなかった。あなたの情熱のおもむくまま独自の研究テーマを探求しなさいと励まされ、支援を受けたうえで、歩んできたものだった。他人から研究テーマを与えられる学生もいたが、私は自力で考えぬき、試行錯誤を重ねながらある現象に関する研究を続けた。その結果、それまで解決されてこなかった問題に対して、解答を見つけることができた。

つまり、ある起業家に投資するか否かを判断する際に「第六感」がどのような役割を果たしているかという問題について研究したのである。それは従来の経済理論の枠に入らないテーマであり、起業時の資金獲得に関する一般的な考え方からも大きく逸脱していた。それに、そんなテーマに挑戦しようとする研究者はほかに1人もいなかった。だからこそ、私は実に目新しく、かつ興味深い博士論文を書きあげることができたのだ。

たしかに私が歩んできた道のりは輝かしくもなければ、世間で高い評価を受けるものでもなかったが、唯一無二の個性をもつ、特別なものだ。私と同じ道のりを歩んだ人はいなかったし、そこから生まれたストーリーも、その結実である論文も、私独自のものだったのである。

——行きたい道の地図は自分で描く

このストーリーがどのような展開をたどるのか、読者のみなさんはもうご存じだ。私はフィラデルフィアでステーキをご馳走になったあと、ついに研究職に就くことができた。そして、あのカンファレンスで優秀な学生たちをワインや食事でもてなし、ぜひ、うちにきてくれたまえと口説いていた有名教授たちのオフィスのすぐそばで仕事をするようになった。

それから何年かたった頃、ふとした拍子に、その有名教授の1人にこう言われた。きみを採用したのは「未完成」に見えたからだよ、と。まったく新しい独自の観点で文献を読みとく能力があり、これからどんどん才能を開花させるはずだと思ったという。それは、私の指導教員が言っていたのと基本的に同じことだった。

その後、私はつくづくと思った。プロムクイーンになるには、どこか特別なオーラを放たなければならないのだ、と。**自分がどこからきて、これからどこに向かうつもりなの**

か、しっかりと地図を描いて説明して、こちらの価値を相手に理解してもらうのだ。

だが往々にして、私たちは他人と同じ道をたどってしまう。先人の真似をすれば成功に向かって邁進できると思い、いわばロードマップとして利用するのだ。そして、他人とは違う独自の個性があっても平凡な枠に押し込めようとする。だが、万人がたどってきた盤石な道を選び、ほかの学生と同じような手法で自分を売り込んでいたら、私は惨憺たる結末を迎えていただろう。

── 自分のストーリーを伝える

そもそも、これまで歩んできた道のり、これから歩んでいく道のりに、なぜそれほど重い意味があるのだろう？　1つには、自分の道のりを明確に伝えられれば、あなたという人間を首尾一貫した方法で有意義に理解してもらえるからだ。そんなものは単なる身の上話にすぎないと一蹴する人もいるかもしれないが、これはきわめて有効な方法だ。

一人称で語るナラティブには、イソップ物語のようにちょっとした教訓や倫理観を伝える力があるし、こっそりと秘話を伝えるような親密さもある。一方の道のりには、いまどこにいて、どこからきたのかを伝える力がある。1人の人間として自分のことを知ってもらったうえで、どんな期待に応えられるかを明示できるのだ。

そうすれば相手に知ってもらいたいことを、あなたのほうから発信できる。有形であろうと無形であろうと、あなたに関する事実に基づく情報をまとめて提示できるのだ——あくまでも、あなたの好きなようにまとめて。

相手がまとめるのではない。そこが肝心だ。どこの世界にも、あなたの説明書を勝手に書きあげようとする人がいる。自分が気づいたちょっとした手がかりをもとに、あなたという人間像をつくりあげてしまうのだ。もちろん、そこには偏見も混入する。だから、こちらから自分がたどってきた道を説明しよう。そうすれば相手からハンドルを奪い、あなたが望む方向に進めるようになる。

相手があなたに対する固定観念をいっそう強めてしまえば、あとからその考えを覆すには多大な努力を要する。そうなる前に、こちらが主導権を握るのだ。

私が大学の人事委員会の面々に対してとったのも、まさにこの行動だった。私の論文がジャーナルに掲載されていないからと候補から外される前に、自分でハンドルを握り、実に画期的かつ革新的な研究の成果をあげたことを伝えたのだ。すると教授陣は、私の経歴以外のところに目を向けるようになった。そして、一流ではない大学院の候補者を採用するのはリスクが高いという考えをあらため、ダイヤモンドの原石に賭けてみようという気になってくれたのである。

このように、「私はこの組織にふさわしい道筋をたどってきたのです」と明示できれば、価値をわかってもらえる。相手を豊かにできることも伝えられる。さて、あなたは自分の道のりについて、なにを知ってもらいたいだろう？　あなたには相手を豊かにする能力があり、大きな可能性があることを、どうすれば伝えられるだろう？

それはなにも難しいことではない。たとえば、X地点からY地点にどうやって行くつもりなのか、複雑な説明をあれこれする必要はない。というのも、あなたがストーリーを語れば、相手が話に飛びついてくるからだ。

あなたがこれまでたどってきた軌跡を手がかりとして、相手はあなたのことを解釈する。すると、あなたのことがあざやかに印象に残るのだ。

そうなれば、相手はあなたに自然と関心をもち、積極的に関わろうとする。というのも、こちらには伸びしろがあることを伝え、これからどんな道が拓けているかをしっかりと知らせることができたからだ。その結果、あなたがどういう経過を経ていまのような考えをもつようになったのかを、相手は理解する。

ただし、あなたはあくまでも、自分の道のりを説明するだけでいい。それは間違いなくあなた独自のもので、他人のそれとは違う。相手があなたの話のどこに関心をもち、どう解釈するかは、あくまでも相手に任せてもらいたい。

どうすれば自分のエッジに気づけるのか？

では、エッジを獲得できる独自の経験があるとすれば、どうすればそれがわかるのだろう？

そのためには、**まずあなたがこれまでたどってきた道のりと、これから進みたいと思っている道を把握しよう。**世の中にはさまざまな道がある。[2] 前述したように「上昇志向をもって前進する道」、そして後述するように「はるかなる距離を移動した道のり」「セカンドチャンスをつかむ道のり」などがあるが、それはごく一部の例にすぎない。あなたの道のりはこうした例に少し変化を加えたものかもしれないし、まったく違うものかもしれない。

私の友人のベアトリスがたどってきた道のりを見れば、彼女がはるかなる道のりを歩んできたことがわかるだろう。なにしろ彼女は帳簿係から出発して、はるばるルイ・ヴィトンまでやってきたのである——それも一見、楽々と。私がベアトリスと出会ったのは、MBAの授業の初日だった。そして、なんて落ち着いている人だろうと感嘆した。それに、彼女の服装も素敵だった――いかにも仕事ができそうな実用的な服を、実にさりげなくシックに着こなしていたのだ。

その数カ月後、彼女がスペインの小さな田舎町で育ち、家の農場の手伝いをしながら成長したという話を初めて聞かされた。家を離れるその日まで、国外はもとより、町から50キロ以上離れたところには行ったことがなかったという。

そしてついにスペインを離れる日を迎えるまでに、彼女は故郷の町の基準からすれば実に多くのことをなし遂げていた。簿記の基礎を学び、隣町では規模の大きいオフィスで受付係の職を得た。だが、ある日、彼女はいつか行ってみたいと夢見ていたドイツに移住しようと決心した。彼女や友人にしてみれば、ドイツは故郷の町と比べれば、いやスペイン自体と比べても大きなチャンスがある国に思えたのだ。

そこで彼女は貯金をはたき、思い切ってミュンヘンに移住した。到着すると、面接を受けられる会社があれば、片っ端から応募した――ドイツ語で。最初の数回は、予想どおり、惨憺たる結果に終わった（彼女はユーモアたっぷりに当時の話をしてくれた）。

というのも、彼女はドイツ語をまったく話せず、スペイン語を話せる面接官がいたとしても、面接官はドイツ語しか話してくれなかったからだ。だが、彼女は自分の非力を認めたうえで、諦めずに就職活動を続けた。やがて、自分がスペインからきたこと、ドイツ語はまだ勉強中であることを正直に伝えれば、もっぱら面接官のほうがしゃべってくれることがわかってきた――彼らはそれを楽しんでいるようにさえ思えた。

「それにね、大抵同じような質問をされることもわかってきたの。私がじっと聞いていれば、面接官のほうから会社の説明をしてくれて、こちらに投げかけた質問にも答えてくれることもね」と、彼女は当時を回想した。

そこで、とにかく耳を傾けることにした。やがて、意味こそわからなかったものの、一定のフレーズを覚えるようになった。そして、あちこちで耳にしたフレーズを、次の面接で使ってみることにした――ただ会話を続けていくために。「自分が言っていることの意味さえわかっていなかった。ただ聞き覚えのある単語や文章をつなぎあわせてみたのよ――なんとなく響きのいい言葉を」

すると、面接官たちがおもしろがってくれた。これには驚いた。ろくに意味もわからないドイツ語に自分なりの解釈を加えたところ、よくがんばっているねと褒められたのだから。「きみはほかの人とは違う、独特だって言われたわ。彼女は将来きっと出世すると面接官たちが言っていたと、教えてくれた人がいたほどよ」

やがて、自分が人に好かれやすいことがわかってきた。とりわけ「遠いところからはるばるやってきた」ことが評価されたようだった。そこで彼女は、自己紹介をしてくださいと言われると、自分がたどってきた道のりを説明した。スペインの小さな町の出身ではあるが、外国語を使って仕事をするだけのガッツと実務能力と不屈の精神の持ち主であること、それでいて洗練された落ち着きもあることを強調したのである。

ある日、彼女は一度も耳にしたことのない企業の面接を受けた。それは、かのゴールドマン・サックスだった。彼らは富裕層の資産を運用する部門の受付係を探していた。そして彼女は、この会社に足を踏みいれた瞬間、有能で実務能力に秀でていながらも、シックで落ち着いた雰囲気のある受付係が求められていることを察した。そこで、まだドイツ語を流暢に話せなかったにもかかわらず、響きのいいフレーズをつなぎあわせて、自分がたどってきた道のりを説明した。

すると面接官たちは、彼女がドイツ語をうまく操れないにもかかわらず、その場の状況に応じて機転をきかせ、聴き手を魅了する能力があるところを大いに気に入った。そして、顧客に応対してもらえば、彼女は会社にとって大きな財産になると考えた。母語がドイツ語ではない顧客も多かったからだ。そして、彼女は採用された。

彼女は受付係として驚異的な能力を発揮した。1年もたたないうちに、会社は彼女をアナリストに昇進させた。受付係を第一線の職に昇進させたのは初めてのことだった。直属の上司が、彼女はすばらしい進歩を見せている、実務能力がずば抜けているし、肝も据わっている、それでいながらいつも落ち着いているし、洗練されていると力説したのだ。

つまり、彼女がたどってきた道のりを賞賛したのである。ほどなく、彼女は富裕層の資産を運用する部門のセールス・アソシエイトに昇進した。その後は、フランクフルト、ニューヨーク、マイアミ、スイスで経験を積み、腕を磨く機会を与えられた。

その後、彼女はゴールドマン・サックスを退社し、ＭＢＡを取得することにした。その授業で、私と出会ったというわけだ。

彼女は高級ブランド業界で仕事をしたいと考えていた。彼女は業界が求めている資質を身につけていたにもかかわらず、就職活動はうまくいかなかった。そしてビジネススクール卒業を目前にした頃になっても、まだ就職先が決まっていなかった。やはりまだ就職先が見つかっていない仲間たちは不安そうにあせっていたが、いま自分が経験しているようなことは、これまでの道のりでも散々経験してきたじゃないのと、彼女は自分に言い聞かせた――とくに社会人になりたての頃は。昔はドイツ語が話せなかったけれど、いまの自分には高級ブランド業界の用語がまだ「話せない」だけなのだ、と。

３カ月後、彼女はＬＶＭＨ（モエ・ヘネシー・ルイ・ヴィトン）からオファーを受けた。そしてルイ・ヴィトンのシャンゼリゼ本店で、婦人向け革製品のマネジャーに就任した。当初はセールスフロアの中間管理職にすぎなかったが、モナコのルイ・ヴィトンの店長に就任したときには、もうだれもその人事に驚かなかった。モナコで彼女は店の収益、売上目標、店舗のマーケティング、日々の業務、人事、チーム・マネジメントの責任を負った。ここで成功をおさめると、今度はミラノ店の顧客管理と顧客向けイベントまで任されるようになったのである。

ベアトリスがたどってきた道のりは、自分の人となりを伝えるうえで大いに役に立った。どんな状況に置かれても勇気を示し、リスクを冒し、洗練されていて、勇気があり、冷静沈着であるという姿を見せることができたのだ。

たしかに、彼女は貧しい家庭の出身で、ほかの同僚の2倍、必死になって働かなくてはという気持ちになったこともあったはずだ。けれど、彼女が幾度となく私に語ったように、どんな家庭の出身であろうと、どれだけ粉骨砕身してこようと、そんなことは関係ない。他人がいくら努力していようと、人は気づかないものだ（さもなければ、気にもかけない）。

当初、彼女はその他大勢の1人だと見なされていた。だが、自分がたどってきた道のりを相手に伝え、それを利用したことで、彼女は評価を変えることができた。人々は彼女のとりこになった。彼女がわずかな元手ではるかな道をやってきたことも理解した（しかもさまざまな困難を乗り越えて)。彼女は「洗練されている」という個性をいわば自分のブランドとして確立し、富裕層を相手にする企業のお眼鏡にかなった。それもこれも、これまで重ねてきた経験があってこそ、可能になったのである。

とはいえ、そうした道のりは人によって異なる。貧しい家庭で育ち、そこから世界へ羽ばたいていくという道のりをたどらない人もいるのだ。

――あえて犯罪歴をアピールした理由

世間はときに非情なものだ。[3] そしてデイヴ・ダールのような人なら、「人生のセカンドチャンスをつかんだからこそ、自分はエッジを獲得した」と言うだろう。

デイヴは薬物乱用、強盗、暴行の罪を犯し、15年間も、刑務所を出たり入ったりして過ごした。その結果、「人生の落伍者の前科者」というレッテルを貼られるようになった。しかし、彼のアイデンティティーには、そんなレッテルとはそぐわない部分があった。

彼の話によれば、すでに子どもの頃、自分にはパンづくりの才能があることを自覚していたという。そこで、ある日、彼は思いたった。この才能を利用して自分を救済してみようじゃないか、と。栄養満点で、オーガニックで、シードやナッツをたっぷり入れた雑穀パンを焼いて、時間をかけて自分を立て直していこう、と。

だが1つ、問題があった。自分のポニーテールのヘアスタイル、しわがれ声、身のこなしといったものを目にすると、相手がおそれをなすことがわかっていたのだ。おそらく、パン製造会社を起こすのも一筋縄ではいかないだろう。彼の場合、犯罪から足を洗ったという経歴は、まったくアピールポイントにならなかったのだ。

だが、それなら、ほかの方法をとればいい──自分の失敗を認め、これまでたどってきた道のりをみずから公表しよう。そう考えたデイヴは〈デイヴズ・キラー・ブレッド〉という会社を立ちあげると、自分の経歴を反映した企業理念を打ちだした。

〈デイヴズ・キラー・ブレッド〉で、私は「セカンドチャンス雇用」のパワーを目の当たりにしてきました。だからこそ、犯罪歴があるものの、人生を立て直したいと考えている人材を、弊社は積極的に雇用しています。「セカンドチャンス雇用」によって、社員は生計を立てるだけではなく、人生をやりなおすセカンドチャンスを得ているのです。

雇用機会がなければ、前科がある人たちは自分が唯一知っている生活──罪を犯す人生──に戻るしかない。それが現状です。私たちはこの現状を変えたいのです。

デイヴは投資家だけでなく小売店や顧客にも、自分のこれまでの道のりこそがセカンドチャンスの重要性を証明していることを明確に伝えた。前科があることを強みに変え、立ちなおるだけのガッツの持ち主であることをアピールしたのだ。統計によれば、とてつもない成功をおさめた人の75％は、問題の多い家庭の出身であるそうだ。[4] つまり、セカンドチャンスで成功をつかんだのである。

人生におけるさまざまな苦労は、相手を誘導する際に利用できる。**これまでどんな失敗をして、どのようにそこから立ちなおったのかを、あっけらかんと説明してみよう。**「いまになってみれば、いい経験でした」「たくさんのことを学びました」というように。すると、どんな失敗も一時のあやまちになる——成功へと続く道の通過点にすぎなくなるのだ。

——過去を年代記風に振り返ってみる

人が歩む道のりは無数にあり、自分が歩んできた道のりを表現する方法もたくさんある。本章では、そのほんのいくつかの例を紹介したにすぎない。ただし、ある道がほかの道より「すぐれている」などということはない。なぜなら、あなたがたどってきた道、これからたどろうとしている道を基盤に、他人はあなたに対する印象を決める。そうした自分に対する印象を理解し、その印象を操作する方法を身につけるからこそ、あなたはエッジを獲得できるからだ。

自分がたどってきた道のりを説得力のあるやり方で伝えたいのなら、年代記風に人生を振り返ってみよう。そうすれば相手はあなたの話をよく理解したうえで、感銘を受けるだろう。人々はあなたが歩んできた道のりを参考にして、あなたの将来性を推測しようとするだろう。

だが、正しい道のりがないように、誤った道のりもない。唯一、してはならないのは、これまでの自分の道のりをまったく振り返らないことだ。自分の過去を整理して把握し、自分とは何者かを相手に伝えなければ、相手は勝手にあなたという人間の中身を決めつけてしまう。相手の偏見、認識、思い込みで、あなたの人間性が決まってしまうのだ。

あなた自身の物語を他人に書かせてはならない──受け身にならず、みずから自分の物語を書き、あなたに対する考え方を変えていこう。あなたのこれまでの道のりを基盤に、自分自身の物語を紡ごう。恥ずかしがらずに、過去のすべての経験を受けいれるのだ──不利な立場に置かれていたこと、さまざまな困難に直面したことをすべて認め、あなたの物語を詳しく語ってみよう。

あなたの過去は、嘆いたり後悔したりすべきものではない。独自の利点を得るための資産の1つであるべきだ。あなたの過去をつらいものではなく、よりよいものにしていこう。

法則
11

肝心なのは、あなたがこれまでどこにいたかではなく、これからどこに向かうかだ。自分の道のりをみずからアピールする。

PART 4

努力する

E

D

G

Effort

第12章

エッジを強化する

——不利を力に変える

決断一つで、いまとはまったく違う人生を送ることになる。

——詠み人知らず

フィラデルフィアで働いていた頃、毎日、歩く距離が長かったので、私は移動にかかる時間を分刻みで把握していた。職場から〈トレーダー・ジョーズ〉のスーパーまでは？12分。いちばん近いコーヒーショップまでは？　3分。職場から30丁目駅までは？　18分、といった具合に。

あるとき、講演会のゲストを迎えたことがあった。講演後、「タクシーに乗らずに歩いたら、駅まで何分くらいかかりますか？」と、彼から尋ねられた。30分あれば大丈夫でしょうと、私たちは応じた。

「早歩きだと、どのくらいかかりますか？」と、また尋ねられた。

私たち3人はいっせいに応じた。ある同僚は「20分ですね」と言い、もう1人は「23分」と言い、私は当然のことながら「18分です」と答えた。

困惑するゲストを尻目に、私は同僚たちと討論を始めた。どのルートを通っているか、どの近道を使っているか、どの歩行者用信号は青信号の時間が長いのか。そして同僚は2人とも、私が18分で歩けるとは信じていなかった。

3人であれこれ話しあった結果、次のような結論に達した。

私が開拓したルートを通れば18分で歩くことは十分に可能だ、と。つまり、私のアプローチが認められたのである。たかが職場から駅までのルート選びを「アプローチ」と呼ぶのは大げさに聞こえるかもしれないが、私はそのために戦略を練ったのだから、それはまさに「アプローチ」だった。

フィラデルフィアは、私が生まれて初めて暮らす大都会だった。そして30丁目駅から自宅に戻るには、かなりの時間、通勤列車に揺られなければならなかった。最初の頃は、職場から駅までどのルートをとればいいのかわからず、駅まで20分あれば大丈夫だろうと踏んでいた。だが実際には、目的の電車に乗り遅れることが何度もあった。

そこで、近道を探すことにした。途中にあるドレクセル大学のキャンパスを斜めに突っ切れば少しは時間が短縮できたが、結局、キャンパスの外の道をぐるりと歩いていくほうが早いことがわかった。キャンパスをのんびり歩いている学生たちをいちいち避けずにすむからだ。

そして、おそらくいちばん時間の節約になったのは、自動車用と歩行者用の信号を読むことだった。信号に注意して歩くようになった結果、ついに18分に時間を短縮できたうえ、16分という最短記録を達成したこともあった。同じルートを通り、同じ平均速度で歩いていても、信号のようすを把握することで、通勤の効率化に成功したのである。

私は常に前方の信号に目をやり、色を確認するようになった。「止まれ」なら、歩くスピードを落として、体力を温存した。「進め」が残り10秒なら歩くスピードを上げ、小走りで信号を渡りきった。

こうした工夫を同僚に説明しているうちに、私はハタと気づいた。がんばって仕事で成果をあげることも、こうした私のアプローチとそれほど違わないはずだ、と。

あなたがどこに努力を向けるかで、結果が変わってくるのだ。まっすぐに進むのではなく、斜めに突っ切るほうがいいのはどこのルートか。通り抜けるのではなく（通り抜けるほうが早そうに思えても）まわり道をするほうがいいのはどこのルートか。スピードを落として体力を温存すべきタイミング、ギアを上げてスピードアップすべきタイミングはどのあたりなのかを、慎重に見極めるのだ。

「報われる努力」をする

Effort(エフォート)

断固とした決意のもとでの努力、奮闘。

本書ではこれまで、努力(エフォート)と、がんばり(ハードワーク)の違いについて漠然としか説明してこなかった。そして私は、がんばりは不可欠だと述べてきた。私は心からそう信じている。と同時に、がんばったからといって必ずしも報われるわけではないことにも触れてきた——がんばり「プラス」が必要なのだ、と。

がんばれ、努力しろ。だれかにそう言うのが悪い助言であるとは思わない。ただ、「がんばる」こと、「努力する」ことは基本中の基本であって、だれにでもわかる。それに就職活動中の人や、もっと報酬を得たい、もっと評価されたいと思っている人に、努力しろ、がんばれと言ったところで、たいして役には立たないだろう。

それなのに、目標を達成するにはとにかくがんばるしかないと言う人のなんと多いことか。「とにかく歯を食いしばってがんばりなさい。夢を追い続けなさい。いつか努力が報われるから」

だが実際には、望みの結果を手中にできた理由は人によってさまざまであることが、私たちにはよくわかっている。運も、その1つだ。コネがあるなど、特権に恵まれているのも、その1つ。そして、エッジもその1つだ。相手を豊かにして（Enrich）、楽しませ（Delight）、誘導し（Guide）、みずから努力を続けて（Effort）、あなたのEDGEをつくるのだ。

本書をここまでお読みになったみなさんはもう、みずからエッジをつくっていけば、がんばりが報われることをよく理解しているだろう。たとえ世の中には特権を享受している人がいて、自分は不利な立場に置かれ、偏見を向けられていても、エッジをつくることは可能なのだ。

あなたが相手を豊かにする方法、価値をもたらす方法を実際に提示できたとき、相手を楽しませて、心の扉をひらいてもらったとき、自分に対する認識を別の方向に誘導できたとき――そんなときようやく、あなたの努力とがんばりが実を結びはじめる。旧態依然とした考えがはびこる社会で、不利な立場に追い込まれたように思えることはあるだろうし、ジェンダー、人種、民族、年齢、貧富、階級といったものを基盤に偏見をもたれることもあるだろう。それでも、そうした不利を逆手にとって状況を一変させ、有利な方向にもっていくことができるのだ。

努力によって、あなたは自分のエッジを強化すべきだ。つまり、あなたが相手を豊かにし、楽しませ、誘導できるように努力するのだ。そのためには、**これまで経験してきた苦労、ぶつかってきた壁、こうむってきた不利益をいったん忘れなければならない**。辛酸をなめてきたという恨みや憤りを、みずから手放すのだ。

本書では、さまざまな面で不利な立場に置かれ、過小評価され、偏見にさらされるなか、努力を重ねて成功をおさめてきた人たちのストーリーをいくつも紹介してきた。どんな困難に直面しても、エッジをつくりだしてきた人たちの話を。それに逆境を乗り越え、自分に有利になる方向へと周囲の人たちを誘導してきた私の体験も紹介した。

エッジをつくりだすのは、けっして一回きりの努力ではない。あなたのエッジも、私のエッジも、常に微調整を加えながら進化させるのだ。その結果、独自の個性と能力がいっそう花開くのだから。

――ハイスクールで直面した現実

私はエンジニアとしてキャリアを始めたと説明したが、正確にいえば違う。もちろん、世間的な尺度で見れば、私の最初の仕事は工学に関するものだった。とはいえ、めったにこの話を打ち明けることはないのだが、心の奥底では、自分にはもう1つ、キャリアを始めた仕事があると考えている。

20年近く前、私は工学の修士課程を終えようとしていた。当然のことながら、これだけ苦労して勉強してきたのだから、工学の仕事をすべきであることは自覚していた。当時、私は博士号取得を目指して懸命に勉強を続けるかたわら、複数のアルバイトをこなさなければならなかった——IBMで週に20時間、サーバー構築の仕事をして、大学の住居サポートセンターと図書館でも働いていた。それなのに、いざ卒業を目前に控えると、フルタイムの仕事につかないかというIBMからの誘いを受けるべきかどうか、迷いはじめた。私が想像もしていなかったような高額の給与を提示してくれたにもかかわらず、だ。

本書で述べてきたように、私はいつも磁石のように数学に引かれていた。だから、みなさんにも想像がつくだろうが、数学の教師になりたいと言ったとき、母は唖然とし、うろたえた。なにしろ母はシングルマザーとして2人の子どもを必死で育ててきたからだ。「あなたが博士号を取得したのは工学であって、教育じゃないでしょ」と、私は母に迫られた。「そもそも、あなたには1日たりとて、だれかになにかを教えた経験がないじゃない。教育実習の経験もないし、同級生のサポート役をしたこともない。だいいち、教員免許もとっていないくせに」と。なにもかも、母の言うとおりだった。

だが、母はやはり自立した強い女性だった。私が東海岸の学校区のありとあらゆる学校にメールを送りはじめると、応援してくれるようになった。そして私は、メリーランド州の公立のハイスクール1校だけから、前向きの返事をもらった。教員が1人、突然辞めてしまったという。学校側は急いでいて、「数学関連」という科目を教えてほしいと打診してきた。「数学関連」とは、要は「数学の補習」授業の婉曲表現で、数学の基礎がわかっておらず、このままでは落第しそうな9年生と10年生に数学を教えてほしいというのだ。明後日からこられますかと、私は尋ねられた。

はい、と私は応じた。そして2日後、私はその学校の教壇に立っていた。一応、裕福な家庭が多い学校区ではあったものの、その学校自体は低所得の世帯の子どもが多かった。大勢の移民が殺到する地域にあったからだ。この学校区ならわが子にすばらしい教育を受けさせられると親は期待するのだが、彼らの収入では、このハイスクールがあるエリアの家賃しか払えなかったのだ。

私が教えていたクラスには、パナマ、ガボン、カンボジア、ベトナム、タイ、アルゼンチン、リベリア、フィリピン、ニカラグア、ナイジェリアといった国からやってきた生徒がいたし、政治的亡命を求めてやってきた家族も多かった。そのため、生徒の大半は政府の給食無料プログラム、または減額プログラムを利用していた。

私はその学校で、華々しい活躍を見せたわけではない――「デンジャラス・マインド卒業の日まで」のミシェル・ファイファー、「フリーダム・ライターズ」のヒラリー・スワンク、「いまを生きる」のロビン・ウィリアムズといったハイスクールの教師が主人公の映画のように、感動の結末を迎えることはできなかった。ただし、あのときの経験があったからこそ、私は本書を執筆することができた。あの学校の生徒たちを教えているうちに、どうして一部の人間にはエッジをつくれるのか、エッジをつくれない者はどうやってその穴埋めをすればいいのかを真剣に考えはじめ、その答えを知りたいという強烈な思いに駆られたからだ。

私はあの子たちの役に立ちたいと本気で思っていたし、その思いが頭から消えることはなかった（それはこれからも変わらないと思うだけで、鼻の奥がつんとする。当時のことを思いだすだけで、つい涙ぐんでしまうのだ）。当時の私は、あの子たちがどうにかして自分なりのエッジを見つけてくれますようにと、そればかりを願っていた。

それなのに、私は彼らを置き去りにした。それが、目をそむけてはならない事実だ。ハイスクールで数学の補習授業を4カ月担当したあと、私は学校を辞めたのである。ほどなく、生徒の1人から手紙が届いた。

ファンせんせ、こんにちは。せんせのてがみ、いまよみおわったところです。むねがいっぱいになりました。もう、せんせのじゅぎょうをうけられないとおもうと、かなしいです、なみだ、なみだ！

せんせはすごくよかったです。だって前にもいったけど、ぼくのすうがくのせいせきはずっとEかDだったけど、せんせにおしえてもらってからはよくなりました。すうがくはかんたんだし、すごくおもしろいのよって、せんせがおしえてくれたからです。

せんせがいなくなってさみしいです。ひっこすのやめて、もどってきてほしいです。せんせにあえなくなるのはさいあくです。

せんせにさいごにあったのがきまつしけんのひだったのも、まじでさいあくです。

せんせ、どうぞおげんきで。

ピース・アンド・ラブ　　　　ジミー

私はあの子たちのことが本当に好きだった。でも、生徒たちが直面している現実と、私が直面している現実に、挫折感を覚えていた。必死になってがんばれば必ず報われると言われるが、現実はそうはいかない。私は途方もない無力感に打ちのめされていた。当時の私にはまだ、こうした挫折を味わったときこそ、エッジをつくるべきであることがわかっていなかった。だから失望しないように予防線を張ることも、そうした失望をやわらげることもできなかったのだ。

生徒たちが困難を乗り越えられるよう、どうやって手助けすればいいのかも、私にはわからなかった。それどころか「あの子たちには乗り越えられる」と信じることもできなかった。22歳だった私には、まだそれだけの力がなかったのだ。気持ちの面でも強さが足りなかったし、他人から一目置かれる仕事をしたいという自己中心的なプレッシャーも感じていた。

生徒たちを見捨てたことを思うと、いまでも悔恨の涙が出る。そして「自分は見捨てられたのだ」という思いを、おそらくは何人もの生徒に味わわせてしまったことを、いまも恥じている。

恨みを手放すと人生が変わる

昨年、私はハーバードビジネススクールで、リーダーシップの講座を担当した。そのときの学生、リシャブのことを見ていると、よく「数学関連」のクラスのことを思いだした。

もちろんリシャブは、私が以前ハイスクールで教えていたことなど知らなかったし、長年、私が後悔の念にさいなまれてきたことも知らなかった。というのも、この件に関して、私はほとんど人に話したことがなかったからだ。

ところが、どういうわけか、リシャブは私に心をひらくようになり、自分が貧困家庭で育ち、学校で勉強を続けるのがどれほど大変だったかを打ち明けてくれた。

貧しかったため、外食をするときには、家族全員で1人分の料理を分けあっていたこと。他人がいつも自分のことを低く評価すると自覚していたこと。そのため、こんなのは不公平だという思いが常に胸のうちに巣くっていたこと。それは怒りとなって膨れあがり、思わぬときに爆発することもあったという。

「この恨みの感情が、僕のものの見方をゆがめていたんです」と、彼は語った。

「でも、あるとき、僕はその恨みを手放すことにしました。もうこんな感情に苦しむのはごめんだ、おさらばしようと決めたんです。すると、とてつもない解放感を覚えました。それで、すべてが変わったんです」と、彼は言った。

その後、彼の人生は見る間に大きく変化した。とくに、まだ世間への恨みを捨てきれていない両親と自分とを比べると、その違いは一目瞭然だった。いつか、両親がそうしたわだかまりを捨てられる日がくるのかどうかも、彼にはわからなかった。物思いに沈んだ顔で、彼はこう付け加えた。「うちの親は恨みを捨てきれないがために、人生を謳歌できていません。これまでの人生でも、そのせいでつらい思いをしてきたはずです。そう思うと、やりきれません」

努力は諸刃の剣

私はいまでもよくジミーのことを思いだす。もちろん、ほかの生徒たちのことも。ソムリット、ティファニー、クイーンスター、ジョセフ（JJ）、フランシスコ（フランキー）、リンカン、カルロス……。みんな、いまどこでなにをしているのだろうと思い、そのたびに良心の呵責にさいなまれる。そして、どうか元気で幸せに暮らしていますようにと、心から願うのだ。

ハイスクールの教室を去ってから数十年の歳月が流れ、ようやく私にもわかってきた。努力は諸刃の剣であることが。

努力は間違いなく必要だ。エッジの獲得には欠かせない。でも、とにかく努力しようとむきになり、なんとかして相手を豊かにしよう、楽しませよう、誘導しようと躍起になると、疲弊してしまう。がんばっているのに、それに見あった結果が得られなければ、徒労感にも襲われる。自分は偏見をもたれている、不利な立場に置かれているとしか思えなくなり、なにもできなくなってしまうのだ。

だから本書では最後に、私の原点に立ち戻って、このメッセージをお伝えしたい。**エッジをつくる前に、まず、あなたのこれまでの恨みや後悔を手放してほしい**のだ。あなたには一点の非もないのかもしれない。だが、世界はけっして完璧ではない。その事実を認め、受けいれよう。そうすれば、あなたはもうすでにエッジをつくりだしている。

そのコツは、自分の手元にはもともと不利なカードしか揃っていないし、人生は公平ではないと自覚することだ。

そのうえで、がんばり「プラス」を実践しよう。世間的な「成功」の定義に縛られてはならない。と同時に、「失敗」の定義にとらわれてもならない。そのためには、近視眼的に物事をとらえるのではなく、長い目で物事を見る努力をしよう。

これからも当然、冷遇されることはあるだろう。失望することもあるだろう。善を目にすることも、悪を目にすることも、醜悪な人間模様を目にすることもあるだろう。不公平な扱いを受けることは、だれにもあるはずだ。

憎まれることもあるだろう。あなたが実績を積み、成功をおさめるほど、あなたを利用しようと近づいてくる人が出てくるだろう。と同時に、あなたに偏見の目を向け、あなたの失脚を目論む人も出てくるだろう。大きな影響力をもつようになり、エッジを獲得すればするほど、あなたは批判にさらされ、足を引っ張られるだろう。

ただ手をこまねいて、悪意ある人たちの好き勝手にさせることもできる。だが、そうした攻撃を逆手にとり、よりよい方向にもっていくこともできるのだ。

「自分がどう考えるか」を重要視する

数年前、私は40歳未満のビジネススクール教授トップ40に選ばれるという栄誉に輝いた。そのときのインタビューで、「ビジネススクールで教えていなければ、なにをしていたと思いますか？」と尋ねられた。私は迷うことなく即答した。「恵まれない境遇に置かれている子どもたちのための学校を立ちあげていたでしょう。というより、いつの日か、実現したいと思っています」と。

実現できるかもしれない。きっと、いつの日か。ハイスクールの教室に戻って、ジミーやソムリットやフランキーのような生徒に勉強を教えたい。だが、いまのところは、ビジネススクールでの指導に心血を注いでいる。

そして新学期を迎え、新たな学生を受けいれるたびに、彼らのなかに以前の生徒たちの姿を見いだしている。タフで、強くて、自信にあふれる姿を。リシャブもそうした姿を見せてくれたし、ディヴィニティという学生は私にこう語った。「世間からなんと呼ばれようと、大切なのは、それにどう応じるかなんです」と。

これは、彼女の祖母からたびたび言われていたことだという。祖母はミシシッピ州の小作人の娘で、小学校には4年生までしか通わなかったけれど、彼女の知るなかではこのうえなく賢い人だった。この賢明な祖母の助言は、私たちが世間に示す人間像のあり方を探すうえで、大いに参考になる。

そうした考え方は、序章で紹介したセレリナの生き方にもあらわれている。先日、彼女がついにGED〔訳注：ハイスクールを修了していない生徒の学習成果をハイスクール卒業同等と認定する試験」に合格したので、私はお祝いにディナーの席を設けた。

セレリナはこれからまた学校に通い、刑事司法について学ぶ予定だと話してくれた。彼女はお祝いの席に、2歳になる娘さんを連れてきていた——彼女のミドルネームは、セレリナが憧れていたローズ奨学金にちなんで「ローズ」だという。

——努力の基盤は精神のタフさ

努力はあなたのエッジを強化する。そして、そうした努力のすべての基盤にあるのは、精神的にタフであることだ。ちょっとやそっとではめげない精神力を身につけるからこそ、自分に対する他人の認識に頼らざるをえない状況でも、失望を味わわずにすむ予防線を張れるようになる。

とどのつまり、肝心なのは他人の考え方ではなく、「自分がどう考えるか」なのだ。どうすれば自分を高められるのか、考えよう。自分のことも、他人のことも、楽しませよう。そして、自分には他人を誘導する力があると自信をもとう。

豊かにする。楽しませる。誘導する。努力を続ける。逆境を利用して、不利を有利に変えていこう——不利を**あなたのエッジ**に変えていこう。

法則

12

不利をあなたのエッジに変える。

エッジの法則

EDGEの基本
がんばっていれば、報われる(こともあるが、そうとはかぎらない)。

法則1
やみくもにがんばればいいわけではない。
独自の「基本材料」を活用するからこそ、成果をあげられる。

法則2
自分の基本材料を明確に打ちだしたければ、
ほかの人が行かない場所を狙う。

法則3
制約があることを認め、利用する。チャンスは制約から生じる。

法則4
自分の直感とこれまでの経験に信頼を置けば、
物事の本質を見極め、指数関数的(エクスポネンシャル)思考ができるようになる。

法則5
まずは相手を驚かせ、楽しませるからこそ、心の扉をひらいてもらえる。

法則 6

計画を立てすぎない。
柔軟に対処し、独自の売り込み文句を用意して、相手を楽しませる機会をうかがう。

法則 7

偽らずに、ありのままの自分を見せる。
そのうえで「場を読む能力」を発揮して、相手を楽しませる。

法則 8

「自分らしさを出す」には、自分というダイヤモンドのすべての輝かしいバージョンを見てもらえるよう、相手を誘導しなければならない。

法則 9

他人からどんなふうに見られているかを、把握する。そうすれば相手の思い込みの方向を変え、見てもらいたい姿を見てもらえるようになる。

法則 10

「他人が望む人物像」を勝手に想像せず、自分の個性と他人の認識を結びつけ、こちらの持ち味を知ってもらう。

法則 11

肝心なのは、あなたがこれまでどこにいたかではなく、これからどこに向かうかだ。自分の道のりをみずからアピールする。

法則 12

不利をあなたのエッジに変える。

謝辞

本書を出版できる幸運に恵まれたことを、心からありがたく思っている。この幸運を運んできてくれたのが周囲の人たちであることを、片時も忘れたことはない。私心なくチャンスを与えてくれた方、突破口を示してくれた方たちのおかげで、本書は日の目を見ることができた。次から次へと幸運にめぐりあえる道へと導いてくださったみなさんには言葉に尽くせぬほど感謝している。

私を信頼し、寛大にも体験談を語ってくれたみなさん、ありがとう。みなさんが自分の弱みをさらしながらも、知恵を授け、真実を看破してくださったおかげで、私はさまざまなものの見方ができるようになり、使命感をもって目標を定めることができた。

エージェントのフェイス・ハムリンが隅から隅まで原稿に目をこらしてくれたおかげで、本書が完成した。出会ったその日から私を信じてくれてありがとう。

ポートフォリオ社のチーム、とくに数々の障害にぶつかっても、冷静沈着に仕事を進めてくれた編集者のメリー・ソンに深謝する。あなたがいなければ、私は遊園地で楽しむように執筆するのではなく、敵が攻めてくる要塞でとらわれの身になっているような気分になっていただろう。

また、細部まで神経を使ってくれたエイドリアン・ザックハイムに、そしてタラ・ギルブライド、ウィル・ワイザー、マーゴット・スタマス、ジェシカ・レジョーネ、ダニエル・ラギン、メガン・カヴァノーのチームの面々に感謝する。

原稿を深く読み込んでくれたキム・サーリッジとケイティ・ハーリー、力をあわせて、ただの岩を磨きあげてダイヤモンドに変えてくれた広報・マーケティングのマリソル・サラマン、メアリー・ケイト・スキーン、ニコール・デューイ、ありがとう。

ピート・ガーソーは私の想像を超えるほどエッジがきいた表紙をデザインしてくれた。デザインに関しても私を信じ、一部を任せてくれたクリス・セルジオ、この世界に招きいれてくれたエリック・ネルソン、ありがとう。

ほかにも大小さまざまな点について感想や提案をしてくれた人たち、表紙のデザインを検討したり、サブタイトルを悶々として一緒に考えてくれたりしたみなさんにも感謝する。リズ・ジアンとリビー・クイン、あなたたちと一緒に仕事ができて幸せでした。

アナ・フマーユーン、ケイティ・バロン、グレッグ・オートリー、ギャレット・ナイマン、アーラン・ハミルトン、スコット・バリー・カウフマン、ケイティ・ミルクマン、ドリー・チュウ、セス・スティーヴンズ＝ダヴィドウィッツ、トレイシー・チョウ、ティファニー・チョウ、イー・リン・チャン、チャールズ・ヤオとラヴィンのチームのみなさん、そしてケント・スメッターズからも、編集段階で励ましやアドバイスを頂戴した。

私の共同研究者や共著者たちはみなとびぬけた頭脳の持ち主で、私に世界の見方を教えてくれた。

これまでの研究はけっして私1人の力で達成できたものではない。私たちが力をあわせた成果だ。

ハーバードビジネススクールのすばらしい同僚たちに感謝する。明晰な頭脳の持ち主のみなさんと一緒に仕事ができて、本当に光栄だった。励ましと支援に心から感謝する。私を受けいれ、インスピレーションを与えてくれた、以前の職場ペンシルバニア大学ウォートン・スクールの元同僚のみなさん、ありがとう。

ジョーン・ピアース、ラフィ・アミット、イアン・マクミラン、キャリー・ナー・オブライエン、ジョージア・ラザーナ、フェン・クン、そしてチー・チャンは、私を信じ、さまざまな教えを授けてくれた。

そして、親愛なる私の家族と友人に感謝する。

とりわけ母と父はいつも揺るがぬ強さをもち、世間に通じていて、私のために犠牲を重ねてくれた。クリッシーからは、ありがたいことにウイットと魅力を受け継いだ。そしてアントには、現実のものにも、想像上のものにも、常に好奇心をもつことを教わった。

みなさんのおかげで、私は大切な物事を重視することを忘れずにすんでいるし、闘う価値のあるものに対しては夢中になって闘いつづけようと肝に銘じている。

訳者あとがき

努力は報われる。がんばっていれば自然と人の心がつかめるようになり、周囲や世間に認めてもらえる。私たちはつい、そう考えてしまう。でも、いくらがんばっても報われないことが多いのも、また事実。だから著者はこう断言する。

がんばり「プラス」が必要なのです、と。やみくもにがんばるだけではなく、そこに「プラス」を実践することが肝要で、そのためにはエッジを身につけ、人の心をつかまなければなりません、と。

エッジとは、相手を豊かにし（Enrich）、楽しませ（Delight）、こちらが望む方向に誘導し（Guide）、その努力を続ける（Effort）ことを指す。というのも、台湾出身のシングルマザーにアメリカで育てられた著者は、子どもの頃からさまざまな偏見の目を向けられ、壁にぶつかってきたからだ。自分はいくらがんばっても、努力を認められない。そもそも、入口からなかに入れてもらえないことさえある。いったい、どうすればいいのだろう？

悩んだすえ、著者が編みだした手法がEDGEだ。他人からレッテルを貼られた経験はだれにでもある。「この人はこういう人間だ」と勝手に決めつけられるのだ。そうした思い込み、他人の認識を変えるのは困難を極める。「この人は信用できない」「この人にこの仕事を任せるのは無理だ」「この人と一緒にいても時間の無駄になるだけだ」と思われたとき、どう行動すればいいのか。だれもが陥ったことがあるこうしたジレンマを、著者は明確に言語化し、この問題に真正面から取り組んでいる。

たとえば本書の冒頭で、著者はあのイーロン・マスクと面談する機会を得る。喜び勇んで会合の場に臨んだものの、マスクは著者の顔もろくに見もせず、「出ていってくれ」と言い放った。だが、彼からじかに話を聴けるこの千載一遇のチャンスを逃すわけにはいかない。そこで著者がエッジを実践したところ、その後は活気ある話し合いを1時間も続けることができたという。まさにエッジの面目躍如だ。

台湾系アメリカ人の著者は経済的に恵まれない環境で育ち、大学時代にはパソコンも買えない状況で工学の勉強を続けた苦労人だ。デューク大学で理科教育学士号と理学修士号を、INSEAD（インシアード）でMBA（経営学修士号）を、カリフォルニア大学アーバイン校で博士号を取得。ペンシルバニア大学ウォートン・スクールの研究者になったあと、現在はハーバードビジネススクールの准教授として活躍している。対人関係に関する研究を続け、職場で暗黙のうちにはびこる偏見や、起業家が直面するジレンマといった問題に関心を寄せてきた。MBAの権威ある情報サイトPoets & Quantsによって「40歳未満のビジネス・スクール教授トップ40」にも選ばれた新進気鋭の研究者だ。

そう聞くと順風満帆の人生を送ってきたように思えるが、大学卒業後もエンジニア、コンサルタント、投資銀行勤務と転職を続け、生きる道を模索した。アジア系の小柄な女性という外見から偏見をもたれることも多かったが、壁にぶつかるたびに、彼女は奮起した。「自分のことを勝手に決めつけさせてはならない、きみの才能はこの程度だと、他人に決めさせてはならない」と、著者は言う。

とはいえ、本書は艱難辛苦をタフに乗り越えていく根性物語を紹介しているわけではない。というのも、著者は本書の内容を、ハーバードの学生たちに授業で具体的に教えているからだ。学生たちが社会に出たあと、こちらに対して心を閉ざし、壁を設ける相手の心をつかむにはどうすればいいのか。そのためにはまず「相手を驚かせ、楽しませる」ことが欠かせないと、著者は言う。「過小評価」されがちな人や「不利な立場」に置かれている人が、相手の懐に飛び込んでいくにはエッジを身につけ、相手を楽しませ、自分の思う方向へと導くしかないのです、と。そう述べる著者の筆致は軽やかで、どこかポップな感じさえする。こうしたフレッシュな感性の持ち主だからこそ、「第六感」といった、経営学ではあまり取りあげられないテーマに積極的に取り組み、新たな分野を切り拓いたことを高く評価されたのだろう。いまでは、世界各地から集まったハーバードの優秀な学生たちが、著者の講義を受けたいと殺到しているそうだ。

本書では、ワシントン州副知事に就任した全盲の男性、犯罪歴があることを逆にアピールして成功した起業家の男性、スペインの田舎町出身でありながら高級ブランドの幹部に就任した女性など、さまざまなかたちでエッジを実践した例が紹介される。なかでも訳者が胸を打たれたのは、苦労を重ねてハーバードビジネススクールに入学したある男子学生の話だ。貧困家庭で育った彼は常に偏見の目を向けられ、世の中は不公平だとずっと恨んできたが、あるとき、「恨みの感情」を手放すことにしたというエピソードは必読だ。

また、本書の読後感がいいのは、とても風通しがいいからだろう。著者は自分がアジア系の女性だからと差別されてきたこと自体を怒っているわけではない。若者であろうと、金持ちであろうと、スポーツ万能の男性であろうと、偏見やレッテルから逃れられる人はいないのだ。この事実を前提としたうえでエッジの重要性を説明しているので、非常に説得力がある。訳者自身、本書の訳出を通じて、世の中の見方を大きく変えることができた。経営学を学ぶハーバードの学生たちがこぞって著者の講義を受け、真摯に耳を傾けているのもうなずける。エッジは彼らの今後の人生でかならず役に立つからだ。

本書の訳出にあたっては、ダイヤモンド社編集部の吉田瑞希氏よりさまざまなご教示を賜った。厚く御礼申しあげる。

あなたの手元には不利なカードしか揃っていないかもしれないし、人生はたしかに不公平だが、エッジを身につければ逆風を追い風に変え、人の心をつかめるようになると、著者は明確なメッセージを伝えている。読者のみなさんがエッジを活用して、人生を切り拓いていかれることを願っている。

2021年　11月　栗木さつき

York Times, April 8, 2017, https://www.nytimes.com/2017/04/08/business/dealbook/george-soros-dawn-fitzpatrick-american-stock-exchange.html; ドーン・フィッツパトリック、S. ルールとM. ミラーによるインタビュー、*Bloomberg Television*、2014年6月26日; Julie Segal, “Dawn Fitzpatrick Leaves UBS for Soros CIO Job,” *Institutional Investor*, February 1, 2017, https://www.institutionalinvestor.com/article/b1505q22yk2j2m/dawn-fitzpatrick-leaves-ubs-for-soros-cio-job.

12 同上。

13 David Willer, Michael J. Lovaglia, and Barry Markovsky, “Power and Influence: A Theoretical Bridge,” *Social Forces* 76, no. 2 (1997): 571–603, https://doi.org/10.1093/sf/76.2.571; Linda L. Carli, “Gender, Interpersonal Power, and Social Influence,” *Journal of Social Issues* 55, no. 1 (1999): 81–99, https://doi.org/10.1111/0022-4537.00106; Huang and Knight, “Resources and Relationships in Entrepreneurship.”

14 Steven L. Blader and Ya-Ru Chen, “Differentiating the Effects of Status and Power: A Justice Perspective,” *Journal of Personality and Social Psychology* 102, no. 5 (2012): 994–1014, https://doi.org/10.1037/a0026651.

15 Harold H. Kelley and John W. Thibaut, *Interpersonal Relations: A Theory of Interdependence* (New York: John Wiley & Sons, 1978)(H. H. ケリー、J. H. ティボー『対人関係論』黒川正流監訳、誠信書房、1995年).

第１０章

1 Huang, “A Theory of Investor Gut Feel.”

2 Melissa S. Cardon, Joakim Wincent, Jagdip Singh, and Mateja Drnovsek, “The Nature and Experience of Entrepreneurial Passion,” *Academy of Management Review* 34, no. 3 (2009): 511–32, https://doi.org/10.5465/AMR.2009.40633190.

3 Xiao-Ping Chen, Xin Yao, and Suresh Kotha, “Entrepreneur Passion and Preparedness in Business Plan Presentations: A Persuasion Analysis of Venture Capitalists’ Funding Decisions,” *Academy of Management Journal* 52, no. 1 (2009): 199–214, https://doi.org/10.5465/amj.2009.36462018; Robert A. Baron, “The Role of Affect in the Entrepreneurial Process,” *Academy of Management Review* 33, no. 2 (2008): 328–40; Antonio Damasio, “Feelings of Emotion and the Self,” *Annals of the New York Academy of Sciences* 1001, no. 1 (2003): 253–61, https://doi.org/10.1196/annals.1279.014; Norbert Schwarz and Gerald L. Clore, “Mood as Information: 20 Years Later,” *Psychological Inquiry* 14, nos. 3–4 (2003): 296–303, https://doi.org/10.1080/1047840X.2003.9682896.

4 Thomas Gilovich, Victoria Husted Medvec, and Kenneth Savitsky, “The Spotlight Effect in Social Judgment: An Egocentric Bias in Estimates of the Salience of One’s Own Actions and Appearance,” *Journal of Personality and Social Psychology* 78, no. 2 (2000): 211–22; Thomas Gilovich and Kenneth Savitsky, “The Spotlight Effect and the Illusion of Transparency: Egocentric Assessments of How We Are Seen by Others,” *Current Directions in Psychological Science* 8, no. 6 (1999): 165–68, https://doi.org/10.1111/1467-8721.00039; Thomas Gilovich, Justin Kruger, and Victoria Husted Medvec, “The Spotlight Effect Revisited: Overestimating the Manifest Variability of Our Actions and Appearance,” *Journal of Experimental Social Psychology* 38, no. 1 (2002): 93–99, https://doi.org/10.1006/jesp.2001.1490.

5 Hannah-Hanh Nguyen and Ann Marie Ryan, “Does Stereotype Threat Affect Test Performance of Minorities and Women? A Meta-Analysis of Experimental Evidence,” *Journal of Applied Psychology* 93, no. 6 (2008): 1314–34, http://dx.doi.org/10.1037/a0012702.

第１１章

1 Barry Yeoman, “Academic Apprentices: Still an Ideal?” *Barry Yeoman: Journalist* (ブログ), May 1, 1999, https://barryyeoman.com/1999/05/academic-apprentices-still-an-ideal/; Karen Forbes, “The PhD Experience as an Apprenticeship into Academia,” *FERSA University of Cambridge Blog*, March 9, 2018, https://fersacambridge.com/2018/03/09/the-phd-experience-as-an-apprenticeship-into-academia.

2 Daniel Bertaux and Martin Kohli, “The Life Story Approach: A Continental View,” *Annual Review of Sociology* 10, no. 1 (1984): 215–37, https://doi.org/10.1146/annurev.so.10.080184.001243; Stephanie Taylor and Karen Littleton, “Biographies in Talk: A Narrative-Discursive Research Approach,” *Qualitative Sociology Review* 2, no. 1 (2006): 22–38.

3 デイヴ・ダール、著者との会話、サンフランシスコ、ENIAC VC M1 Summitにて、2016年11月15日。

4 Lolly Daskal, “How to Be More Resilient When Things Get Tough,” *Inc.*, April 9, 2015, https://www.inc.com/lolly-daskal/how-to-be-more-resilient-when-things-get-tough.html.

7 D. Scott DeRue, Susan J. Ashford, and Natalie C. Cotton, "Assuming the Mantle: Unpacking the Process by Which Individuals Internalize a Leader Identity," in *Exploring Positive Identities and Organizations: Building a Theoretical and Research Foundation*, ed. Laura Morgan Roberts and Jane E. Dutton, Organization and Management Series (New York: Psychology Press, 2009).
8 アシュリー・エドワーズ、著者との会話、2018年4月26日および2018年5月16日。
9 Allen R. McConnell, "The Multiple Self-Aspects Framework: Self-Concept Representation and Its Implications," *Personality and Social Psychology Review* 15, no. 1 (2011): 3–27, https://doi.org/10.1177/1088868310371101.
10 David M. Buss and Michael F. Scheier, " Self-Consciousness, Self-Awareness, and Self-Attribution," *Journal of Research in Personality* 10, no. 4 (1976): 463–68, https://doi.org/10.1016/0092-6566(76)90060-X; Fred Rothbaum, John R. Weisz, and Samuel S. Snyder, "Changing the World and Changing the Self: A Two-Process Model of Perceived Control," *Journal of Personality and Social Psychology* 42, no. 1 (1982): 5–37.
11 William James, *The Principles of Psychology* , vol. 1 (New York: Henry Holt and Company, 1890), 294.
12 Herbert Blumer, *Symbolic Interactionism: Perspective and Method* (Berkeley, CA: University of California Press, 1986)(ハーバート・ブルーマー『シンボリック相互作用論―パースペクティヴと方法』後藤将之訳、勁草書房、1991年); Joel M. Charon, *Symbolic Interactionism: An Introduction, an Interpretation, an Integration* (Englewood Cliffs, NJ: Prentice-Hall, 1979), https://trove.nla.gov.au/version/45014982.
13 アシュトン・カッチャー、著者との会話、フィラデルフィア、Wharton Social Impact Initiative's Lauren and Bobby Turner Social Impact Executive Speaker Seriesにて、2013年10月10日。

第 9 章

1 Mark Snyder, Elizabeth Decker Tanke, and Ellen Berscheid, "Social Perception and Interpersonal Behavior: On the Self-fulfilling Nature of Social Stereotypes," *Journal of Personality and Social Psychology* 35, no. 9 (1977): 656–66, http://dx.doi.org/10.1037/0022-3514.35.9.656; Penelope J. Oakes, S. Alexander Haslam, and John C. Turner, *Stereotyping and Social Reality* (Oxford, UK: Blackwell, 1994).
2 Psychologists Mahzarin Banaji and Brian Nosek: Irene V. Blair and Mahzarin R. Banaji, "Automatic and Controlled Processes in Stereotype Priming," *Journal of Personality and Social Psychology* 70, no. 6 (1996): 1142–63, https://doi.org/10.1037/0022-3514.70.6.1142; Anthony G. Greenwald, Mahzarin R. Banaji, and Brian A. Nosek, "Statistically Small Effects of the Implicit Association Test Can Have Societally Large Effects," *Journal of Personality and Social Psychology* 108, no. 4 (2015): 553–61, https://doi.org/10.1037/pspa0000016.
3 サイラス・ハビブ、司会者によるインタビュー、ニューヨーク、Cafe Change Summitにて、2018年4月26日。
4 同上。
5 Mike Baker, "Life Story Drives Blind Lawmaker," *Seattle Times*, March 10, 2013, https://www.seattletimes.com/seattle-news/life-story-drives-blind-lawmaker/.
6 Alyson Shontell, "Startup Titan Paul Graham Explains Why He Said Founders with Thick Accents Get Worse Results," *Business Insider*, August 27, 2013, https://www.businessinsider.com/paul-graham-on-startup-founders-with-thick-foreign-accents-2013-8.
7 Huang, Frideger, and Pearce, "Political Skill."
8 Elizabeth S. Focella, Meghan G. Bean, and Jeff Stone, "Confrontation and Beyond: Examining a Stigmatized Target's Use of a Prejudice Reduction Strategy," *Social & Personality Psychology Compass* 9, no. 2 (2015): 100–14, https://doi.org/10.1111/spc3.12153; Patricia G. Devine, "Stereotypes and Prejudice: Their Automatic and Controlled Components," *Journal of Personality and Social Psychology* 56, no. 1 (1989): 5–18, https://doi.org/10.1037/0022-3514.56.1.5; James L. Hilton and William von Hippel, "Stereotypes," *Annual Review of Psychology* 47, no. 1 (1996): 237–71, https://doi.org/10.1146/annurev.psych.47.1.237; Crystal Fleming, Michèle Lamont, and Jessica Welburn, "African Americans Respond to Stigmatization: The Meanings and Salience of Confronting, Deflecting Conflict, Educating the Ignorant and 'Managing the Self,' " *Ethnic and Racial Studies* 35, no. 3 (2012): 400–17.
9 Alexander M. Czopp, Margo J. Monteith, and Aimee Y. Mark, "Standing Up for a Change: Reducing Bias Through Interpersonal Confrontation," *Journal of Personality & Social Psychology* 90, no. 5 (2006): 784–803, https://doi.org/10.1037/0022-3514.90.5.784.
10 John Szramiak, "Here's a 10 Point Plan to Invest like Charlie Munger," *Business Insider*, October 26, 2016, https://www.businessinsider.com/10-point-plan-to-invest-like-charlie-munger-2016-10.
11 Alexandra Stevenson and Kate Kelly, "Men Bet She Would Fail; Now She Runs a $26 Billion Fund," *New*

第 6 章

1 Susan Levine, "He Sees Fortune in Chicken Contact Lens," *Chicago Tribune*, November 23, 1989, https://www.chicagotribune.com/news/ct-xpm-1989-11-23-8903120133-story.html; Bruce G. Posner, "Seeing Red," *Inc.*, May 1, 1989, https://www.inc.com/magazine/19890501/5636.html.

2 "Napoleon Bonaparte: Over-Preparation Is the Foe of Inspiration," AZ Quotes, https://www.azquotes.com/quote/1056571.

3 Martin Seligman's: Martin E. Seligman, "On the Generality of the Laws of Learning," *Psychological Review* 77, no. 5 (1970): 406–18, https://doi.org/10.1037/h0029790.

4 J. H. Mandel, E. C. Rich, M. G. Luxenberg, M. T. Spilane, D. C. Kern, and T. A. Parrino, "Preparation for Practice in Internal Medicine: A Study of Ten Years of Residency Graduates," *Archives of Internal Medicine* 148, no. 4 (1988): 853–56; Kazuya Nakayachi, Branden B. Johnson, and Kazuki Koketsu, "Effects of Acknowledging Uncertainty About Earthquake Risk Estimates on San Francisco Bay Area Residents' Beliefs, Attitudes, and Intentions," *Risk Analysis* 38, no. 4 (2018): 666–79, https://doi.org/10.1111/risa.12883.

第 7 章

1 Guy Raz, "How a Pitch in a Neiman Marcus Ladies Room Changed Sara Blakely's Life," NPR, September 12, 2016, https://www.npr.org/templates/transcript/transcript.php?storyId=493312213.

2 Francesca Gino, Ovul Sezer, and Laura Huang, "To Be or Not to Be Your Authentic Self? Catering to Others' Preferences Hinders Performance" (working paper, Harvard Business School, 2016).

3 アイリーン・リー、著者との電話での会話、2017年7月17日。

4 Aileen Lee, "Welcome to the Unicorn Club: Learning from Billion-Dollar Startups," *TechCrunch* (ブログ), 2013, http://social.techcrunch.com/2013/11/02/welcome-to-the-unicorn-club/.

第 8 章

1 William James, "The Perception of Reality," in *The Principles of Psychology*, vol. 2 (New York: Henry Holt and Company, 1890), 283–324.

2 Gordon W. Allport, "The Ego in Contemporary Psychology," *Psychological Review* 50, no. 5 (1943): 451–78, https://doi.org/10.1037/h0055375; Shelley Duval and Robert A. Wicklund, *A Theory of Objective Self Awareness* (San Diego: Academic Press, 1972); Paul J. Silvia and T. Shelley Duval, "Objective Self-Awareness Theory: Recent Progress and Enduring Problems," *Personality and Social Psychology Review* 5, no. 3 (2001): 230–41, https://doi.org/10.1207/S15327957PSPR0503_4; Robert A. Wicklund, "Objective Self-Awareness," in *Advances in Experimental Social Psychology*, vol. 8, ed. Leonard Berkowitz (San Diego: Academic Press, 1975), 233–75, http://www.sciencedirect.com/science/article/pii/S006526010860252X.

3 Isabel Briggs Myers, Mary H. McCaulley, Naomi L. Quenk, and Allen L. Hammer, *MBTI Manual: A Guide to the Development and Use of the Myers-Briggs Type Indicator*, 3rd ed. (Palo Alto, CA: Consulting Psychologists Press, 2003).

4 Robert R. McCrae and Paul T. Costa, "Reinterpreting the Myers-Briggs Type Indicator from the Perspective of the Five-Factor Model of Personality," *Journal of Personality* 57, no. 1 (1989): 17–40.

5 John M. Digman, "Personality Structure: Emergence of the Five-Factor Model," *Annual Review of Psychology* 41, no. 1 (1990): 417–40, https://doi.org/10.1146/annurev.ps.41.020190.002221; Boele De Raad, *The Big Five Personality Factors: The Psycholexical Approach to Personality* (Ashland, OH: Hogrefe & Huber, 2000); Jerry S. Wiggins, ed., *The Five-Factor Model of Personality: Theoretical Perspectives* (New York: Guilford Press, 1996); John A. Johnson, "Clarification of Factor Five with the Help of the AB5C Model," *European Journal of Personality* 8, no. 4 (1994): 311–34, https://doi.org/10.1002/per.2410080408; Colin G. DeYoung, Lena C. Quilty, and Jordan B. Peterson, "Between Facets and Domains: 10 Aspects of the Big Five," *Journal of Personality and Social Psychology* 93, no. 5 (2007): 880–96, https://doi.org/10.1037/0022-3514.93.5.880; Colin G. DeYoung, Bridget E. Carey, Robert F. Krueger, and Scott R. Ross, "Ten Aspects of the Big Five in the Personality Inventory for DSM-5," *Personality Disorders* 7, no. 2 (2016): 113–23, https://doi.org/10.1037/per0000170; Michael C. Ashton, Kibeom Lee, Lewis R. Goldberg, and Reinout E. de Vries, "Higher Order Factors of Personality: Do They Exist?" *Personality and Social Psychology Review* 13, no. 2 (2009): 79–91, https://doi.org/10.1177/1088868309338467.

6 Judy Garland, "Judy Garland Quotes," BrainyQuote, https://www.brainyquote.com/quotes/judy_garland_104276.

6, 2010, https://www.dailymail.co.uk/travel/article-1263905/Ryanair-toilet-charges-phased-in.html; この航空会社の広報担当スティーヴン・マクナマラはTravelMailに対して次のように語った。「トイレの有料化により乗客がこれまでとは行動を変え、トイレにはフライトの前後に行くようにしてもらいたい」。

10 Tim Clark, "Ryanair Announce Plans to Launch 'Vertical Seats' from Just £4," *Daily Mail*, July 2, 2010, https://www.dailymail.co.uk/travel/article-1291131/Ryanair-launch-vertical-seating-Standing-room-tickets-4.html.

11 Ryanair encourages those articles: airfarewatchdog.com代表のジョージ・ホビカは、ライアンエアーがこの方策を実施しているのはおもにPRのためだと述べた。「ライアンエアーのCEOは、自分の顔がテレビに映るのが大好きなんだよ」(Scott Mayerowitz, "Paying to Pee: Have the Airlines Gone Too Far?" ABC News, April 13, 2010, https://abcnews.go.com/Travel/Green/paying-pee-airlines-critics-call-ryanairs-fee-inhumane/story?id=10355139).

12 Leon Festinger, *A Theory of Cognitive Dissonance* (Stanford, CA: Stanford University Press, 1957)(レオン・フェスティンガー『認知的不協和の理論—社会心理学序説』末永俊郎訳、誠信書房、1965年); Elliot Aronson, "The Theory of Cognitive Dissonance: A Current Perspective," in *Advances in Experimental Social Psychology*, vol. 4, ed. Leonard Berkowitz (New York: Academic Press, 1969), 1–34, https://doi.org/10.1016/S0065-2601(08)60075-1.

第 5 章

1 ハサン・ミンハジ、著者とプリート・バララを交えた会話、ニューヨーク、Cafe Change Summitにて、2018年4月26日。

2 T. Bradford Bitterly, Alison Wood Brooks, and Maurice E. Schweitzer, "Risky Business: When Humor Increases and Decreases Status," *Journal of Personality and Social Psychology* 112, no. 3 (2017): 431–55, https://doi.org/10.1037/pspi0000079.

3 A. Peter McGraw and Caleb Warren, "Benign Violation Theory," in *Encyclopedia of Humor Studies*, ed. Salvatore Attardo (Thousand Oaks, CA: Sage Publications, 2014), 75–7; Caleb Warren and A. Peter McGraw, "Opinion: What Makes Things Humorous," *Proceedings of the National Academy of Sciences of the United States of America* 112, no. 23 (2015): 7105–6, https://doi.org/10.1073/pnas.1503836112.

4 Joëlle Vanhamme, "The Surprise-Delight Relationship Revisited in the Management of Experience," *Recherche et Applications en Marketing* (English Edition) 23, no. 3 (2008): 113–38, https://doi.org/10.1177/205157070802300307; Soma Dey, Sanjukta Ghosh, Biplab Datta, and Parama Barai, "A Study on the Antecedents and Consequences of Customer Delight," *Total Quality Management & Business Excellence* 28, nos. 1–2 (2017): 47–61, https://doi.org/10.1080/14783363.2015.1049146; Vincent P. Magnini, John C. Crotts, and Anita Zehrer, "Understanding Customer Delight: An Application of Travel Blog Analysis," *Journal of Travel Research* 50, no. 5 (2011): 535–45, https://doi.org/10.1177/0047287510379162.

5 Nicole Sperling, "How *Crazy Rich Asians* Gave Director Jon M. Chu a Voice," *Vanity Fair*, August 10, 2018, https://www.vanityfair.com/hollywood/2018/08/crazy-rich-asians-director-jon-m-chu.

6 Alyse Whitney, "Dumplings, Kaya Toast, and Chili Crab: Inside the Food of *Crazy Rich Asians*," *Bon Appétit*, August 30, 2018, https://www.bonappetit.com/story/crazy-rich-asians-food-singapore; Kenneth Goh, "Behind the Food in 'Crazy Rich Asians,' " Michelin Guide, August 22, 2018, https://guide.michelin.com/us/en/illinois/chicago/article/features/crazy-rich-asians-movie-food-styling.

7 Shannon Connellan, "Read the Beautiful Letter That Allowed 'Crazy Rich Asians' to Use Coldplay's 'Yellow,' " Mashable, August 19, 2018, https://mashable.com/article/crazy-rich-asians-coldplay.

8 Kat Chow, "If We Called Ourselves Yellow," NPR, September 27, 2018, https://www.npr.org/sections/codeswitch/2018/09/27/647989652/if-we-called-ourselves-yellow.

9 World Entertainment News Network, "Coldplay Almost Didn't Let 'Crazy Rich Asians' Use 'Yellow' Due to Racism Fears," Canoe.com, August 16, 2018, https://canoe.com/entertainment/music/coldplay-almost-didnt-let-crazy-rich-asians-use-yellow-due-to-racism-fears.

10 Julia Emmanuele, "All the Songs in 'Crazy Rich Asians' That You'll Want to Listen to Over & Over Again," *Bustle*, August 25, 2018, https://www.bustle.com/p/all-the-songs-in-crazy-rich-asians-that-youll-want-to-listen-to-over-over-again-10239631.

11 Laurent Bach, Patrick Cohendet, Julien Pénin, and Laurent Simon, "Creative Industries and the IPR Dilemma Between Appropriation and Creation: Some Insights from the Videogame and Music Industries," *Management International* 14, no. 3 (2010): 59–72, https://doi.org/10.7202/044293ar.

第 3 章

1 David R. Francis, "Employers' Replies to Racial Names," National Bureau of Economic Research Digest, September 2003, https://www.nber.org/digest/sep03/w9873.html; Alexia Elejalde-Ruiz, "Hiring Bias Study: Resumes with Black, White, Hispanic Names Treated the Same," *Chicago Tribune*, May 4, 2016, https://www.chicagotribune.com/business/ct-bias-hiring-0504-biz-20160503-story.html; Dina Gerdeman, "Minorities Who 'Whiten' Job Resumes Get More Interviews," HBS Working Knowledge, May 17, 2017, http://hbswk.hbs.edu/item/minorities-who-whiten-job-resumes-get-more-interviews; Sonia K. Kang, Katherine A. DeCelles, András Tilcsik, and Sora Jun, "Whitened Résumés: Race and Self-Presentation in the Labor Market," *Administrative Science Quarterly* 61, no. 3 (2016): 469–502, https://doi.org/10.1177/0001839216639577.

2 Daniel Kahneman and Amos Tversky, "Prospect Theory: An Analysis of Decision Under Risk," in *Handbook of the Fundamentals of Financial Decision Making: Part 1*, ed. Leonard C. MacLean and William T. Ziemba, World Scientific Handbook in Financial Economics Series (Singapore: World Scientific, 2013), 99–127, https://doi.org/10.1142/9789814417358_0006.

3 アーラン・ハミルトン、著者との個人的なやりとり、ロサンゼルス、バックステージ・キャピタルのクルー・ミーティングにて、2018年4月17日。

4 Tara Sophia Mohr, "Why Women Don't Apply for Jobs Unless They're 100% Qualified," *Harvard Business Review*, August 25, 2014, https://hbr.org/2014/08/why-women-dont-apply-for-jobs-unless-theyre-100-qualified.

5 Markus Baer, Kurt T. Dirks, and Jackson A. Nickerson, "Microfoundations of Strategic Problem Formulation," *Strategic Management Journal* 34, no. 2 (2013): 197–214, https://doi.org/10.1002/smj.2004.

6 "Audi with Most Fuel-Efficient Powertrain at Le Mans," Motorsport.com, June 9, 2014, https://www.motorsport.com/lemans/news/audi-with-most-fuel-efficient-powertrain-at-le-mans/452641/.

第 4 章

1 Melissa Jeltsen, "Illinois Will Teach Hairdressers to Recognize Victims of Domestic Violence," *HuffPost* (ブログ), December 1, 2016, https://www.huffpost.com/entry/illinois-will-teach-hairdressers-to-recognize-signs-of-domestic-violence_n_583f2717e4b09e21702c3122.

2 Gladwell, *Blink*, 10(マルコム・グラッドウェル『第1感 「最初の2秒」の「なんとなく」が正しい』沢田 博・阿部 尚美訳、光文社、2006年、16ページ)。.

3 Gerd Gigerenzer, *Gut Feelings: The Intelligence of the Unconscious* (New York: Penguin Books, 2008)(ゲルト・ギーゲレンツァー『なぜ直感のほうが上手くいくのか?—「無意識の知性」が決めている』小松淳子訳、インターシフト、2010年).

4 Huang and Pearce, "Managing the Unknowable."

5 Peter Cappelli, "Your Approach to Hiring Is All Wrong," *Harvard Business Review*, May–June 2019, https://hbr.org/2019/05/recruiting (ピーター・キャペリ「間違いだらけの人材採用」、『DIAMONDハーバード・ビジネス・レビュー』2019年10月号)、https://www.dhbr.net/articles/-/6136; Boris Groysberg, Nitin Nohria, and Claudio Fernández-Aráoz, "The Definitive Guide to Recruiting in Good Times and Bad," *Harvard Business Review*, May 2009, https://hbr.org/2009/05/the-definitive-guide-to-recruiting-in-good-times-and-bad (クラウディオ・フェルナンデス=アラオー、ボリス・グロイスバーグ、ニティン・ノーリア「不況期こそ人材獲得のチャンス」、『DIAMONDハーバード・ビジネス・レビュー』2009年8月号)、https://www.dhbr.net/articles/-/351.

6 Robert D. Costigan and Kyle E. Brink, "On the Prevalence of Linear versus Nonlinear Thinking in Undergraduate Business Education: A Lot of Rhetoric, Not Enough Evidence," *Journal of Management & Organization* 21, no. 4 (2015): 535–47, https://doi.org/10.1017/jmo.2014.86; Bart de Langhe, Stefano Puntoni, and Richard Larrick, "Linear Thinking in a Nonlinear World," *Harvard Business Review*, May–June 2017, https://hbr.org/2017/05/linear-thinking-in-a-nonlinear-world (バート・デ・ランゲ、ステファノ・プントーニ、リチャード・ラリック「リニア思考の罠から逃れる4つのステップ」、『DIAMONDハーバード・ビジネス・レビュー』2018年2月号)、https://www.dhbr.net/articles/-/5166); Mark Bonchek, "How to Create an Exponential Mindset," Harvard Business Review, July 27, 2016, https://hbr.org/2016/07/how-to-create-an-exponential-mindset.

7 Goethe University Frankfurt, "Smart People Have Better Connected Brains," *ScienceDaily*, November 22, 2017, https://www.sciencedaily.com/releases/2017/11/171122103552.htm.

8 Ted Baker and Reed E. Nelson, "Creating Something from Nothing: Resource Construction Through Entrepreneurial Bricolage," *Administrative Science Quarterly* 50, no. 3 (2005): 329–66, https://doi.org/10.2189/asqu.2005.50.3.329.

9 Sarah Gordon, "Ryanair Confirms It WILL Bring in Charges for Use of On-board Toilets," *Daily Mail*, April

https://www.quora.com/Which-scientists-deserved-to-win-a-Nobel-Prize-but-never-won.

2 "Made in Texas: The Buc-ee's Success Story," *Texas Monthly*, February 26, 2013, https://www.texasmonthly.com/articles/made-in-texas-the-buc-ees-success-story/.

3 Gemma Nisbet, "Beavers Are Better at the World's Biggest Service Station," West Travel Club, July 23, 2017, https://westtravelclub.com.au/stories/biggest-is-better-at-texas-adult-amusement-park.

4 Farnam Street, "The 'Circle of Competence' Theory Will Help You Make Vastly Smarter Decisions," *Business Insider*, December 5, 2013, https://www.businessinsider.com/the-circle-of-competence-theory-2013-12; Fred Nickols and Harvey Bergholz, "The Consultant's Competency Circle: A Tool for Gauging Your Success Potential as an Independent Consultant," *Performance Improvement* 52, no. 2 (2013): 37–41, https://doi.org/10.1002/pfi.21328.

5 Farnam Street, "Understanding Your Circle of Competence: How Warren Buffett Avoids Problems," *Farnam Street* (ブログ), December 1, 2013, https://fs.blog/2013/12/circle-of-competence/.

6 Tren Griffin, "Charlie Munger on 'Circle of Competence' (the Second Essential Filter)," 25iq (ブログ), December 22, 2012, https://25iq.com/2012/12/22/charlie-munger-on-circle-of-competence-the-second-essential-filter.

7 Natalie Clarkson, "Why Did Richard Branson Start an Airline?" Virgin, October 1, 2014, https://www.virgin.com/travel/why-did-richard-branson-start-airline.

8 同上。

9 Glen Sanford, "iPhone," Apple-History, https://apple-history.com/iphone; "iPhone History: A Timeline from 2007–2019," History Cooperative, September 14, 2014, https://historycooperative.org/the-history-of-the-iphone.

第 2 章

1 リー氏、著者インタビュー、台北、リー氏の店にて、2017年8月18日および2018年7月22日。

2 Benigno E. Aguirre, Dennis Wenger, and Gabriela Vigo, "A Test of the Emergent Norm Theory of Collective Behavior," *Sociological Forum* 13, no. 2 (1998): 301–20, https://link.springer.com/article/10.1023/A:1022145900928.

3 Ha V. Dang and Mi Lin, "Herd Mentality in the Stock Market: On the Role of Idiosyncratic Participants with Heterogeneous Information," *International Review of Financial Analysis* 48 (2016): 247–60, https://doi.org/10.1016/j.irfa.2016.10.005; Scott Cooley, "Technology and the Herd Mentality," *Mortgage Banking* 64, no. 9 (2004): 122–4.

4 Huang, "The Role of Investor Gut Feel in Managing Complexity and Extreme Risk"; Laura Huang, Andy Wu, Min Ju Lee, Jiayi Bao, Marianne Hudson, and Elaine Bolle, *The American Angel: The First In-depth Report on the Demographics and Investing Activity of Individual American Angel Investors* (Wharton Entrepreneurship and Angel Capital Association, November 2017), https://www.angelcapitalassociation.org/data/Documents/TAAReport11-30-17.pdf?rev=DB68; Laura Huang, "A Theory of Investor Gut Feel: A Test of the Impact of Gut Feel on Entrepreneurial Investment Decisions" (PhD diss., University of California, Irvine, 2012)..

5 "Asus Company History," *Gadget Reviews* (ブログ), http://mylaptopyourlaptop.blogspot.com/2012/04/asus-company-history.html; Dan Ackerman, "The Asus Eee PC Family Tree," *CNET*, February 17, 2010, https://www.cnet.com/news/the-asus-eee-pc-family-tree; JerryJ, "Asus Reveals Pricing for the Eee PC Mini Laptop," *Brighthand* (ブログ), October 18, 2007, http://www.brighthand.com/news/asus-reveals-pricing-for-the-eee-pc-mini-laptop/.

6 Evan Comen, "Check Out How Much a Computer Cost the Year You Were Born," *USA Today*, June 22, 2018, https://www.usatoday.com/story/tech/2018/06/22/cost-of-a-computer-the-year-you-were-born/36156373/; Andrew, "Most Popular Laptops for May 2007," Notebook Review (blog), June 4, 2007, http://www.notebookreview.com/news/most-popular-laptops-for-may-2007/; Jon Turi, "Gadget Rewind 2007: ASUS Eee PC 4G," *Engadget* (ブログ), June 1, 2014, https://www.engadget.com/2014/06/01/gadget-rewind-2007-asus-eee-pc-4g.

7 Ryan Raffaelli, "Technology Reemergence: Creating New Value for Old Technologies in Swiss Mechanical Watchmaking, 1970–2008," *Administrative Science Quarterly* (2018), 0001839218778505, https://doi.org/10.1177/0001839218778505.

8 Joe Thompson, "For Swiss Watches, America Is Back," *Bloomberg*, July 25, 2018, https://www.bloomberg.com/news/articles/2018-07-25/the-swiss-luxury-watch-slump-in-the-united-states-is-over.

Psychology, July/August 2004; Andreas Schick and Richard H. Steckel, "Height, Human Capital, and Earnings: The Contributions of Cognitive and Noncognitive Ability," *Journal of Human Capital* 9, no. 1 (2015): 94–115, https://doi.org/10.1086/679675; Joe Pinsker, "The Financial Perks of Being Tall," *Atlantic*, May 18, 2015, https://www.theatlantic.com/business/archive/2015/05/the-financial-perks-of-being-tall/393518.

9 Malcolm Gladwell, "The Warren Harding Error: Why We Fall for Tall, Dark, and Handsome Men," in *Blink: The Power of Thinking Without Thinking* (New York: Little, Brown, 2005), 72–98(マルコム・グラッドウェル「見た目の罠——第一印象は経験と環境から生まれる」、『第1感 「最初の2秒」の「なんとなく」が正しい』沢田 博・阿部 尚美訳、光文社、2006年、79–103ページ; Vivek Kaul, "The Necktie Syndrome: Why CEOs Tend to Be Significantly Taller Than the Average Male," *Economic Times*, September 30, 2011, https://economictimes.indiatimes.com/the-necktie-syndrome-why-ceos-tend-to-be-significantly-taller-than-the-average-male/articleshow/10178115.cms.

10 Alison Wood Brooks, Laura Huang, Sarah Wood Kearney, and Fiona E. Murray, "Investors Prefer Entrepreneurial Ventures Pitched by Attractive Men," *Proceedings of the National Academy of Sciences* 111, no. 12 (2014): 4427–31, https://doi.org/10.1073/pnas.1321202111.

11 Susanne Quadflieg, Natasha Flannigan, Gordon D. Waiter, Bruno Rossion, Gagan S. Wig, David J. Turk, and C. Neil Macrae, "Stereotype-Based Modulation of Person Perception," *NeuroImage* 57, no. 2 (2011): 549–57, https://doi.org/10.1016/j.neuroimage.2011.05.004.

12 Megan Fu, "Male Teachers Claim Wage Discrimination," *Daily Beast*, May 6, 2016, https://www.thedailybeast.com/articles/2016/05/06/male-teachers-claim-wage-discrimination; Bryan G. Nelson, "Dr. Helen Talks About Stereotypes That Male Teachers Face," Men-Teach, April 2, 2009, http://www.menteach.org/news/dr_helen_talks_about_stereotypes_that_male_teachers_face.

13 Harry J. Holzer, Steven Raphael, and Michael A. Stoll, "Perceived Criminality, Criminal Background Checks, and the Racial Hiring Practices of Employers," *Journal of Law and Economics* 49, no. 2 (2006): 451–80, https://doi.org/10.1086/501089; Lydia O'Connor, "CNN Analyst Suggests Black People Are 'Prone to Criminality,' " *HuffPost* (ブログ), July 11, 2016, https://www.huffpost.com/entry/harry-houck-cnn-blacks-criminality_n_5783f6fae4b01edea78f1434.

14 Helen Dennis and Kathryn Thomas, "Ageism in the Workplace," *Generation*s 31, no. 1 (2007), https://www.questia.com/library/journal/1P3-1318281421/ageism-in-the-workplace.

15 Susan T. Fiske, Amy J. C. Cuddy, and Peter Glick, "Universal Dimensions of Social Cognition: Warmth and Competence," *Trends in Cognitive Sciences* 11, no. 2 (2007): 77–83, https://doi.org/10.1016/j.tics.2006.11.005; Alice H. Eagly and Steven J. Karau, "Role Congruity Theory of Prejudice Toward Female Leaders," *Psychological Review* 109, no. 3 (2002): 573–98.

16 Nalini Ambady and Robert Rosenthal, "Thin Slices of Expressive Behavior as Predictors of Interpersonal Consequences: A Meta-Analysis," *Psychological Bulletin* 111, no. 2 (1992): 256–74, https://doi.org/10.1037/0033-2909.111.2.256; Nalini Ambady and Robert Rosenthal, "Half a Minute: Predicting Teacher Evaluations from Thin Slices of Nonverbal Behavior and Physical Attractiveness," *Journal of Personality and Social Psychology* 64, no. 3 (1993): 431–41, https://doi.org/10.1037/0022-3514.64.3.431; Nalini Ambady, Frank J. Bernieri, and Jennifer A. Richeson, "Toward a Histology of Social Behavior: Judgmental Accuracy from Thin Slices of the Behavioral Stream," in *Advances in Experimental Social Psychology*, vol. 32, ed. Mark P. Zanna (San Diego: Academic Press, 2000), 201–71, https://doi.org/10.1016/S0065-2601(00)80006-4.

17 Les Picker, "The Growing Importance of Social Skills in the Labor Market," *National Bureau of Economic Research Digest*, November 2015, https://www.nber.org/digest/nov15/w21473.html.

18 Shai Davidai and Thomas Gilovich, "The Headwinds/Tailwinds Asymmetry: An Availability Bias in Assessments of Barriers and Blessings," *Journal of Personality and Social Psychology* 111, no. 6 (2016): 835–51, https://doi.org/10.1037/pspa0000066.

19 Mirai Nagasu (@mirai_nagasu), "Four years ago when I wasn't named to the team, I wrote this poem," Twitter, February 25, 2018, https://twitter.com/mirai_nagasu/status/967815168334774272.

20 Scott M. Reid, "After Heartbreak, U.S. Figure Skater Mirai Nagasu Again Takes Aim at Olympic Bid," *Orange County Register*, January 2, 2018, https://www.ocregister.com/2018/01/02/after-heartbreak-u-s-figure-skater-mirai-nagasu-again-takes-aim-at-olympic-bid.

第 1 章

1 Sreeraj Thekkeyil, "Which Scientists Deserved to Win a Nobel Prize but Never Won?" Quora, May 18, 2018,

参考文献

はじめに

1 Greg Autry and Laura Huang, "Houston, We Have a Market: Privatizing Space Launches Pays Off Big," *Forbes*, October 2, 2013, https://www.forbes.com/sites/forbesleadershipforum/2013/10/02/houston-we-have-a-market-privatizing-space-launches-pays-off-big; Greg Autry and Laura Huang, "An Analysis of the Competitive Advantage of the United States of America in Commercial Human Orbital Spaceflight Markets," *New Space* 2, no. 2 (2014): 83–110, https://doi.org/10.1089/space.2014.0005.

2 イーロン・マスク、著者との会話、カリフォルニア州ホーソーン、スペースX本社にて、2015年2月2日。

3 Alison Wood Brooks, Laura Huang, Sarah Wood Kearney, and Fiona E. Murray, "Investors Prefer Entrepreneurial Ventures Pitched by Attractive Men," *Proceedings of the National Academy of Sciences* 111, no. 12 (2014): 4427–31, https://doi.org/10.1073/pnas.1321202111. 次も参照。Matthew Lee and Laura Huang, "Gender Bias, Social Impact Framing, and Evaluation of Entrepreneurial Ventures," *Organization Science 29*, no. 1 (2018): 1–16, https://doi.org/10.1287/orsc.2017.1172.

4 Laura Huang, Marcia Frideger, and Jone L. Pearce, "Political Skill: Explaining the Effects of Nonnative Accent on Managerial Hiring and Entrepreneurial Investment Decisions," *Journal of Applied Psychology* 98, no. 6 (2013): 1005–17, https://doi.org/10.1037/a0034125.

5 Brad N. Greenwood, Seth Carnahan, and Laura Huang, " Patient–Physician Gender Concordance and Increased Mortality Among Female Heart Attack Patients," *Proceedings of the National Academy of Sciences* 115, no. 34 (2018): 8569–74, https://doi.org/10.1073/pnas.1800097115.

6 Laura Huang and Jone L. Pearce, "Managing the Unknowable: The Effectiveness of Early-Stage Investor Gut Feel in Entrepreneurial Investment Decisions," *Administrative Science Quarterly* 60, no. 4 (2015): 634–70, https://doi.org/10.1177/0001839215597270; Laura Huang and Andrew P. Knight, "Resources and Relationships in Entrepreneurship: An Exchange Theory of the Development and Effects of the Entrepreneur-Investor Relationship," Academy of Management Review 42, no. 1 (2015): 80–102, https://doi.org/10.5465/amr.2014.0397; Laura Huang, "The Role of Investor Gut Feel in Managing Complexity and Extreme Risk," *Academy of Management Journal* 61, no. 5 (2018): 1821–47, https://doi.org/10.5465/amj.2016.1009.

序章

1 Tara Sullivan, "Mirai Nagasu Is a Lesson in Perseverance at Olympics," *Boston Globe*, February 18, 2018, https://www3.bostonglobe.com/sports/2018/02/18/mirai-nagasu-lesson-perseverance-olympics/YmOGUDvMaHtXAT53dmvIZP/story.html?arc404=true; Kimberly Yam, "Mirai Nagasu Says Her Parents' Hard Work in Restaurant Inspires Her Discipline on Ice," *HuffPost* (ブログ), February 23, 2018, https://www.huffpost.com/entry/mirai-nagasu-credits-her-parents-hard-work-in-restaurant-for-her-own-work-ethic_n_5a8f2a99e4b0ee6416a11a17; Karen Price, "Mirai Nagasu," Team USA, https://www.teamusa.org:443/My-Focus-presented-by-milk-life/Athletes/Mirai-Nagasu.

2 Brenda Schmerl, "Inspirational Stories: How 5 Extraordinary People Beat All Odds to Graduate," *Reader's Digest*, https://www.rd.com/true-stories/inspiring/inspiring-college-graduates.

3 David Robson, "How Important Is Social Class in Britain Today?" BBC, April 7, 2016, http://www.bbc.com/future/story/20160406-how-much-does-social-class-matter-in-britain-today; David Denby, "Stiff Upper Lips," *New Yorker*, January 20, 2013, https://www.newyorker.com/magazine/2013/01/28/stiff-upper-lips.

4 Dvora Meyers, "The Redemption of Figure Skater Mirai Nagasu," *Deadspin* (ブログ), January 4, 2018, https://deadspin.com/the-redemption-of-figure-skater-mirai-nagasu-1821763830.

5 Jeff Yang, "Mirai Nagasu, Ashley Wagner and the Myth of the Golden Girl," *Speakeasy* (ブログ), *Wall Street Journal*, January 14, 2014, https://blogs.wsj.com/speakeasy/2014/01/14/mirai-nagasu-ashley-wagner-and-the-myth-of-the-golden-girl.

6 C. Neil Macrae and Susanne Quadflieg, "Perceiving People," in *Handbook of Social Psychology*, vol. 1, 5th ed., ed. S. T. Fiske, D. T. Gilbert, and G. Lindzey (Hoboken, NJ: John Wiley & Sons, 2010), 428–63.

7 James Dennin, "Ageism and the Reluctance of Companies to Hire Older Workers," Mic, May 9, 2018, https://mic.com/articles/189141/older-workers-are-consistently-discriminated-against-in-job-hiring-heres-how-we-can-fix-that#.8wzxyh5wj.

8 Timothy A. Judge and Daniel M. Cable, "The Effect of Physical Height on Workplace Success and Income: Preliminary Test of a Theoretical Model," *Journal of Applied Psychology* 89, no. 3 (2004): 428–41, https://doi.org/10.1037/0021-9010.89.3.428; M. Dittmann, "Standing Tall Pays Off, Study Finds," *Monitor on*

［著者］

ローラ・ファン（Laura Huang）

ハーバードビジネススクールの教授。組織行動学を教えており、専門分野は起業家精神における直感の役割や、対人関係および潜在的要因がエンジェル投資家・ベンチャーキャピタルの投資判断に与える影響。"40 Best Business School Professors Under the Age of 40"（40歳未満のビジネススクール教授ベスト40、Poets & Quants, 2016）にも選出されている。スタートアップ企業のコンサルタント兼アドバイザーでもある。

［訳者］

栗木さつき（くりき・さつき）

翻訳家。慶應義塾大学経済学部卒。訳書に『100万人が信頼した脳科学者の絶対に賢い子になる子育てバイブル』『もう、服は買わない』『バレットジャーナル 人生を変えるノート術』（ともにダイヤモンド社）、『Numbers Don't Lie 世界のリアルは「数字」でつかめ!』（共訳、NHK出版）、『わたしは無敵の女の子』（海と月社）などがある。

ハーバードの

人の心をつかむ力

2021年12月14日　第1刷発行

著　者――ローラ・ファン
訳　者――栗木さつき
発行所――ダイヤモンド社
〒150-8409　東京都渋谷区神宮前6-12-17
https://www.diamond.co.jp/
電話／03·5778·7233（編集）　03·5778·7240（販売）

装丁/本文デザイン―岩永香穂（MOAI）
製作進行/DTP―ダイヤモンド・グラフィック社
校正――――鷗来堂
印刷――――信毎書籍印刷（本文）・新藤慶昌堂（カバー）
製本――――ブックアート
編集担当――吉田瑞希

ISBN 978-4-478-11015-7